사회학적 상상력의 방법을 찾아서

- 정근식 교수 정년퇴임 기념 글모음 -

진인진

사회학적 상상력의 방법을 찾아서 - 정근식 교수 정년퇴임 기념 글모음 -

초판 1쇄 발행 | 2023년 3월 3일

지은이 | 강인화, 김재형, 김준, 김한상, 박우, 박정미, 박해남, 서호철, 염미경, 오하나, 정영신, 최민석, 최정기, 최종숙, 현혜경
엮은이 | 정근식 교수 정년기념논총 간행위원회
편　　집 | 배원일, 김민경
발행인 | 김태진
발행처 | 진인진
등　　록 | 제25100-2005-000003호
주　　소 | 경기도 과천시 별양상가 1로 18 614호(별양동 과천오피스텔)
전　　화 | 02-507-3077-8
팩　　스 | 02-507-3079
홈페이지 | http://www.zininzin.co.kr
이메일 | pub@zininzin.co.kr

ⓒ 정근식 교수 정년기념논총 간행위원회 2023
ISBN 978-89-6347-551-6 93300

* 책값은 표지 뒤에 있습니다.

사회학적 상상력의 방법을 찾아서
- 정근식 교수 정년퇴임 기념 글모음 -

차례

책머리에 사회사적 방법을 찾아서 / 정근식 ··· 7

제1부 다른 사회사를 위하여 – 역사사회학 방법론 ································ 11
1장 좀더 구체적인 '제도'의 역사사회학: 조선총독부 연구 / 서호철 ············· 13
2장 사회학의 방법으로서 개념사의 가능성 / 최민석 ································· 33
3장 시각적 기억의 영상·역사사회학 탐구 방법론 / 김한상 ······················· 49

제2부 '지역'이라는 연구방법론 – 지역사회학 ····································· 65
1장 지역사회 연구 어떻게 할 것인가 / 염미경 ·· 67
2장 어촌연구의 현실과 연구방법론 모색 / 김준 ······································ 87
3장 제주 '섬'과 구술사 / 현혜경 ··· 107

제3부 군사화와 가부장제의 변경에서 – 젠더사회학/역사사회학 ············· 121
1장 변경(邊境)의 사회학 / 박정미 ··· 123
2장 한국 사회의 군사화/군사주의 연구 검토 / 강인화 ···························· 137
3장 '역사적 평화'와 동아시아 평화 연구의 방법론 모색 / 정영신 ············· 153

제4부 국가폭력, 민주주의, 사회적 배제와 규율 연구의 어려움
  – 사회운동론/정치사회학 ··· 177
1장 사건으로서의 5·18과 사회학적 연구방법론의 모색 / 최정기 ·············· 179
2장 정치적 대의와 '정치+사회'의 경계에서 연구하기 / 최종숙 ················ 197
3장 사회적 타자에 대한 낙인과 차별, 배제에 대한 의료사회학적 접근 / 김재형 ········ 213
4장 후기 식민지 주체와 올림픽의 사회정치 / 박해남 ····························· 231

제5부 연구현장으로서 지구화와 디아스포라 – 해외현지조사/디아스포라연구 ········ 253
1장 현장과 이론, 혹은 현장으로부터 이론을 / 오하나 ···························· 255
2장 동(북)아시아 지역과 디아스포라 연구 / 박우 ·································· 269

맺는 글 / 편집위원회 ·· 281
저자 약력 ·· 285

책머리에

사회학적 상상력의 방법을 찾아서

정근식(서울대학교 사회학과 명예교수)

　독일의 철학자 헤겔은 그의 저서 《법철학 강요》(Grundlinien der Philosophie des Rechts; 1820)의 서문에서 "미네르바의 올빼미는 황혼이 저물어야 그 날개를 편다"는 말을 했다. 지혜의 여신 미네르바(아테나)의 어깨 위에 앉아있는 올빼미, 이 은유는 지혜를 추구하는 철학은 앞날을 예측하는 것이 아니라 어떤 현상이 일어난 뒤에야 비로소 역사적인 조건을 고찰하여 그 의미를 분명하게 밝힐 수 있다는 생각을 표현한 것이다. 어떤 사람들은 '세상이 어둠에 휩싸이고 인간성이 사라져갈 때, 진실로 지혜와 철학이 필요'하다는 해석을 하기도 한다.

　이제 38년간 자리잡았던 대학의 강단을 떠나면서 새삼스럽게 대학원 석사과정 시절에 가슴 한 구석에 자리잡았던 약간은 낭만적인 이 경구를 떠올리게 된 것은 그동안의 연구와 교육에 대한 반성과 성찰을 하지 않을 수 없기 때문이다. 어떤 시각에서 어떤 방법으로 우리 사회와 역사를 바라보고, 무엇을 이루고자 함이었을까?

학자들이 자신의 학문세계가 어떻게 출발했는지, 어떤 세계관에 의해 뒷받침되고 있는지를 담백하게 밝히기는 결코 쉽지 않은 일이다. 하나의 일관적인 인식틀이나 방법에 기초하고 있기보다는 몇가지 영감에 의해 촉발되고, 또 외부의 자극에 의해 때로는 서로 다른 모순되는 아이디어에 의해 뒤엉켜 있거나 착종된 상태로 남아있기 때문이다. 특히 사회과학자들의 경우 학문적 관심이 정치사회적 환경이나 자신과 호흡을 함께하는 학문적 동료들과의 상호작용에 의해 변화하는 경우가 많은 것이 사실이다. 필자의 경우, 5.18 직후의 소용돌이의 현장이었던 광주에서 연구하고 교육할 기회가 주어지지 않았다면, 또는 서울에서 치열하면서도 따뜻한 마음을 가진 제자들과 만나지 않았다면, 과연 지금의 내가 있을 수 있었겠는가라는 생각을 떨쳐버릴 수가 없다.

필자는 1985년부터 2003년까지 18년 5개월을 전남대학교에서 가르쳤고, 2003년부터 지금까지 19년 7개월을 서울대학교에서 가르쳤다. 처음 대학에서 연구할 때 주된 관심은 어떻게 5.18이라는 거대한 폭력과 저항이 20세기 도심 한복판에서 일어날 수 있었을까를 설명하는 것이었고, 그것의 역사적 사회적 배경을 찾아 지역사회 현장 곳곳에서 구술을 채록하고 이야기를 들었다. 공동체와 지역권력구조에 대한 관심이 커졌다. 일제말기 그리고 해방 후에 방직공장에서 일했던 할머니나 전쟁의 상처를 안고 있는 분들과의 만남이 큰 자극제였다. 또한 이른바 5월운동의 치열함은 축제나 기념행위에 관한 사회학적 상상력의 원천이었다.

하바드 엔칭에서는 한국에서 활동했던 선교사들이 남긴 자료와 그들의 자녀들을 만나면서 한센병사 연구를 시작할 수 있었고, 이것이 계기가 되어 사회적 약자나 소수자들에 대한 연구를 할 수 있었다. 1992년 목포대학교 도서문화연구소의 제안에 따라 섬과 공동체에 대한 관심을 갖게 되었으며, 탈냉전과 세계화에 힘입어 중앙아시아와 사할린 한인들의 디아스포라 경험, 일본 유흐인의 지역활성화운동과 지역권력구조 등이 연구시야에 들어왔다. 이를 계기로 식민지 지배와 그것이 남긴 유산에 관한 연구, 해방과 전쟁에 관한 기억과 경험에 관해 연구하기 시작했다. 1990년대 후반부터 2000년대 초반까지의 기간에 동아시아의 평화와 인권이라는 무거운 주제가 나에게 주어졌다. 교토에서의 1년은 이를 심화시키고, 식민지 검열에 관한 문제의식을 발전시킨 계기가 되었다.

서울대학교에 부임한 이후 필자는 이런 문제의식에 기초하여 일제하의 식민지 검열과 지식체제에 관한 연구와 오키나와 및 타이완에 대한 연구를 수행하였고, 한국의 이행기 정의에 대한 관심이 생겼다. 또한 문학을 연구하는 학자들과의 교류에서 텍스트의 중요성을 깨닫기도 했다. 2010년대에 접어들어 아시아연구소와 통일평화연구원에서의 연구는 중국의 양안 접경과 우리의 남북 접경, 또는 한중 접경에 대한 관심을 더하도록 했고, 동남아시아나 동유럽으로까지 시야를 넓히도록 했으며, 지구적인 것으로부터 지방적인 것까지의 다중 스케일적 접근과 한 사회의 구조나 제도를 뛰어넘어 작동하는 세계와 동아시아의 질서에 대하여 질문하게 되었다. '동아시아 냉전·분단체제'라는 개념의 적실성에 대한 탐구와 '역사사회학적 방법'이라는 화두는 이런 반성과 성찰의 산물이다.

이런 연구활동은 밀즈, 고프만, 브로델, 푸코, 알박스, 아감벤, 벤야민 등의 외국학자들과 신용하, 김진균, 백낙청, 브루스 커밍스, 미즈노 나오끼 선생 등으로부터 배운 것들 뿐만 아니라 삶의 현장에서 소중한 경험들을 이야기해준 분들, 동료 연구자들이나 제자들과의 대화로부터 얻어지는 영감과 에너지로 버텨지기도 한다. 2003년 광주를 떠나 서울로 옮길 때 필자는 '오늘날의 나를 만든 것은 8할이 광주였고, 학생들은 나의 스승'이라고 고백한 바 있지만, 지금까지도 이 말은 유효하다. 특히 학부 학생들의 연구실습이나 대학원 학생들의 논문 지도는 이런 말을 할 수 있는 원천이었다. 문제의식이나 연구결과를 요약할 수 있는 최선의 개념이 무엇인가라는 질문은 학생들과의 대화에서 함께 찾아내야 할 공통의 과제를 부여하였다. 최근 2년간 필자가 진실화해위원회에서 일하면서 이행기 정의에 관한 그동안의 연구 뿐 아니라 후학들이 연구한 결과를 정책적 실천에 반영할 수 있는 기회를 가질 수 있게 된 것에 대하여 뿌듯하고 감사했다.

"당신은 최선의 교육자였는가"라고 누가 물어본다면, 여전히 위축되고 어디 잘 보이지 않는 구석이라도 숨고 싶지만, 그래도 늘 가슴에 간직하고 있는 것은, 하바드 엔칭연구소의 방문학자로 광주를 떠날 때, "저로 하여금 저를 따르는 어린 양들이 길을 잃지 않게 하소서"라는 한 성직자가 주신 기도의 메시지였다. 나와 함께 공부하고 연구를 시작했던 젊은 연구자들이 한 권의 책을 만들어보자고 했을 때, 나는 선뜻 그동안 품어왔던 사회학적 방법의 문제, 또는 범위를 좁혀서 사회사적 방법의 문제에 도전해보자고 답하였다. 우리 학계에서 외국의 연구자들의 이론이나 방법에 관한 소개는 많지만, 정작 우리가 실제로 수행하고 있는 연구의 시각이나 방법에 관한 논의는 드물다고 생각했기 때문이다. 이런 과정을 통해 상당히 재미있고, 흥미로운 글이 모였다. 아직 충분히 다듬어진 것은 아니지만, 학위논문 작성 당시에 분투하던 모습이나 이후의 문제의식의 발전을 곳곳에서 확인할 수 있었다. 이 자리를 빌어 나의 많은 젊은 친구들, 아니 이미 시간이 많이 흘러 젊다기보다는 중견학자가 다 된 친구들에게 고마움을 표하지 않을 수 없다. 마지막으로 어려운 사정에도 불구하고 오랜 정을 생각하면서 이 책을 출판해준 진인진 출판사의 김태진 사장에게 감사를 표한다.

2023년 2월 10일, 정근식 씀.

1부

다른 사회사를 위하여

역사사회학 방법론

1–1

좀 더 구체적인 '제도'의 역사사회학: 조선총독부 연구

서호철(한국학중앙연구원 한국학대학원 교수)

1 박사학위논문 쓰기의 암묵지(tacit knowledge)

사회학과 사람들은 연구의 설계에 대해 무척이나 자의식적이고 까다롭다. 다른 전공 같으면 그럭저럭 통할 것 같은 "이광수 연구"나 "소록도 연구", "어느 지역의 독립운동 연구" 등을 학위논문 제목이라고 들고 갔다가는 지도교수에게 혼나기 십상이다. 명시적 규정이나 합의는 없지만, 사회학에서는 그것이 개인이든 단체든 시대든 운동이든 사건이든 간에 연구대상이나 소재 자체를 앞에 내세우는 것은 별로 좋은 선택이 아닌 듯하다. 사회학이 과연 그런 엄밀한 과학인지, 과학이 될 수 있는지 모르겠지만, 어쨌든 형식상으로는 '가설검증'의 틀이 지배적이다. 연구자가 가령 "합리적 의사불통"이나 "부조리한 선택" 같은 특정한 이론적 입장이나 시각, 방법론을 가지고 조금 추상화된 가설이나 모형을 구성하고 구체적 연구대상은 그런 가설·모형의 한 사례로 제시한다거나 하는 영업전략이 필요하다. 4사분면이든 흐름도든 내용 없는 국가·시장·시민사회의 삼각형이든 '분석틀'이라는 이름으로 적당히 그림도 하나 넣어야 한다. 여기까지가, 내가 눈치로 터득한 학위논문 쓰는 법이었다. 그렇게 해서, 내 박사학위논문 주제는 미셸 푸코의 '통치성(governmentality)' 개념을 조선에 대한 일본의 식민지지배, 조선총독부의 통치에 적용해보는 것인데 그 사례로 호적제도를 골랐다는 식이 되었다. 이론인지 가설인지는 읽은 범위 안에서 또 당시 유행하던 것들 중에서 적당히 짜깁기했다. 사회학에서 '이론'이 무엇인지, 두 번 다시 써먹지 못할 모형이 어떻게 모형이며 무엇이 어떻게 해서 그것의 사례가 된다는 것인지는 지금도 잘 모르지만.

그런 문제를 더 오래 고민하지도 못했던 것이, 정작 논문 쓰기가 막막해진 것은 이론이나 모형보다는 그 '사례'에 대해 내가 아는 것이 거의 없어서였기 때문이다. 호적제도를 그런 시각에서 본 선행연구는 없었다. 그때까지 식민지기 연구는 거의가 압제와 수탈의 참상, 독립운동이나 사상운동에 대한 것으로 한정되어 있었다. 적극적 저항도 적극적 친일도 아닌, 시키는 대로 호적도 만들고 '창씨'도 하지만 시키는 쪽도 따르는 쪽도 그런다고 조선인이 일본인이 될 거라고 기대하지는 않는, 그런 불투명한 일상과 그 속에서의 권력관계에 대한 연구는 막 시작된 참이었다. 결국 식민지기 호적제도가 어떻게 도입·설계되고 어떻게 시행되었는지부터 알아내는 것이 최우선 과제가 되었다. 그것도, 내가 알기로는 '통치성'은 전인구를 등록해서 '창씨'를 강요하거나 병력과 노동력 징발에 이용한다는 차원의 문제만이 아니었다. 반대쪽 끝에서는, 혼외관계로 사생자를 낳았는데 애를 학교에 넣으려면 누구 호적에 어떻게 올리나, 복사기가 없던 시절에 손으로 베껴서 호적등본 한 장을 발급하려면 시간이 얼마나 걸렸을까 하는, 염상섭 소설에서나 볼 법한 시시콜콜한 경우들도 생각해야 했다. 민법도 호적 실무도 알아야 했지만, 진짜 한심했던 것은 식민지기를 연구하겠다면서 한문도 일본어도 제대로 읽지 못한다는, 어디 가서 말도 못할 사정이었다. 애초 그런 주제를 선택할 때는 이론적 관심이 컸다고 생각되지만, 공부가 진행될수록 '통치성'과 '생명권력' 같은 개념은 점점 더 멀어져갔다……

2 식민지 근대의 '제도'를 연구한다는 것

간신히 박사학위논문을 마치고 나자, '통치성'이나 '생명권력'보다는 '경찰'이나 '내무행정' 같은 조금 더 구체적인 수준에 초점을 맞추어야 하는 게 아닌가 하는 생각이 들었다. 푸코는 자신의 권력이나 규율, 감시 개념이 국가에만 한정되는 것이 아니라고 했지만, 정부(government)와 무관한 '통치성(governmentality)'이라는 것도 웃기는 얘기였다. 그것은 알튀세르가 학교나 교회, 심지어 노동조합까지를 '국가기구'라고 한 것이나 매일반의 과장된 수사(修辭)처럼 느껴졌다. 피지배자들은 그런 규율과 감시의 장치를 통해 주체/신민(subject)으로 만들어진다면서 정작 그 권력과 지배, 통치에는 중심이 없고 그 담론에는 저자(주체)도 없다는 주장도 마찬가지였다. 푸코 스스로는 그런 자기 주장을 일관되게 지켰던가? 그런 허풍을 곧이곧대로 믿어서는 안되는 것이 아닐까? 무엇보다, 한국에서 경찰이나 내무행정의 그리 길지도 않은 역사를 제대로 정리한 선행연구도 없는 상황에서, '통치성'인지 '생명권력'인지 하는 현란한 말장난은 사치라고 느껴졌다.

아직 이렇다 할 성과가 없어서 민망하기는 하지만, 이후로 지금까지 나는 식민지기 조선총독부의 행정이 조선사회를 어떻게 틀지었고, 어떤 영향을 미쳤는가 하는 문제에 매여 있다. 그것이 '제도'이든 '행위'나 '담론'이든 근대성과 식민지성이 교차하는 특징적인 영역이 있고, 그 중심에는 특정한 조직, 부서와 담당자, 정책과 일상적인 사무가 있다. 중심 따위는 없다 하더라도, 편의상 연구는 실제로 존재했던 특정 조직이나 인물, 운동에서 출발하지 않을 수 없다. 가령 넓은 뜻의 사회의 경찰/감시/단속(policing)이 꼭 국가의 경찰조직이 독점하는 과업은 아니지만, 그래도 현실의 경찰조직을 젖혀두고 사회 전체의 경찰/감시/단속을 말할 수는 없는 것이다. 불과 십여 년 사이에 인구폭발론에서 저출산·고령화론으로 홱 돌아선 인구 담론이나 그것과 관련해서 우리의 성생활까지 통제하는 생명권력은 그야말로 전세계 모든 곳에 편재하고 중심이 없을 수도 있지만, 그런 얘기에서 특정 국가의 인구나 복지 정책이 빠지면 이상하다.

이런 관심이란 매우 단순하고 평면적으로 보이겠지만(이것이 사회학인가?), 굳이 변명을 달자면 현실적으로 존재한 국가, 정부의 조직과 행정의 분류체계와 범주화, 그것의 변천은 그 자체로 중요한 연구거리다. 이를테면 지금 한국에서 '외국인주민' 관련사무가 외무부, 법무부, 행정안전부, 보건복지부, 그리고 논란의 여성가족부 사이에서 어떻게 분배되는지, 어떻게 그렇게 되었는지를 생각해보자. 정부 부처의 편성과 분업은 세계와 지식의 논리적 분류보다는 그 사회가 겪어온 역사적 경험에 대한 경로의존성이 더 클 것이다. 식민지기 일본에서는 경찰이 내무성 산하에 있었지만 조선에서는 1910년대에는 경무총감부라는 막강한 힘을 가진 소속 관서로, 1919년 이래로는 내무국과 독립된 경무국으로 존재했다는 사실은, 무엇보다도 식민지의 특징을 잘 보여준다. 독립운동이나 사회주의운동의 단속과 탄압은 고등경찰, 음란물 단속은 풍속경찰 소관이라고 하면 둘은 전혀 달라 보이지만, 출판물과 공연의 단속은 출판경찰 소관이라고 정해지면 그때부터는 코민테른이나 조선공산당의 문건과 에로·그로의 음란물이 같은 검열관의 책상에서 만나게 된다. 수술대 위에 재봉틀과 우산이 함께 놓이게 되는 것은 로트레아몽이나 벤야민, 엘리아스, 푸코 같은 천재들의 탁월한 상상력에 의해서만은 아니다.

그것이 사회학이든 아니든 식민지기에 대한 역사적 연구는 우선, 조선총독부의 각 부서와 기구, 법령과 행정에 대한 자료를 찾고 사실관계를 정리하는 데서부터 시작해야 한다. 그런 기초연구 자체가 아직 태부족이고, 아무도 궂은 일을 대신 해주지는 않는다. 이런 작업이 '식민지 근대성'이나 '(식민지)통치성' 같은 개념으로 환류되면 좋겠지만, 그것은 조금 더 나중의 일이다······. 역사 연구는 기본적으로 문헌자료에 근거한다. 말할 것도 없이 조선총독부의 직제와 인사, 행정 등에 대한 연구는 조선총독부가 공간했던 관보나 각종 책자·간행물, 당시의 공문서 등을 일차적인 자료로 삼는다. 그런데 식민지기의 자료란 현재 상당부분 각종 기관에 의해 수집·정리되어 정서본이나 영인본으로도 공간되어 있다. 최근에는 전산 데이터베이스와 인터넷의 발달에 힘입어서 지방이나 외국에 소장된 자료도 쉽게 찾아서 볼 수 있다. 개인의 일기 등이 뒤늦게 공개·출판되는 정도를 제외하면, 이제 조선총독부의 통치와 관련해서 엄청난 자료가 새로 발굴된다거나 하는 일은 좀처럼 없을 것 같다. 반대로, 주지하듯이 이미 지나간 시대에 대해서는 엄밀한 표본추출

방법에 입각한 잘 설계된 사회조사 같은 것은 불가능하다. 그 시대를 경험했던 사람들에 대한 인터뷰도 20세기가 저물면서 거의 종료되었다. 결국 문제는 수집·축적된 기존 자료들을 누가 한 줄이라도 더 읽는가 하는 것이다. 조금 더 욕심을 부린다면 지금까지 사료로 여겨지지 않았던 것들을 끌어들이기, 가능하다면 정서되고 전산 데이터베이스화되지 않은 손으로 쓴 원문서들까지 찾아서 읽기, 이미 널리 이용된 자료들에 대해서도 지금까지와는 다른 시각이나 다른 방법으로 재해석하기, 귀찮지만 그것들을 하다못해 엑셀에 입력해서라도 데이터베이스화하기 정도의 과제일 것이다.

이 정도를 무슨 '방법(론)'이라고 하기는 뭣하지만, 역사학과 사회학 사이 어디쯤에 발을 디뎌야 하는 사회사/역사사회학 연구자 입장에서 보면, 조금 더 구체적인 사례에 집중할 것인가 더 큰 이론적인 종합을 지향할 것인가 하는 것은 중요한 선택이다. 거시비교의 역사사회학이 유행하던 시기의 철지난 표현을 빌자면 사회사/역사사회학은 2차문헌의 메타적 독해와 종합으로도 충분(!?)한가 하는 문제다. 한국의 사회사/역사사회학 전체가 어떤 자세를 취해야 한다는 말은 아니고, 어쨌든 나는 앞서와 같은 어설픈 시행착오를 거치면서 힘 닿는 범위에서는 조금 더 구체적인 사실을 모으고 사례를 연구하는 쪽으로 가보려고 하고 있다. 나뿐만이 아니라, 비슷한 시기에 함께 대학원을 다녔고 지금껏 식민지 도시, 식민지의 교육제도와 '학지(學知)', 사회조사와 통계, 복지정책, 만주라는 또다른 식민지에 대한 조사와 이주정책 등을 연구해오고 있는 동학(同學)들도, 정도의 차이는 있지만 같은 궤적 위에 있다고 생각된다 — '식민지 근대성'이나 '(식민지)통치성'에 관심을 갖고, 각자의 영역에서 힘 닿는 데까지 1차자료를 뒤지고 있다. 그리고 그 1차자료의 상당부분을 차지하는 것은 식민지통치와 관련된 관(官)의 문서들이다. 물론 1차자료에, 사례 연구에 천착한다는 것은 크게 보면 한국사회사학회 전체의 특징이자 전통이지만, 내 또래의 동학들은 박명규, 정근식 선생을 통해 그런 자세를 배웠던 것이다.

'자세'라고 말해놓고 보니, 2004년인가 5년쯤, 처음으로 서울대 사회학과와 도쿄대 사회학과가 교류를 해서 서로 오고가며 학술행사를 벌였을 때의 일이 떠오른다. 학생들의 발표 자리도 있었는데 그걸 앞두고 일본어도 영어도 못 하는데 발표와 토론을 어떻게 하냐고 다들 걱정을 하고 있으려니까 정근식 선생 왈, "그냥 한국말로 크게 말해!" "예?" "그래도 안되면 더 크게 말하는 거여!" 그때나 지금이나 웃음이 나는 일화지만, 사실 연구든 조사든 첫 걸음을 떼는 것은 항상 불안하고 이런저런 계산이 앞서는 일이다. 자료를 읽으려면 한문도, 일본어도 배워야 하는데, 박사과정을 수료한 이제서야 그런 공부를 시작해도 괜찮은 걸까? 어렵게 얻은 기회인데 인터뷰를 잘 하려면, 일본에 가서 자료를 수집해오려면…? 정작 발은 떼지도 못한 채 망설이고 있을 때, "그냥 크게 말해!"라며 선생은 등을 떠미셨던 것이다. 하지만 선생과 달리 나는 아직도 목소리가 작고 잔걱정도 많다.

3   정근식 선생의 조선총독부 연구

정근식 선생을 처음 뵌 것은 그렇게 내가 박사학위논문을 준비하던 2003년 초였다. 선생의 식민지기 연구에 대해서 내가 아는 한에서만 말하자면, 그때 선생은 1990년대 후반부터의 한센병자 격리정책에 대한 연구를 시·공간적 전망에서 확장하는 한편, 식민지기 경찰의 신문·서적 검열 연구를 막 시작하신 참이었다.

1)   한센병 통제정책에서 '위생경찰'과 '후생'까지

선생의 한센병 정책 관련 연구에 대해서는 이 책에 실린 다른 글에서 다룰 테니까, 여기서는 그것이 식민지 근대성의 '제도' 연구와 이어지는 맥락만 간단히 언급하겠다. 선생의 연구는 한국에서 한센병자의 절대적 격리와 강제수용, 단종수술 같은 특징적 정책들이 어떻게 시작되었는지를 밝히는 데서부터 출발했다(1997a, 1997b). 연구의 큰 축을 이룬 것은 일제(조선총독부)가 설립한 국립의 소록도갱생원과 서구 기독교 선교사들이 설립·운영한 요양시설의 차이였다. 2000년대 들어서는 연구의 범위가 시·공간의 두 방향으로 확대되었다. 하나는 1930년대에 일본 본토에서 국·공립 요양소를 중심으로 하여 확립된 일제의 한센병 통제정책이 조선

뿐 아니라 타이완이나 오키나와 같은 일본의 다른 식민지에서는 어떻게 진행되었는가 하는 것이고(2002, 2007b), 다른 하나는 한국에서의 한센병 통제정책이 아시아-태평양전쟁 시기에 또 해방이후에 어떻게 변해 갔는가 하는 것이다(2005a). 이때는 서구 선교사들의 요양시설과의 헤게모니 경쟁이라는 관심은 약해지고, 논의는 일본식 한센병 통제정책에 집중되었다. 이후 한센병 정책과 소록도에 대한 실증적 연구, 한센병자의 인권과 차별·배제 등에 대한 연구는 김재형(방송통신대학 교수)을 비롯한 여러 제자들이 계속 이어가게 된다.

다른 한편, 한센병 통제정책은 식민지 조선에서의 보건과 의료, 총독부와 민간의 사회사업, 부랑자 통제와 인구 관리라는 더 큰 맥락 속에서 이해되어야 했다. '건강', '보건', '양생', '후생' 같은 개념들과 그것이 제도로 구현되는 양상, 우생학 등에 대한 당시 선생의 관심을 보여주는 것이 신체규율과 건강에 대한 글(2007a)이다. 2000년대 후반 검열 연구를 거치면서 선생은 '제도'를 일차적으로 총독부의 담당 부서와 인력, 소관사무를 통해 파악하는 방식을 택하게 되는데, 한센병 정책을 포함해서 식민지기 조선의 보건과 의료에 대해서도 그것을 총괄했던 '위생경찰'을 한 편의 논문으로 정리했다(2011a). 식민지기 이래 '사회사업', '후생', '민생', '복지' 개념과 제도의 변천사에 대한 연구(주윤정과 공저 2013)도 한센병 통제정책 연구가 확장된 것으로 볼 수 있다.

2) 신문·도서의 검열에서 '선전'과 동원까지

2003년 서울대로 자리를 옮기신 뒤 한동안 조선총독부의 통치 및 조선에 대한 지식·정보의 수집·축적에 관련된 여러 가지 '제도'가 선생의 주된 연구분야가 되었다. 대표적인 것이 식민지기 신문·잡지와 도서, 각종 출판물에 대해 행해진 검열에 대한 연구다. '검열연구회' 이름으로 낸『식민지 검열, 제도·텍스트·실천』(2011)의「책머리에」에 보면 "2003년 봄, 검열연구의 중요성을 절감하던 박헌호, 정근식, 최경희, 한기형, 한만수는 한 단계 더 나아간 연구를 위해 '검열연구회'라는 작은 모임을 만들었다"고 되어 있다. 적어도 그 즈음부터 선생의 검열 연구가 본격화한 셈인데, 그것은 대한제국/통감부시기와 식민지기의 '검열체제'에 대한 연구(2003, 2005b)에서 시작해서 '출판경찰'에 대한 연구(최경희와 공저 2006, 2007c)로 이어졌고, 다시 해방이후 검열체제의 연속과 불연속(최경희와 공저 2011), 일본·타이완의 검열상황과의 비교(2012, 2014) 등으로 확대되었다.

다른 한편, 연구의 대상시기가 1930년대 후반으로 확대되면서, 소극적·부정적인 검열뿐 아니라 조선총독부의 적극적인 '선전'과 동원까지가 시야에 들어오게 되었다. 1920년대 문화통치기에는 창작의 장은 그런 데로 열려 있으면서 최종적으로 인쇄·출판 단계에서 검열·금지가 이루어졌다면, 전시체제기가 되면서는 적극적인 사상전향정책과 함께 출판·문화의 통제 역시 식민지권력이 창작 자체를 '지도'하는 방향으로 바뀌었기 때문이다. 이 방향의 연구는 서구(프랑스)의 식민지가 된 베트남에 대한 조선총독부와 조선인 언론매체의 담론의 차이와 변화(2008), 총독부의 정보통제와 시각적 선전 연구(2009)를 거쳐 전시체제하 검열·선전·동원의 복합적 양상을 다룬 연구(2013)로 이어졌다. 1930년대 중엽까지 검열은 경찰의 일이었고, 잡지와 사진, 영화 등을 이용해서 조선에 일본제국의 이데올로기와 '내지(內地)'의 발전상을, 반대로 일본과 외국에 조선의 상황과 '시정(施政)'의 성과를 선전하는 일은 총독관방 문서과와 내무국/학무국 사회과, 조선정보위원회 등이 담당했다. 그러나 전시체제가 되면 '정보과'가 신설되어 검열과 선전을 담당했고, 국민총력조선연맹 문화부, 조선문인협회, 조선연극문화협회 등 온갖 관변단체들이 그것을 거들었다.

정보의 수집·축적에 관한 선생의 또다른 연구로는, 경성제국대학 도서관의 설치와 도서의 확보, 학부별 분관제, 조선 내 도서관 네트웍에서 경성제국대학 도서관의 위치와 역할 등을 식민지기 일본 제국대학 도서관 제도의 '이식'이라는 측면에서 살펴본 연구(2010)가 있다. 서울대 부임 이전부터 이런저런 자료를 모으셨던 것 같은데, 선생 심부름으로 서울대 고문헌자료실에서 몇 권의 책을 뒤져 겉표지·속표지·판권장 등을 스캔했던 기억이 있다. 개인 소장자 도장이 남아 있던 한 권은 논문에도 나오는「도서원부」까지 뒤져보았지만, 해방이후 헌책방에서 구매했다든가 하는 좀 싱거운 결과로 끝나고 말았다. 2009년에 정준영(서울대 규장각한국학연구원 교수)의 공들인 박사학위논문「경성제국대학과 식민지 헤게모니」(지도교수 박명규, 심사위원장 정근식)가 나온 뒤로, 한동안 경성제국대학은 서울대 사회학과 구성원들의 중요한 공통관심사였다. 2011년에는 박명규·정근식·정진성·조정우·김미정·정준영의 공동연구로 경성제국대학의 제도적 측면을 망라한『식민권력과 근대지식: 경성제국대학 연구』가 출판되기도 했다.

4 두 개의 뿌리

1) '식민지 근대'의 이론

위에서 살펴본 한센병자 통제정책과 검열·선전에 대한 연구는 (1) 가장 기본적으로 식민지 조선에서의 제도와 실천에 대한 정리, (2) (한센병 정책의 경우) 서구 근대와 일본식 근대의 헤게모니 경쟁에 대한 관심, (3) 조선에서의 제도와 실천을 적어도 일본제국 전체의 판도 속에서, (4) 또 식민지기의 제도를 해방이후와 비교해서 보는 방향으로의 연구의 확대라는 공통된 틀을 가지고 있다. 이 역시 특별한 '방법론'이라고 할 것까지는 아니지만, 그전까지 학문적 관심이 아니었던 대상을 새롭게 제시하면서 그것을 어떤 맥락에서 어떻게 조명할 것인가 하는 방법적 전략을 보여준다. 그런 전략이 최초로 제시된 것은, 한국의 민주화와 현실사회주의의 붕괴 이후의 변화하는 상황에 대응하는 시도였던 김진균·정근식(1997),『근대주체와 식민지 규율권력』에서였다. 한국 인문·사회학계 전체에 신선한 충격이었던 이 책에서, 선생은 근대에 대한 미셸 푸코 등의 새로운, 비판적인 고민을 참고로 해서 식민지와 근대(성)의 관계를 조명해보아야 한다, 서구 근대성과 식민지 근대성의 관계, 또는 주로 문화적 영역에서의 헤게모니 경쟁, 다른 식민지체제와의 비교, 일본 본국과 조선, 조선과 다른 식민지의 비교 등을 통해 식민지 조선의 특수성과 보편성을 함께 해명해야 한다, 식민지체제와 해방이후 지금까지의 분단체제의 관계를 살펴보고 단순한 '잔재'가 아니라 유산으로서의 식민지성을 생각해보아야 한다는 등을 앞으로의 과제로 제시했다(김진균과 공저, 1997). 이런 과제들을 수행하면서 기존의 '식민지 근대화론'과 '수탈론'이 아닌, '식민지 근대(성)'의 모습을 탐색해보자는 것이었다.

　　이후 식민지기에 대해 선생과 또 제자들이 수행한 대부분의 연구가 크게는 이런 배경과 전망 아래서 이루어진 것이다. 다만 아직도 '식민지 근대'라는 개념이 이론적으로 충분하게 발전되고 다듬어진 것은 아니다. 『근대주체와 식민지 규율권력』 이후로 꽤 많은 연구자들이 '식민지 근대(성)'라는 말을 쓰고 있지만, 많은 경우 그 의미를 서구 근대나 한국이 내재적 발전으로 달성할 수 있었을 제대로 된 근대에 대해 무언가가 결여된, 왜곡된 근대(성)이라는 것으로 한정하는 것 같다. 당연히 그런 부분도 있다. 선생의 연구에서도 가령 한센병자 통제에 대해 일본식 제도·정책과 서구 선교사들의 제도·실천을 대비하기도 했다. 그러나 애초에 '규율권력'이라는 푸코식의 개념을 끌어왔을 때는, '근대'(나 '계몽') 자체를 꼭 우리가 지향하고 달성해야 할 목표로 볼 것이 아니라 어떤 부분에서는 극복되어야 할 것으로 보아야 한다는 생각도 있었고, 서구 근대 자체가 식민지지배에 근거해서만 가능했던 것이라는 점도 지적하고 싶었던 것이다. 그렇게 보면 이 세상에 '식민지 근대'가 아닌 근대(성)는 없고, 식민지에서 해방된다고 해서 제국주의/식민주의가 끝나는 것도 아니며, '근대화'가 민족의 지상과제라고 할 수도 없다. 일본식 근대도 특수하고 식민지 조선의 상황도 특수했지만, 그렇다고 서구 근대는 보편적이었던 것은 아니다. 사실은 단일한 '서구 근대'라는 것도 존재하지 않는다. 그것은 편의상 쓰는 속기(速記)의 기호일 뿐이다.

　　그러나, 이런 '식민지 근대'의 더 큰 전망은 선생이나 제자들의 연구에서 제대로 부각되지 못했다. 사실 한국의 식민지경험을 더 꼼꼼히 파고들면 들수록, 애초 의도했던 바와는 달리 한국적 특수성론, 일본제국주의의 특수성론에서 벗어나기가 어려워지는 측면도 있는 것 같다. 나도 박사학위논문을 쓰면서 식민지기의 호적제도가 조선시대까지의 전통적 호적과는 거의 무관한, 근대국가에는 다 있는 주민등록장치의 한 양상임을 부각시키려고 했는데, 글을 쓰다 보니 결국은 종래 기독교회의 혼인·세례·매장 대장을 대체한 혁명이후 프랑스의 민사신분(état civil) 등록장치가 있고, 그것이 메이지기 일본에서 개인별이 아닌 호별 등록장치가 되고, 그것이 1909년 대한제국에 도입되고… 하는 서술이 되고 말았다. 의도했던 것은 아니지만, 프랑스 것은 보편적 모델이고 일본 것은 특수한 변형인데 조선은 그것이 다시 식민지에 강제된 것이라는 식으로 읽힐 수밖에 없을 것 같았다. 한참 나중에 쓴 식민지기 내무행정이나 경성의 똥오줌 수거에 대한 글도 결국 자꾸 서구에서는…, 일본에서는…, 그런데 조선에서는… 하는 식이 되어서, 난감해졌다. 게다가, 식민지 조선만을 연구하기도 힘든데 일본 본국, 일본의 다른 식민지, 서구의 식민지, 혹은 20세기 전반의 중국에까지 관심을 넓혀가면서 더 큰 전망에서 종합을 꾀한다는 것은 지난한 일이다. 자료나 탐색수준이 서로 균형을 이루지 않는 섣부른 비교는 위험하다. 이 난관을 어떻게 돌파해야 할지 나는 아직 잘 모르겠다. 선생이라면 다시 한 번 "그냥 더 크게 말해봐!" 하실까?

2) 일본 역사·문화사회학의 영향

정근식 선생의 식민지기 '제도' 연구에 상당한 영향을 미친 다른 한 가지는 일본의 역사사회학 또는 문화사회학이라고 생각된다. 이쪽은 내가 잘 모르는 분야기 때문에, 몇 가지 개인적인 느낌만 얘기하겠다. 2000년대 초에 처음 일본의 대형서점에 가보고 놀랐던 것은, 내가 관심을 갖거나 고민을 해볼 만한 '식민지 근대'의 많은(대부분의?) 주제들에 대해 일본에서는 이미 상당한 연구가 이루어져 있다는 사실이었다. 나중에 한국에서도 "○○의 탄생" 같은 제목이 잠깐 유행했지만, 2000년대 초 일본에는 내무성의, 대장성의, 경찰의, 사회보험의, 사회조사의, 체신의, 우편엽서의, 대학의, 지방의, 건강의, 체조의, 백화점의, 운동회의, 온천여행의, 하수도의, 포르노잡지의 탄생과 때로는 그 죽음까지가 문고본 신서로까지 나와 있었다. 떠듬떠듬 제목을 읽어가며 그 문고본 서가를 더듬던 일은, 한류는 고사하고 일본대중문화 개방의 후과를 걱정하던 시절에 일본 '시티 팝'을 처음 들은 느낌 같달까? 아마 한국의 연구자들처럼 식민지경험과 근대성이 병행할 수 있는지를 고민하지 않아도 되었을 테니까 일본에서는 일찍부터 연구관심이 그런 쪽으로 향했던 것이 아닐까 싶다. 역사사회학 자체는 일본 사회학계에서는 주변적인 분야라지만, 역사학과 사회학뿐 아니라 미디어, 스포츠, 경영, 건축, 교육 등 거의 모든 분야에서 메이지유신 이래 일본 '근대'의 경험을 다루고 있었다.

그런데 대단히 매력적이고 때로는 자극적이기까지 한 제목과 달리, 그런 논문이나 단행본의 본문은 대개 법령과 '제도'를 고지식할 정도로 착실하게 정리한 것이었다. 처음에는 이게 뭐야, 하는 느낌도 들었다. 그때까지만 해도, 무슨 법대생이나 공무원도 아닌 내가 시시콜콜 (그것도 이미 사라져버린 체제의) 법령, 통첩, 고시 따위를 뒤지고 정리하며 살게 될 줄은 몰랐다. 1980년대 후반과 1990년대 전반에 대학생이었던 사회학도에게 법률이란 폐지 운동을 하거나(가령 국가보안법) 어기라고 (가령 집시법, 도로교통법) 있는 것이 아니었을까? '참여연대'가 생겨서 무슨무슨 법률의 폐지가 아니라 제정·개정을 목표로 운동을 한다는 얘기가 처음에는 무척 낯설었던 기억이 있다. FTA 같은 조약이나 협정에 의해 수많은 국내법들이 개정되어야 한다는 말은 조금 더 나중에 들었다. 한 마디로 경험적 연구도 제대로 해본 적이 없고 세상 물정도 몰랐던 것이다. 박사학위논문을 쓰면서 보니, 능력, 친족 및 상속에 관한 규정은 조선인에게는 적용하지 않고 거기 대해서는 관습에 의한다는 내용의 「조선민사령」 제11조의 예외규정 하나의 무게는 어마어마한 것이었다.

그런 폭넓은 근대 연구의 토대이자 결과로, 일본에는 1차자료도 상당히 잘 정리되어 있었다. 연구자들 이전에 내무성이나 통계국 등 각 조직에서 설립 80주년, 100주년을 맞아 어마어마한 분량의 자료집을 내놓았다. 정부기관이 아닌 각종 단체나 학교, 회사 등도 저마다 설립 몇십 주년을 기념하는 자체의 역사책을 내고 있었다. 관련된 선생의 연구로, 한 편으로 그쳤지만 사회사/역사사회학의 새로운 시도였던, 아지노모토 광고 연구(2004)를 들 수 있다. 「맛의 제국, 광고, 식민지적 유산」이라는 감각적인 제목이 논문 내용을 깔끔하게 압축하고 있다. '아지노모토(味の素)'는 1908년에 발명되어 식민지기 일본에서 선풍적인 인기를 끌었고, 해방이후 한국에서는 '미원(味元)', '미풍(味風)' 같은 유사 상표로 알려지게 되는 인공조미료다. 그 아지노모토가 짧은 시간 안에 사람들의 입맛을 지배하게 된 배경에는, 해방후에는 '은단'이라고 불렸던 진탄(仁丹)과 더불어 아지노모토사가 펼쳤던 엄청난 광고 공세가 있었다는 내용이다. 시각과 방법도 신선했지만, 아지노모토주식회사가 여러 차례 펴낸, 아주 상세한 '사사(社史)' 자료가 없었더라면 불가능했을 연구가 아닌가 싶다.

5 내가 물려받은(?) 과제들

1) 조선총독부의 문서행정과 조사사업

실은 식민지기 조선총독부의 정보 수집·축적에 관련된 선생의 '제도' 연구는 2장에서 든 것만이 아니다. 검열 연구에서 선전과 동원 연구로 옮겨가자면 총독관방 문서과와 내무국/학무국 사회과에 눈길이 가지 않을 수 없다. 문서과는 이름 그대로 총독부의 (공)문서행정을 총괄하는, 다시 말해 법령과 통지를 비롯해서 총독부의 정보 흐름 대부분을 장악·통제한 부서였다. 『조선총독부관보』를 비롯해서 『조선총독부월보』 → 『조선휘보』 → 『조선』으로 이름을 바꾼 종합월간지, 매년의 『조선총독부시정연보』 간행을 담당한 것도, 일상행정의 부산물로 총독부 전 부서와 소속관서의 업무통계를 집계하고 몇 가지 조사사업을 더해서 『조선총독부통계연보』와 1930년대의 『조사월보』를 편찬한 것도 문서과였다. 조선총독부의 복잡다단한 직제 변동 속에서 때로는 문서과 옆에 '조사과'나 '통계과', '(임시)국세조사과'가 설치되어 사무를 분담하기도 했고, 또 때로는 문서과 자체가 없어지고 총독관방의 여러 부서들이 '총무과'에 통합되거나 아예 총독관방 말고 '총무국'이 생겨 거기에 소속되기도 했다. 그러나 그런 잠시의 변이를 무시하고 조선총독부의 문서·조사·통계·간행 사무를 담당했던 부서와 인력·사무를 대략 '문서과'라는 이름으로 뭉뚱그릴 수 있다.

2007년에 정일균·정근식·김백영·서호철이 함께 문서과 연구를 진행했다. 그 결과는 「조선총독부의 총독관방 '문서과'와 '조사과' 연구」(규장각한국학연구원 미간행보고서, 2010)로 정리되었는데, 애초 단행본 출판을 목표로 했던 것이, 각자 내용을 조금씩 더 보완하고 글을 다듬자는 얘기를 하다가 어째 흐지부지되고 말았다. 정근식 선생이 담당했던 꼭지는 문서과에서 낸 종합월간지에 대한 것으로, 보고서에는 「조선총독부 문서과의 월간 기관지: 『조선휘보』와 『조선』의 '2언어 체계'를 중심으로」라는 원고로 실려 있다. 또 그런 관심의 연장에서, 선생은 2011년에 나온 『(조선문)조선』 영인본의 「해제」를 쓰기도 했다. 생각해보면 총독부에서 『조사월보』나 『시정연보』보다는 오히려 『개벽』이나 『신동아』의 체재에 더 가까운, 총독부 관료나 학자들의 논문이나 기행문, 심지어는 문예창작물까지 싣는 종합월간지를 냈다는 것은 이상한 일이다. 시인/소설가 이상이 처음으로 발표한 자전적 중편소설 「12월 12일」이 1930년에 유수한 문학잡지가 아니라 바로 이 『(조선문)조선』에 연재되었다고 하면, 이 이상함이 좀 더 생생하게 느껴질지도 모르겠다. 게다가 1910년대 후반부터 1930년대 전반까지는 『조선휘보 지방호』나 『(조선문)조선』이라고 해서 한국어판까지 따로 냈던 것이다.

내게는 문서과 연구는 박명규 선생과 함께 쓴 『식민권력과 통계』(박명규·서호철, 2003)와 박사학위논문의 연장이기도 해서, 공동연구가 제대로 진행되지 못한 것은 아쉬웠다. 다른 한편, 의도했든 아니든 내 글이 자꾸 서구의 문서행정은… 일본은… 그런데 조선총독부는… 하는 식으로 틀에 박혀 가는 게 싫어진 게 아마 그 즈음부터였던 것 같다(불현듯 책을 못 내게 된 게 내 탓이었나 싶기도 하다). 조금 다른 방식으로 접근해볼 수 없을까 했던 것이 벌써 10년이 넘었는데, 요즘은 이 문서행정은 오히려 조선시대 승정원의 기능과 비교해서 볼 수 있지 않을까 하는 생각을 하고 있다. 굳이 '내재적 발전'을 고집하려는 것은 아니고, 아무리 밖에서 새로운 제도를 들여온다고 해도 기존의 제도나 관행을 하루아침에 손바닥 뒤집듯 바꿀 수는 없었을 것이라는 생각이다. 신식 인쇄기술이 보급되자 제일 먼저, 제일 많이 간행된 것은 족보 아니었던가? 또 국가의 문서행정에서 그렇게 근대와 기존의 제도·관행이 뒤엉키면서 시행착오를 거듭했던 것은 식민지기보다는 오히려 개항 이후 대한제국기까지가 아닐까 싶어서, 게다가 고종대 『승정원일기』가 번역되고 전산 데이터베이스화된 데 힘입어서, 최근에는 고종대의 『관보』를 일본 관보가 아니라 조선시대 필사본 『朝報』와의 관계 속에서 해명하려는 시도를 해보았다. 조금 더 분발해서, 어떤 형태로는 조선총독부 문서과를 포함해서 근대국가의 문서·조사·통계·간행에 대한 연구를 매듭짓고 싶다.

2) 근대국가의 경찰과 '내무행정'

정근식·주윤정(2013) 외에 논문으로 정리되지는 않았지만, 정근식 선생이 하고 싶으셨을 연구는 내무국/학무국 사회과에 대한 것이라고 생각된다. 1990년대 후반부터 박명규 선생은 '사회'와 '국민/민족' 개념의 수용에 주목하셨는데(박명규, 2001, 2003, 2009 등), 정근식 선생은 개념의 수용도 수용이지만 1920년대 이래 '사회'라는 이름이 들어간 부서가 조선총독부에 설치되어 어떤 사무와 사업을 담당했는지, 그것이 내무국에서 학무국으로 옮겨가면서 '사회교육과'로 바뀐다거나 업무의 중심이 사회사업에서 전시 노동력동원으로 바뀐다든지 하는 것을 살펴봐야 되는 게 아니냐고 주장하셨다. '사회'를 부르주아 공론장과 관련지어서 볼 것인가 국가 통치성의 산물로 볼 것인가 하는 문제랄까? 박명규 선생의 '사회' 개념 연구와 정근식 선생의 '사회과' 연구 둘 다를 물려받으면서 둘 다를 넘어서기, 그것은 동학들과의 술자리 안주이기도 했다.

선생의 위생경찰·출판경찰 연구에 사회과에 대한 관심을 합쳐서 더 큰 범주로 묶으면 '내무행정'이라는 이름이 되지 않을까 싶다. '경찰'도 그렇지만 '내무행정'은 사실 근대국가 행정의 가장 기묘한 범주다. 조선시대의 의정부와 6조의 사무에는 '내무'에 일대일 대응될 만한 것이 없다. 지방관의 종합적 책무였던 '목민(牧民)'이 내용상 가장 가까운 개념일까? 1885년 고종이 청의 제도를 본떠서 개화·자강의 담당기구로 '내무부(內務府)'를 설치했다는 사실은, '내무'가 전통의 국가행정이 아니었음을 보여준다. 명칭으로 보면 내무는 한편으로 군무(軍務), 다른 한편으로 외무(外務)를 제외한 내치 전반을 포괄한다. 실제 메이지기 초 일본에서는 내무성과 대장성(大藏省)이 내치의 주도권을 두고 경쟁하기도 했다. 초기에는 모든 미분화된 사무는 '총무'로 분류되거나 '내무'에 포함되었다. 일본에서 산업 담당의 농상무성은 1881년 내무성에서 독립되었고, 1910년대 조선에서는 학무국이 내무부에 속해 있기도 했다.

큰 틀에서 생각해보면 '내무'는 역시 지방행정과 사회·복지행정, 그리고 경찰·소방을 포함하는 개념이다. 조선총독부는 식민지 치안을 위해 식민지기 내내 경찰사무를 별개의 국으로 두었다는 얘기는 앞서 했다. 북한은 말단 지방행정과 경찰이 결합된 '내무서(內務署)'를 두었다. 남한에서는 사회·복지가 별개 부처로 독립되었지만 내무부는 여전히 수위의 부처였고 경찰과 소방은 내무부의 외청으로 존재했다. 1990년대 말 지방자치제 부활과 함께 내무부는 '행정자치부'로 재편되고, 이후 '자치', '안전', '행정'이 이 부처의 이름을 돌려막고 있다. 자기의 지식/권력 개념을 구체적인 국가의 기구로부터 떼어놓으려는 푸코의 발뺌에도 불구하고, 나는 박사학위논문 이래 그의 '통치성' 개념을 이 '내무행정'의 탄생과 소멸과 결부시켜보려고 하고 있다. 1920년대 이래 조선총독부 내무국의 구성과 사무, 변천을 간단히 정리했고(서호철, 2014), 지금은 식민지체제와 분단체제를 함께 보자고 하신 선생의 주장을 따라 아주 야심적으로 해방이후 1990년대 말까지 내무부의 역사까지를 그려볼 수 있을까 궁리하고 있다. 내 나름대로는 선생의 작업을 이어가는 중요한 과업이라고 생각한다.

6 남은 이야기

'식민지 근대'의 이론을 더 확장하고 다듬어가야 한다는 큰 과제도 있지만, '식민지 근대'를 이해하기 위해 연구해야 할 '제도'는 사실 조선총독부의 조직과 행정만은 아니다. 『근대주체와 식민지 규율권력』에서 선생은 후속의 공동작업은 우선 "근대적 시간관과 공간관의 형성과 전개"에 대한 성찰이 될 것이라고 썼지만, 이것은 결국 실현되지 못했다. 근대적 시·공간(관)이란 매력적인 주제지만, 조선총독부나 경성제국대학의 경우와 달리 이쪽은 의제 자체가 상당히 추상적이고 철학적이어서, 어디서부터 어떻게 실마리를 찾아야 할지도 고민스럽다. 선생은 근대적 '시간체제'라는 개념을 가지고 몇 편의 중요한 논문을 쓰셨지만(2000, 2005c), 제자들이 그 작업을 이어받지는 않았다. 내가 지도한 김미화(중국 河南財經政法大學 교수)가 '시계시간'과 '달력시간'을 구분하면서 기년법의 변화, 음력에서 양력으로의 전환, 전통 민간역서의 변용(김미화, 2016, 2017, 2021) 등을 다루기는 했다. 공간에 대해서는 김백영(서울대 교수), 조정우(경남대 교수)가 도시, 고속도로 등에 대해 경험적 연구를 쌓아가고 있지만, 이쪽도 '근대적 공간관'이라는 추상적 의제를 직접 다루는 것은 아니다. 의제가 중요하고 또 매력적이라는 것과, 현실적으로 그것에 대한 경험적 연구를 어떻게 설계하고 수행할 것인지는 다른 문제라는 것이 새삼 느껴진다.

지금까지 '식민지 근대'라는 시각에서 이루어진 정근식 선생의 조선총독부 연구에 대해 살펴보았다. 식민지기에 대한 역사적 연구란 대개 문헌자료를 가지고 할 수밖에 없는 것이지만, 이런 얘기를 할 때면 나는 선생과 어딘가의 개항장이나 섬을 걷고 있는 장면이 자꾸 떠오른다. 실제 선생과 함께 답사를 해본 경험은 아주 많지는 않지만, 아마 나는 흉내도 내지 못하는 선생의 지역·현장 연구가 내 머리속에 강렬하게 남아 있어서 그런 것 같다. 사실 식민지기나 한국전쟁기에 대한 역사적 연구라고 해도 소안도 항일 기념탑 연구(1995)나 소록도나 다른 곳의 한센병자 요양소 연구, 구림마을 연구(정근식 외 공저, 2003) 등은 모두 특정한 '지역'과 관련된 연구들이었다. 사실 선생님은 문헌자료만 들여다보는 연구보다는 현장을 답사하고 사람들을 만나고 하는 연구 쪽을 더 좋아하셨고, 또 그런 것을 잘 하셨다.

그러고 보면 앞서 살펴본 출판경찰과 선전 관련 연구만이 지역이라는 배경이 없는 셈이다. 2010년대 들면서 선생의 관심은 식민지기에서 한국전쟁기와 냉전시대로 옮겨갔는데, 그때가 되면 집합기억과 기념, 냉전의 '경관'과 다크 투어리즘에 대한 선생의 연구는 군사분계선과 비무장지대, 제주도(4.3)를 비롯해서 오키나와 타이완(금문도), 중국의 여러 지역들과 관련되었던 것이다. 나야 좁은 뜻에서의 '제도' 연구를 주로 하는 사람이고, 선생의 방대한 연구 중에서도 식민지기에 관한 것 밖에는 잘 모르지만, 선생의 연구관심 전체를 두고 본다면 과연 어떨까? 어쩌면 조선총독부의 검열과 선전에 대한 문헌 중심의 연구는 전남대에서 서울대로 자리를 옮기신 다음 한동안 지역의 '필드'를 찾지 못한 탓에 가능했던 것은 아닐까 싶기도 하다. 정근식 선생으로서는 그 시기가 다소 갑갑하셨겠지만, 덕택에 나 같은 구들목 장군도 이렇게 연구자 흉내를 내며 살고 있다.

참고문헌

정근식 선생의 연구

정근식. 1995. "집단적 역사 경험과 그 재생의 지평: 소안도 항일 기념탑의 사회사." 『한국 사회사학회논문집 47: 설화와 의식의 사회사』.

정근식. 1997a. "한국에서 근대적 癩 구료의 형성." 『보건과 사회과학』 1(1).

정근식. 1997b. "식민지적 근대와 신체의 정치: 일제하 나. 癩) 요양원을 중심으로." 『사회와 역사』 51.

정근식. 2000. "한국의 근대적 시간 체제의 형성과 일상 생활의 변화 1." 『사회와 역사』 58.

정근식. 2002. "동아시아 한센병사 연구를 위하여." 『보건과 사회과학』 12.

정근식. 2003. "식민지적 검열의 역사적 기원: 1904~1910년." 『사회와 역사』 64.

정근식. 2004. "맛의 제국. 광고. 식민지 유산." 『사회와 역사』 64.

정근식. 2005a. "일제 말기 소록도갱생원과 이춘상 사건." 『역사비평』. 72.

정근식. 2005b. "식민지 검열체제의 역사적 성격: 일제하 검열기구와 검열관의 변동." 『대동문화연구』 51.

정근식. 2005c. "시간체제와 식민지적 근대성." 『문화과학』 41.

정근식. 2007a. "식민지지배. 신체규율. '건강'." 미즈노 나오키(水野直樹) 편. 정선태 역. 『생활 속의 식민지주의』. 산처럼.

정근식. 2007b. "오키나와 한센병사에서의 절대격리체제의 형성과 변이: 미군정의 영향을 중심으로." 『사회와 역사』 73.

정근식. 2007c. "구한말 일본인의 조선어교육과 통역경찰의 형성." 『한국문학연구』 32.

정근식. 2008. "검열에서 선전으로: 일제하 조선에서의 베트남담론의 추이." 『사회와 역사』 80.

정근식. 2009. "일본 식민주의의 정보통제와 시각적 선전." 『사회와 역사』 82.

정근식. 2011a. "식민지 위생경찰의 형성과 변화. 그리고 유산: 식민지 통치성의 시각에서." 『사회와 역사』 90.

정근식. 2011b. "조선문『조선』해제." (영인본)『(朝鮮文) 朝鮮』. 도서출판 文現 (8월)

정근식. 2012. "식민지검열과 "검열표준": 일본 및 대만과의 비교를 통하여." 『大東文化研究』 79.

정근식. 2013. "식민지 전시체제하에서의 검열과 선전. 그리고 동원." 『상허학보』 38.

정근식. 2014. "일제하 대만 출판경찰과 검열텍스트." 『사회와 역사』 104.

김진균·정근식. 1997. "식민지체제와 근대적 규율." 김진균·정근식 편. 『근대주체와 식민지 규율권력』. 문화과학사.
정근식·주윤정. 2013. "사회사업에서 사회복지로: '복지' 개념과 제도의 변화". 『사회와 역사』 98.
정근식·최경희. 2006. "도서과의 설치와 일제 식민지출판경찰의 체계화." 1926-1929. 『한국문학연구』 30.
정근식·최경희. 2011. "해방 후 검열체제의 연구를 위한 몇가지 질문과 과제: 식민지 유산의 종식과 재편 사이에서(1945~1952). 『대동문화연구』 74.
정근식·홍성흡·김병인·박명희·전형택·표인주·추명희·김준. 2003. 『구림연구: 마을공동체의 구조와 변동』. 경인문화사.
정일균·정근식·김백영·서호철. 2010. "조선총독부의 총독관방 '문서과'와 '조사과' 연구." 규장각한국학연구원 미간행보고서.

검열연구회 편. 2011. 『식민지 검열. 제도·텍스트·실천』. 소명출판.
김진균·정근식 편. 1997. 『근대주체와 식민지 규율권력』. 문화과학사.
정근식·한기형·이혜령·고노겐스케·고영란 편. 2016. 『검열의 제국: 문화의 통제와 재생산』. 푸른역사.

기타
김미화. 2016. "근대 이행기의 동아시아 기년법." 『사회와 역사』 110.
김미화. 2017. "한국 달력체계의 근대적 전환: 근대국가와 사회적 동기화." 한국학중앙연구원 한국학대학원 박사학위논문.
김미화. 2021. "해방 이후의 민간역서와 달력 시간의 혼종성." 『사회와 역사』 130.
박명규. 2001. "한말 '사회' 개념의 수용과 그 의미체계." 『사회와 역사』 59.
박명규. 2003. "근대 사회과학 개념구성의 역사성: 한말 국가-사회-개인의 상호연관을 중심으로." 『문화과학』 34.
박명규. 2009. 『국민·인민·시민: 개념사로 본 한국의 정치주체』. 소화.
박명규·서호철. 2003. 『식민권력과 통계』. 서울대학교출판부.

서호철. 2007. "1890-1930년대 주민등록제도와 근대적 통치성의 형성: 호적제도의 변용과 '내무행정'을 중심으로." 서울대 사회학과 박사학위논문.

서호철. 2014. "조선총독부 내무부서와 식민지의 내무행정: 지방과와 사회과를 중심으로." 『사회와 역사』 102.

서호철, 2016. "서울의 똥오줌 수거체계의 형성과 변화." 『서울과 역사』 93.

서호철. 2022a. "고종시대 조보의 간행과 그 의미." 『역사비평』 141.

서호철. 2022b. "보에서 관보로: 갑오개혁기 인쇄 관보의 등장." 『한국사회』 23(2).

서호철. 2022c. "묵은 술을 새 부대에: 고종의 '전제왕권'과 관보." 『사회와 역사』 136.

1-2

사회학의 방법으로서 개념사의 가능성

최민석(경상국립대학교 일반사회교육과 조교수)

1 서론

최근 윤석열 정부는 국정 철학으로서 '자유민주주의'를 주요 가치로 강조하고 있다. 하지만 정작 그 구체적 내용이 무엇인지 명쾌한 설명을 들어보지는 못한 것 같다. '민주주의' 앞에 붙은 '자유'의 의미는 무엇인가? '반공'인가, '시장 자유'인가, '정치적 자유주의'의 요소들인가? 아니면 그 모든 의미를 포괄한 개념으로서 '자유'? 윤석열은 '자유'가 "보편적 가치"임을 천명했으나[1] 그 구체적 내용은 각자의 해석에 맡긴 듯하다. 다만 한국의 맥락에서 반공주의와 시장주의를 포괄하는 우파의 상징어로서 '자유'를 부각시키려는 정치적 의도가 어렴풋이 읽힐 뿐이다.

놀라운 점은 '자유'를 둘러싼 정치 담론에 대해 별 다른 논쟁이 나타나지 않는다는 것이다. '자유' 개념 사용에 대해 거부감을 보이거나 숨은 의도를 공격할 뿐,

---

1 "文 "평화·대한민국" → 尹 "자유·국제"…확 달라진 외교 철학", 『중앙일보』, 2022. 9. 21.

'자유'의 의미를 재규정하거나 전유하려는 움직임은 보이지 않는다. 1970년대까지 '자유'가 저항 담론의 핵심 개념이었다는 점을 기억해본다면(최민석, 2021), 그 이후 '자유'라는 개념의 정치적 위상과 의미에 적지 않은 변화가 있었음을 알 수 있다. 정치·사회적 변화들이 '자유' 개념에 대한 인지적 평가와 심리적 태도에도 영향을 준 것이다.

간단한 예를 통해 알 수 있듯 개념의 변화와 지속은 역사적 맥락을 갖는다. 역으로 정치·사회적으로 중요한 개념들을 검토함으로써 사회적 변화를 추적할 수 있다. 이렇게 개념의 변화와 사회사적 변화를 서로 교차해보면서 역사를 서술하는 방법론적 접근을 '개념사'라고 한다. 1970년대 독일 역사학계에서 본격적으로 태동한 개념사 연구는 1990년대에 한국에 소개되어 주목을 받았다. 2000년대 중반 이래 한국 사회를 대상으로 근대적 개념의 수용과 변용에 초점을 맞춘 연구 성과들도 지속적으로 산출되고 있다(허수, 2012).

개념사는 당대의 경험을 해석하고 미래의 이상적 기대를 담은 단어, 용어들을 대상으로 한다(코젤렉, 1998: 123). 사회사적 사건과 구조 변화는 주요 개념의 의미에 역사적 흔적을 남긴다. 이렇게 볼 때 개념은 실재 또는 구조를 반영한다. 반면 정치·사회적으로 중요한 개념들은 현실의 인식틀로서 작용하며, 행위자들의 전략적 선택 범위를 틀 짓는다. 따라서 개념에 초점을 둔 역사 서술은 사회적 변화와 행위자들의 주관적 동기에 대한 이해를 포괄할 수 있다. 개념사는 역사학계에서 주창된 것이었지만, 막스 베버(Max Weber)가 말한 이해의 사회학과 유사한 지향을 갖고 있기도 한 것이다.

다른 한편 독일의 주요 개념사가 중 한 명인 롤프 라이하르트(Rolf Reichardt)가 개념사의 이론적 토대 중 하나로 피터 버거(Peter L. Berger)와 토마스 루크만(Thomas Luckmann)의 지식사회학을 언급한 부분도 주목할 만하다. 버거와 루크만에 따르면 인간은 언어를 통해 경험을 전형화된 방식으로 해석한다(버거·루크만, 2013: 68). 라이하르트는 언어를 통한 전형화 과정의 핵심을 이루는 것이 개념이라고 본다(김학이, 2015: 143). 그렇다면 실재(reality)는 개념적 구성물이라고 할 수 있다. 다시 말해, 개념은 경험에 실체적 윤곽을 부여해주며, 기대와 예측의 토대가 된다. 이러한 전제를 받아들인다면, 우리는 개념의 의미 변화, 개념 규정을 둘러싼 갈등을 검토함으로써 과거의 행위자들이 당대의 '실재'를 어떻게 인식하고, 어떻게 그것에 대응하고자 했는지 이해할 수 있다.

개념사가 그 이론적 입지를 지식사회학 위에 세웠듯, 사회학도 개념사의 방법을 응용해볼 수 있을 것이다. 특히 역사에 대한 이해사회학적이고 지식사회학적인 접근을 위해 개념사의 방법을 참고할 수 있다. 현재 한국의 역사사회학계에서 수행하고 있는 사회사 연구는 그동안 이론적 접점 없이 사실의 발굴에 과도하게 몰두하고 있다는 비판에 직면하기도 했다(정수복, 2022: 247-248). 이를 감안할 때 개념사 연구 방법은 역사 연구와 사회학을 이론적으로 밀착시키는 방법론으로서 가능성을 갖고 있다. 즉, 역사적 행위와 담론을 실증적으로 재현하는 것을 넘어 그 의미를 해석하고, 당대의 행위자들의 동기와 의도를 이해하는 방법이 될 수 있는 것이다.

이 글에서는 개념사의 방법 및 관련 쟁점들을 개략적으로 소개하고, 개인적 경험을 바탕으로 실제 연구 수행 과정을 설명해보고자 한다.

2 개념사의 방법: 개략적 소개

개념사의 관점에서 언어는 "역사세계의 기본 구조"이다(휠셔, 2015: 63). 이는 두 가지 측면에서 그러하다. 첫째, 연구의 대상이 되는 사료들은 대부분 언어로 쓰여 있다. 이미지, 조형물, 동영상 등의 비언어적 자료들도 존재하지만, 대개의 경우 연구자들은 텍스트 자료를 통해 역사적 현실에 접근할 수밖에 없다. 연구자는 언어를 통해 과거를 인식한다. 둘째, 그렇게 종합된 역사적 지식들은 결국 언어로서 서술되어야 한다. 역사학의 언어를 통해 연구 성과가 제시되어야 하는 것이다. 결국 역사학은 과거의 언어를 현재의 언어로 바꿔내는 작업이 주가 될 수밖에 없다. 언어와 실재는 같은 것이 아니지만, 우리는 언어를 통해서만 실재에 접근할 수 있다(코젤렉, 1998).

그렇다면 역사에 접근하기 위해 어떤 언어에 주목해야 하는가? 언어 중에는 중요한 역사적 변화의 자취가 새겨진 것들이 있다. 그것이 개념사가 초점을 맞추는 정치·사회적 기본 개념이다. 독일에서 개념사 기획을 정초한 라인하르트 코젤렉(Reinhart Koselleck)에 따르면 연구 대상이 되는 개념은 "사회사의 경험 상황에 있어 중요한 정치적·사회적 용어들"이며, 그 중에서도 "정치적·사회적 영역에서 일반적으로 사용되는 단순한 말들보다 의미론적 폭이 큰 개념들"이다(코젤렉, 1998: 123). 여기서 '의미론적 폭이 크다'는 것은 무엇을 의미하는가?

주요 개념에는 행위자들의 경험과 기대가 담기게 된다. 개념을 통해 사람들은 경험을 해석하고, 미래를 상상한다. 하지만 역사적 시기로서 '근대'에 접어들면서 주요 개념들의 기능에도 변화가 나타난다. 순환론적 시간관이 지배하던 과거에는 경험의 해석이 더 중요했다. 영원히 반복되는 세계를 이해함으로써 미래도 예측할 수 있기 때문이다. 그러나 근대에 이르러 과거는 더 이상 되돌아오지 않는다는 인식이 보편화된다. 역사는 반복되지 않고, 진보한다. 따라서 과거를 해석하는 도구로서 개념의 기능이 약화된다. 반면 직선적인 시간관에 익숙해지면서 미래에 대한 기대는 개념에 더 많이 담기게 된다. 가장 명확한 사례는 과거의 경험과 단절된 미래의 이상향을 담은 '~주의'(~ism)라는 신조어의 탄생이다. 코젤렉(1998: 384)에 따르면, 이러한 정치적 개념들은 "무경험이라는 경험에 근거"한다. 이러한 경향은 개념의 '이데올로기화'와 '정치화'를 수반한다(릭터, 2010: 82). 개념이 자신을 정당화하고 상대를 탈정당화하는 정치적 무기로 사용되면서(코젤렉, 1998: 98), 개념을 통한 동원이 모색된다.

개념의 이데올로기화, 정치화 과정에서 주요 개념들의 용법과 의미가 변형된다. 개념들이 정치 세력들의 의도에 따라 재규정되는 것이다. 그 결과 하나의 개념에 담긴 의미가 다중화되기도 한다. 서론에서 언급했던 '자유' 개념의 경우가 전형적인 사례이다. 자유주의가 태동하던 시기에 '자유'는 개인에 대한 국가의 자의적 침해를 방지하는 정치적 구호였으나, 20세기 초반에 '자유'는 불평등에 맞선 기회의 평등을 주장하는 명분이었다. 20세기 후반 냉전에 접어들면서 '자유'의 의미는 반공주의와 결합하게 된다(최민석, 2021: 23). 이처럼 의미가 중첩되면서 '자유'를 정치 담론에서 활용할 수 있는 여지가 커진다. 이렇게 볼 때 '자유'는 "의미론적 폭이 큰 개념"이라고 할 수 있다.

'자유' 개념의 예를 통해 보았듯 개념사의 대상이 되는 것은 사회적 갈등을 담아낼 뿐 아니라 갈등의 양상을 틀 짓는 개념이라고 할 수 있다. 특히 자신을 정당화하고 상대를 격하하기 위한 목적으로 자주 사용되는 개념에 우선적인 초점이 맞춰질 수 있다. 이렇게 연구의 초점이 되는 개념을 선정하고, 개념이 사용된 맥락, 개념의 의미를 둘러싼 논쟁을 밝히는 것이 개념사 연구의 뼈대를 이룬다. 이를 통해 우리는 행위자들의 인식과 의도를 역사적 맥락 속에서 파악할 수 있게 된다.

이러한 작업은 통시성과 공시성이라는 두 차원에서 진행된다. 통시성의 관점에서 개념의 용법과 의미 변화가 시계열적으로 추적되어야 한다. 이 때 개념은 전체 언어의 '의미장' 속에서 조망되어야 한다. 의미장 이론에 따르면 개념은 고립되어 의미를 갖는 것이 아니기 때문에 다른 개념들과의 결합과 조화 속에서 의미가 파악되어야 한다. 쉽게 말해, 연구 대상이 되는 개념의 공기어(co-word), 유의어, 반의어, 관련어 등을 함께 조사해서 해당 개념의 의미를 규정해야 한다는 것이다(김학이, 2015: 145-146). 이렇게 의미장의 변화를 시계열적으로 추적하면서 개념의 의미 변화를 검토해야 한다.

통시적 분석의 목적은 개념의 지속성과 다의성을 드러내는 데 있다(코젤렉, 1998: 140-141). 프랑스의 아날학파가 시간의 층위를 장기 지속, 중기적 국면(conjoncture), 단기적 사건으로 구분했듯 개념의 의미에도 장기적 지속, 중기적 변형, 개별적 응용의 층위가 존재한다. 역사적 과정을 통해 개념에 새로운 의미들이 퇴적되면서 개념에는 '비동시성의 동시성'이 나타나게 된다(나인호, 2011: 74). 이처럼 통시적 분석은 주요 개념에 포개어진 의미의 겹을 역사적으로 분별하는 방식으로 수행되어야 한다.

다른 한편, 개념의 기존 의미에 변화가 발생하거나 새로운 의미가 덧붙는 과정은 대부분 사회 구조의 변화, 정치적 갈등의 격화와 결부된다. 앞서 언급했듯 신조어의 출현도 마찬가지다. 따라서 공시적 분석의 초점은 개념의 내포가 급격히 변화하는 국면과 사건에 맞춰진다. 독일의 개념사가 근대로의 전환기에 나타난 개념 변화를 집중적으로 다룬 것도 이런 분석 전략에 따른 것이다(코젤렉, 1998: 127). 개념 변화의 원인을 사회 구조의 변화, 행위자들의 정치적 전략에서 찾기 때문에 공시적 분석은 자연스럽게 사회사와의 접점을 추구하게 된다.

근대로의 전환기에 주요 개념들은 사회사의 변화를 반영하여 의미 변화를 겪었을 뿐 아니라 새로운 기대 지평을 열어 보이면서 정치적 도구로 활용되기 시작했다. 따라서 개념사는 사회사를 보충하는 데 그치지 않는다. 개념은 사회사적 변화를 지시하고 제한한다. '민주주의' 개념 없는 민주화 운동을 상상할 수 없는 것처럼 말이다. 이처럼 공시적 분석은 개념과 구체적인 정치 상황과의 상호연관성을 드러내는 데 그 의미가 있다.

다소 장황하게 설명했지만 개념사의 연구 방법은 어떻게 보면 단순하다. 역사적으로 중요한 개념을 연구 대상으로 설정하고, 그 개념의 의미 변화를 중심으로 서술을 하는 것이 전부다(김학이, 2015: 144). 물론 사료와 대상 시기를 선정하는 것부터 시작해 사료를 해석하며 이를 사회사와 결부시킨다는 것 자체는 쉬운 일이 아니다. 또한 대부분의 질적 연구가 그러하듯 정형화된 연구 기법이 존재한다기보다 연구 대상과 관심에 따라 접근법도 달라져야 한다. 앞서 언급한 방법론은 정밀한 매뉴얼이라기보다 개념사의 원칙에 가깝다고 볼 수도 있겠다.

개념사와 가장 유사한 방법론은 담론분석이라고 할 수 있다. 물론 특정 개념에 초점을 맞추며, 발화자의 전략적 의도를 중시한다는 점에서 개념사는 푸코 식의 담론분석과는 결을 달리하는 부분이 있다(나인호, 2011: 43-48). 그러나 역사적 맥락 속에서 텍스트를 해석한다는 점에서 두 방법은 유사하며, 구체적이고 명시적인 연구 방법을 규정하기 어렵다는 점도 동일하다. 결국 개념사는 담론분석과 마찬가지로 적절한 자료를 선정하고, 이를 해석적으로 종합하여 의미를 추출하는 연구자의 역량에 연구의 성패가 달려있는 셈이다.

3 한국의 개념사 연구

독일의 개념사 연구를 대표하는 코젤렉은 근대로의 전환기에 기본 개념에서 '언어 혁명'이 있었다고 주장했다. 새로운 경험은 기존 개념의 의미에 영향을 주었고, 새로운 개념을 만들어 내기도 했다. 역으로 미래에 대한 기대가 개념에 예전보다 강하게 투영되면서, 개념의 변화는 '근대'의 변화를 가속화했다(코젤렉, 1998: 384). 코젤렉의 개념사를 비판적으로 계승한 롤프 라이하르트가 초점을 맞춘 시기 역시 근대로 전환하는 단절적 계기가 된 프랑스대혁명 전후이다(김학이, 2015: 134). 이처럼 개념사를 태동시킨 문제의식은 '근대', '근대성'에 맞춰져 있었다. 개념의 변화는 근대의 특질을 반영하고, 지시했다.

한국에서는 2000년대 중반부터 한국 사회를 대상으로 한 개념사 연구들이 산출되었다. 한림과학원을 주축으로 한 역사학계와 일부 국제정치학자들이 연구를 주도했다. 한국의 개념사 연구는 독일과 마찬가지로 근대로의 전환기를 중점적으로 다뤘다. 서구에서 형성되어 일본을 거쳐 유입된 근대적 개념들에 주목하면서 그 이식과 변용 과정을 검토함으로써 한국의 근대, 근대성의 특징을 보고자 한 것이다(허수, 2012: 367-369). 서세동점의 충격은 낯선 개념의 유입과 함께 했다.

동아시아 사회의 근대적 전환은 서구적 개념들의 번역과 수용과 뗄 수 없는 관계를 갖는다(마루야마·가토, 2000; 박명규, 2009). 따라서 근대에 대한 개념사적 관심은 서구발 개념들이 어떻게 기존의 유교적 세계관을 담은 개념들을 대체하고 변화시켰는지를 검토하는 데서 출발하게 된다. 그렇게 번역, 수용된 개념들이 서구적 원본과 어떻게 같고, 어떻게 다른지를 확인하는 데 연구의 초점이 맞춰졌다. 이처럼 한국을 비롯한 동아시아의 개념사 연구에는 개념의 번역과 수용이라는 특수한 맥락에 대한 고찰이 추가되어야 했다. 이를 통해 외세의 충격에 대응하는 과정에서 나타나는 행위자들의 인식과 갈등을 그려내고자 한 것이다.

문제는 개념사의 방법이 한국의 개화기나 일제강점기와 관련하여 무엇을 추가적으로 말해줄 수 있는가이다. 한국의 경우 중국, 일본과 달리 개념의 번역과 관련된 논의가 거의 없었다. 이미 번역된 개념을 일본을 통해 한자어로 수입했기 때문에 개념의 이해를 둘러싼 분투가 잘 드러나지 않는다(박명규, 2009: 265). 또한 유입된 근대적 개념에 대해 성찰과 논쟁이 본격화되기 전에 식민지로 전락하게 되었다. 이 지점에서 개념사의 방법이 적합한 조건으로 한 사회가 "안정성과 불안정성의 동시성"을 갖추고 있어야 한다고 한 송승철(2009: 223)의 지적을 곱씹어 볼 만하다. 그에 따르면 한국의 개화기는 중화질서의 안정성이 급격히 해체되면서 갈피를 잡지 못한 채 일제 강점으로 휩쓸려 들어간 시기였다. 다시 말해, 안정성과 불안정성이 동시적으로 존재하는 과도적 기간을 거의 갖지 못했던 것이다. 그 결과 개화기와 일제강점기에 개념사의 방법을 적용했을 때 얻을 수 있는 이점이 그렇게 크지 않다. 근대로의 전환기에 초점을 맞춘 한국의 개념사 연구들은 개념의 이식과 변용이라는 틀을 크게 벗어나기 어렵다.[2]

송승철(2009)과 허수(2012)가 지적했듯 한국에서 개념사 연구 방법이 더욱 적실하게 적용될 수 있는 시기는 해방 이후일 수 있다. 정치·사회적 주요 개념들은 해방 이후에 본격적으로 공론장에서 논의될 수 있었으며, 여러 정치 세력 간 투쟁의 도구로서 실질적 의미를 가질 수 있었다. 개념에 국제정치적 맥락과 국내정치적 맥락이 적극적으로 반영되고, 개념을 통한 정치적 동원 경쟁이 본격화된 것도 해방 이후라고 해야 할 것이다. 분단, 산업화, 민주화 과정에서 겪은 개념의 변화야말로 극적인 것이었다(박명규, 2009: 41). 개념의 변화와 사회사적 격변을 상호 교차해 본다는 점에서 개념사의 방법은 해방 이후의 시기를 다룰 때 더 유용할 수 있다.[3]

---

[2] 근래에 개념사 연구가 다소 주춤한 것도 이런 문제와 무관하지 않은 듯하다.
[3] 물론 박명규(2009: 41)의 지적처럼 개념사의 지평을 20세기 전체로 넓히는 것이 가장 좋을 것이다. 다만 선택과 집중의 차원에서 본다면 해방 이후 시기에 개념사의 방법을 적용하는 편이 더 생산적일 수 있다.

4 개념사 연구의 실제 사례

필자는 앞서 서술한 개념사의 방법과 문제의식을 바탕으로 해방 이후 '자유' 개념을 중심으로 학위논문을 작성했다.[4] 이 절에서는 필자의 경험을 바탕으로 개념사 연구를 응용한 사례를 소개하고자 한다.

필자가 가진 당초의 문제의식은 '한국에서 자유주의는 무엇이었는가'라는 것이었다. 공동체의 가치만이 중시되는 문화 속에서는 민주주의도 왜곡된다는 생각 때문이었다. 개인과 집단의 이익 갈등이 조정되기보다 공적 이미지만 소비되는 한국의 정치 행태가 자유주의의 과소함에 기인하는 것은 아닐까 싶었다. 한국의 역사 속에서 사상적 대안의 씨앗을 찾고 싶은 생각도 있었고, 자유주의의 입지가 협소해진 역사적 맥락을 캐보고 싶기도 했다.

'자유주의'를 표준적으로 정의하고 그에 걸맞은 담론들을 추출하는 방법이 가장 무난해 보였다. 그렇게 뽑아 낸 자료들을 토대로 한국 자유주의의 특징을 언급할 수 있기 때문이다. 예를 들어 『독립신문』이나 『사상계』 같은 자료에서 자유주의와 관련된 담론들을 검토하고 분석해볼 수 있는 것이다. 특정 사상이 어떻게 한국에서 발현되는지를 보려는 연구들은 대체로 이런 분석 방식을 따르고 있다. 이는 사상의 골조를 확정하고 특정 담론을 식별하려 한다는 점에서 이념사 또는 관념사의 전통에 가까운 방법이다(릭터, 2010: 57).

하지만 '자유주의'라는 틀로 접근하면, 자유주의의 존재는 기정사실이 된다. 하지만 과연 한국에 일관된 '자유주의', '자유주의자'가 존재했는지부터 의문이었다. 그렇다면 '자유주의' 사상에서 연역할 것이 아니라 '자유' 개념의 용법을 확인하는 데서부터 시작하는 편이 더 적합할 것 같았다. 연구 자료의 대표성을 생각했을 때 1950~60년대 지식인 담론의 중심 매체였던 『사상계』가 적합해 보였다. 또한 개념과 담론의 상호텍스트성을 감안할 때 이승만, 박정희의 연설문과 저작도 함께 검토해야 했다.

---

4 논문의 제목은 "한국 자유주의 담론에 대한 비판적 연구, 1945~1970: 『사상계』를 중심으로"이다.

가장 먼저 수행한 일은 『사상계』의 텍스트 중 '자유'가 포함된 문장들을 수집한 것이다.5 『사상계』 전권은 이미지화되어 있어 컴퓨터를 통해 쉽게 볼 수 있다.6 하지만 텍스트가 디지털화되어 있는 것은 아니어서 검색을 사용할 수는 없다. 따라서 빠르게 속독하며 자료로 사용할 문장들을 직접 워드프로세서에 타이핑하여 입력했다. 이 과정에 6개월 정도가 걸렸다. 그 다음으로 '자유' 개념의 용법을 대략적으로 보기 위해 '자유' 개념이 사용된 문장에 함께 나타난 주요 공기어들을 검출했다. KrKwic이라는 프로그램을 사용하여 전반적인 후보군을 추려내고, 워드프로세서의 '찾기' 기능을 통해 공기어의 정확한 빈도수를 확인했다. 이를 연도별로 분류해 시계열적 변화를 파악해보기도 했다. 연구의 출발 단계에서는 컴퓨터 프로그램을 적절히 활용함으로써 전체적인 줄기를 잡을 수 있었다.

공기어 분석 결과를 간단히 요약하면 다음과 같았다. 1950년대 『사상계』에서 '자유' 개념과 가장 자주 연관된 개념은 '경제'였다. 다른 한편 1960년대에는 '민주'였다. 조금 더 자세히 들여다보니 '자유'와 '경제' 개념은 탈후진근대화의 방법과 연관된 경제체제론의 맥락에서 얽혀 있었다. 1950년대에 '자유'는 먹고 사는 문제 속에서 그 의미가 부여되었던 것이다. 반면 '자유'와 '민주'는 정치적 권위주의와 관련되어 있었다. 박정희가 통치의 명분으로 '자유민주주의'를 표방한 데 대한 대응으로서 『사상계』의 지식인들은 그 '자유'와 '민주'의 의미를 재규정하고 이를 비판의 무기로 전유하고자 했다.

이런 과정을 거치면서 '자유' 개념을 중심으로 두 개의 연구 초점을 얻었다. 하나는 경제체제와 관련된 지식인들의 담론이었다. 간단히 말해 '자유경제'냐 '통제경제'냐를 둘러싼 논쟁이 핵심이었다. 이는 국가의 경제 개입이 어디까지, 어떻게 이루어져야 하는가라는 논의로 지속되었다. 다른 하나는 '자유민주주의' 개념을 둘러싼 갈등이었다. 논자마다 '자유' 개념에 다른 의미를 담고자 했다. 크게 대별해 정치적 자유주의, 경제적 자유방임, 반(反)전체주의(반공주의)로 자유민주주의의 '자

---

5 국내 지식인이 국내 상황을 다룬 텍스트에 한정했다.

6 https://www.koreaa2z.com/

유' 개념을 규정하려는 흐름이 있었다. 각자의 사상적, 정치적 배경에 따라 개념에 대한 의미 부여가 달랐음은 물론이고, 어떤 의미를 선택했느냐에 따라 이후 정치적 행보가 갈린 것도 분명했다.

'자유' 개념을 둘러싼 의미장의 변화와 정치 세력 간의 각축은 개념의 용법을 보는 것만으로 충분히 설명될 수 없다. '자유' 개념의 의미 변화는 분단, 전쟁, 산업화, 권위주의 정부의 지속이라는 큰 흐름, 4.19, 5.16, 한일협정, 3선개헌 등의 국면 및 사건들 속에서 이해되어야 했다. 당대의 지적 담론과 사회사에 대한 지식 속에서만 '자유' 개념을 둘러싼 각축이 설명될 수 있으며, 개념의 변화를 이해함으로써 1950~60년대 저항적 지식인들의 담론과 행위에 대한 이해의 폭을 넓힐 수 있다. 물론 그것만으로 한 시대를 충분히 조명했다고 하기에는 부족할 것이다. 그럼에도 '자유' 개념에 주목함으로써 현대 한국의 정치, 경제 담론을 새롭게 반추하는 데 작은 기여는 했다고 생각한다. '자유' 개념이 아닌 '자유주의' 사상에서 시작했다면 얻지 못했을 결과이다.

5 개념사의 한계

개념사는 한국 사회의 정치적, 사상적 쟁점을 사회사와 연관지어 설명한다는 점에서 사회학의 방법으로 응용될 수 있다. 몇몇 사회학자들이 개념사에 관심을 가진 것도 그러한 이유 때문일 것이다. 하지만 그 한계도 분명하다. 여기서는 개념사의 방법론적 한계와 난점을 세 가지 정도 거론해보려 한다.

첫째, 자료의 문제이다. 주요 개념과 관련해 입수 가능한 사료는 지식인, 정치인, 언론인들이 산출한 경우가 대부분이다. 그 외에 운동단체들이 생산한 문건 등을 활용할 수 있다. 이처럼 텍스트 자료의 편향이 존재하는 상황에서 개념사를 통해 포괄할 수 있는 영역은 제한적이다. 이는 독일의 개념사가들 사이에서도 지적된 바 있다. 최정상급 지식인들의 담론을 자료로 삼는 방법, 다시 말해 "정상에서 정상으로" 자료를 읽어내는 식으로는 당대의 인식과 실천을 읽어내는 데 부족하다는 것이다(고지현, 2015: 181). 일반 민중의 심성에 접근하려면 가급적 일상 속에서 산출된 여러 자료들을 함께 활용할 수 있어야 한다. 그러나 현실적으로 존재하는 자료의 한계를 넘어서기는 쉽지 않다.

둘째, 개념사가 보편적인 방법론이 될 수 있는가에 대한 의문이다. 개념에 초점을 맞추는 것은 선택과 집중을 위한 연구 전략으로서도 유용하다. 하지만 개념사는 한 사회가 미래상을 두고 갈등에 돌입하는 상황에 최적화된 방법이지 모든 시기에 적용하기에 적절한 방법은 아니다. 다시 말해 개념사는 장르적 방법이다(송승철, 2009: 223). 다루는 시기와 주제, 대상에 따라 개념사 방법의 적합성은 차별적이다. 격렬한 변동과 운동의 국면, 사건을 극적으로 조명하는 데는 장점이 있으나, 구조적 지속을 논하는 데는 한계를 갖는다.

마지막으로 언급할 것은 자료 처리와 해석의 객관성 문제이다. 개념사는 의미의 해석이 중심이 되기 때문에 그 타당성이 객관적으로 보증되기 어렵다. 일단 무엇이 중요한 개념인지부터 논란이 될 수 있다. 객관성의 문제를 해소하기 위해 '디지털인문학'을 표방한 방법론이 주목받고 있기도 하다(송인재, 2019). 특히 텍스트의 디지털화를 기반으로 하는 빅데이터를 컴퓨터 프로그램을 통해 처리할 수 있다는 점에서 디지털인문학의 전망을 밝게 보는 연구자들도 있다. 더 많은 자료를, 더 객관적인 방식으로 처리함으로써 개념사의 영역을 넓힐 수 있다는 것이다.

그러나 개인적 경험에 비추어 평가해본다면, 디지털 자료 분석 방법들이 개념사 연구의 수준을 높이는 데 기여하는 바는 제한적일 것으로 보인다.[7] 개념의 빈도를 단순히 측정하는 내용분석(content analysis)은 연구 초반 방향을 설정하는 데 객관적인 근거로서 유용하게 쓰일 수 있다. 또한 통계적으로 개념군을 묶어주는 토픽분석이나 군집분석도 개념 간의 의미망을 가시화해 준다는 점에서 도움이 된다. 그러나 의미연결망 분석(semantic network analysis)을 비롯해 여타의 분석 기법들

---

[7] 필자는 학위논문 작성을 위해 약 2개월의 시간을 들여 의미연결망 분석을 시도한 바 있다. 그러나 의미연결망 분석과 단순한 내용분석의 결과는 크게 다르지 않았다. 의미연결망 분석이 개념들의 연결망을 시각적으로 표현해주기는 하지만, 그것이 자료에 대한 직관을 높여주지는 않았다.

이 추가적인 통찰을 제공해주는 것 같지는 않다. 다시 말해 컴퓨터 프로그램을 통해 연구의 초점을 설정하는 데 도움을 받을 수 있지만, 그것이 개념사의 해석적 연구를 대체할 수는 없다. 양적으로 산출된 분석 결과에도 결국 해석이 붙어야 한다. 텍스트에 대한 꼼꼼한 해석 없이 개념사는 성립될 수 없다. 자료의 해석, 사회사와 연계된 설명은 개념사의 본령일 수밖에 없으며, 그 객관성과 타당성은 연구자의 역량을 통해 증명해야 하는 문제로 남게 된다.

6 개념사와 서울대 사회학과

앞서 말했듯 개념사는 역사학계에서 주창된 것이지만 사회학과 이론적 접점이 있다. 특히 지식사회학과 역사사회학의 방법으로 응용할 수 있다는 점에서 사회학계에서도 주목할 만하다. 물론 개념사를 사회학의 총체적 시야와 결합시키기까지는 많은 시행착오가 필요할 것이다. 사회학에서 개념사의 방법을 사용하려면 사회사적 측면이 더 강조되어야 할 수도 있다. 개념사는 그 명칭에서 보이듯 무게중심이 '사회'가 아닌 '개념'에 있기 때문이다. 물론 사회학과 개념사의 연결을 튼실히 할 이론적 토대를 세우는 일도 병행되어야 한다.

이제 개인적인 경험을 몇 마디 더 언급하고 글을 끝맺으려 한다. 필자가 개념사를 처음 접한 것은 2008년 송호근 교수의 대학원 수업에서였다. 아마도 송호근 교수께서는 한림과학원과 연계하여 '시장'의 개념사를 연구하고 있었던 것 같다. 우연찮게도 역사사회학으로 외연을 넓히고 있던 송호근 교수의 수업을 통해 개념사 방법을 배우게 된 셈이다. 대학원 수업을 통해 개념사와 관련된 레퍼런스들을 읽고 정리하면서 개념사가 무엇인지 어렴풋이 익히게 되었다. 이후 박명규 교수의 저작 『국민·인민·시민』을 비롯해 한국 근대사에 대해 개념사로 접근한 여러 연구들을 읽으면서 개념사에 대한 감각을 키울 수 있었다. 역사사회학의 비중이 타 대학보다 큰 서울대 사회학과였기 때문에 개념사의 가능성이 학과 내에서 타진될 수 있었을 것이다.

하지만 개념사는 양적 방법처럼 구체적 체계로서 존재하지 않는다. 자료에 대한 안목, 사회사적 통찰, 해석학적 역량이 완비될 때 연구가 비로소 빛을 볼 수 있게 된다. 담론과 상징의 해석적 연구에서 걸출한 업적을 쌓은 정근식 선생에게 박사학위논문 지도를 받게 된 것은 그런 면에서 행운이었다. 자유주의에 대한 문제의식과 개념사의 방법론적 아이디어는 정근식 선생의 번뜩이는 조언을 통해 조금씩 형체를 갖출 수 있었다. 정근식 선생의 지도로 인해 사회사와 조금은 더 밀착된 개념사적 접근이 가능했다.

사회학과 학위논문으로는 다소 뜬금없어 보이는 필자의 글은 이렇게 나오게 되었다. 역사에 대한 천착을 중시하고, 깊이 있는 질적 해석을 배울 수 있는 훌륭한 은사들이 있다는 점에서 서울대 사회학과는 타 대학 사회학과와 다른 면모가 있었다. SSCI 논문쓰기가 학계의 표준이 된 상황에서 그에 동형화되지 않는 뚝심을 보여주고 있는 셈이다. 서울대 사회학과의 독특한 학풍 속에서 지적 자극을 받으며 지금도 많은 젊은 연구자들이 새로운 접근을 모색하고 있다.

후학들에게 큰 그늘이 되었던 거목들이 하나 둘 대학에서 은퇴를 맞고 있다. 그들이 일종의 암묵지로서 전수하고자 했던 학문적 우직함과 섬세함은 지속될 수 있을까? 그 깊이와 폭은 어떻게 다시 이어질 수 있을까? 스승을 비판적으로 계승하고 넘어서려는 끊임없는 시도, 그 외의 것을 우리는 생각할 수 있을까?

참고문헌

고지현. 2015. "일상 개념 연구 – 이론 및 방법론의 정립을 위한 소론." 『개념사의 지평과 전망』 개정증보판, 소화: 176 – 211쪽.

김학이. 2015. "롤프 라이하르트의 개념사." 『개념사의 지평과 전망』 개정증보판 소화: 128 – 175쪽.

나인호. 송승철·김용수 옮김. 2011. 『개념사란 무엇인가: 역사와 언어의 새로운 만남』. 역사비평사.

릭터, 멜빈. 2010. 『정치·사회적 개념의 역사: 비판적 소개』. 소화.

마루야마 마사오·가토 슈이치. 임성모 옮김. 2000. 『번역과 일본의 근대』. 임성모 옮김. 이산.

박명규. 2009. 『국민·인민·시민: 개념사로 본 한국의 정치주체』. 소화.

버거, 피터 L.·토마스 루크만. 하홍규 옮김. 2013. 『실재의 사회적 구성: 지식사회학 논고』. 문학과지성사.

송인재. 2019. "한국 개념사의 이론적 탐색에 대한 고찰과 전망". 『한국학연구』 70: 77 – 103쪽.

정수복. 2022. 『역사사회학의 계보학』. 푸른역사.

최민석. 2021. "한국 자유주의 담론에 대한 비판적 연구, 1945~1970: 『사상계』를 중심으로". 서울대학교 사회학과 박사학위논문

코젤렉, 라인하르트. 한철 옮김. 1998. 『지나간 미래』. 문학동네.

허수. 2012. "한국 개념사 연구의 현황과 전망". 『역사와 현실』 86: 361 – 380쪽.

횔셔, 루치안. 김성호 옮김. 2015. "개념사의 개념과 『역사적 기본 개념』". 『개념사의 지평과 전망』 개정증보판. 소화: 62 – 83쪽.

1-3

시각적 기억의 영상·역사사회학 탐구 방법론

김한상(아주대학교 사회학과 부교수)

1 사회학의 연구대상으로서 '시각적인 것'

사회학에서 시각적인 것을 주된 연구대상으로 삼는 접근은 여전히 많은 이들에게 낯설고 논쟁적인 영역이다. 시각적인 세계는 사회학자들이 익숙하게 다루어 온 연구방법으로 파악하기에는 자료의 가변성이 크고, 감각적 속성을 갖는 자료에 대한 해석에 따르는 주관적 격차의 높은 폭을 어떻게 제어할 것인가에 대한 문제나 시각적인 세계와 문자화된 세계를 객관적으로 연결 지을 수단이 없다는 문제 등을 들어 사회학적 연구대상으로서는 회의적이라는 시각을 지닌 학자들도 상당하다. 그럼에도 불구하고 필자가 시각적인 세계에 대해 사회학의 학제적 경계 내에서 탐구하고자 하는 이유는 그 세계가 바로 사회학의 본령인 사회조사의 '현장'이라는 믿음 때문이다. 여기서 현장은 반드시 시장이나 공장 같은 어떤 물리적 장소를 뜻하지 않는다. 그것은 사회적 삶이 이루어지는 장소와 맥락, 그 속에서 이루어지는 사회적 상호작용의 다양한 층위와 유형을 포괄한다. 이렇게 볼 때 근대 등장 이후의 인류 사회에서, 특히 사진기술 발명 이후의 역사에서 시각적인 세계는 항상 사회학이 조사해야 할 '현장'으로서 존재해왔다. 시각적인 것들은 사회적 상호작용의 직접적인 방법이자 간접적인 매개이기도 했고, 시각적인 것들로 만들어낸 세계를 경험하는 다양한 방식은 그 자체로 사회적 삶의 장소를 제공하기도 했고 그 경험을 매개로 개인 대 개인, 집단 대 개인, 집단 대 집단의 상징적 상호작용에 기여하기도 했으며, 특히 디지털과 인터넷, 스마트기기 발명 이후의 시대에는 시각적인 세계와 여타의 경험적 세계를 엄격하게 분리하는 것이 불가능한 단계에 도달했다.[1] 사회학의 역사와 (사진 발명 이후의) 근대적인 시각 경험의 역사가 시기적으로 상당히 중첩된다는 것을 생각하면, 그 기간 동안 다수의 사회학자들로부터 시각적인 세계가 사회학의 '현장'으로서 외면 받아왔다는 점은 안타까운 부분이 아닐 수 없다. 그것은 사실 시각적 세계를 다루고자 한 일부 사회학자들의 피해라기보다는 사회학 전체의 '방법론적 미발달'이라는 피해로 남았다고 할 수 있고, 시각적 경험을 매개로 한 사회적 삶의 방식이 급격하게 보편화된 현재의 시점에 도달해서 보았을 때 사회학이 그 부분에 대해 다른 학제에 비해 현저히 부족한 설명력을 갖게 된 이유로 남았다.

    필자가 처음 시각적 세계에 대한 사회학적 분석을 방법론적으로 고민하기 시작한 것은 2008년에 출판한 책 『조국근대화를 유람하기: 박정희정권 홍보드라이브 〈팔도강산〉 10년』을 준비하면서부터이다. 그 이전에 쓴 석사학위 논문도 영화와 관련된 것이었지만 그것이 "예술영화"라는 담론과 결부된 예술장의 제도화에 관련된 지식사회학, 문화사회학적 연구였다면, 박정희 정부의 선전영화 〈팔도강산〉 시리즈를 맞닥뜨리게 되면서 생겨난 고민은 그처럼 언어로 번역되지 않는 시각적 경험세계의 사회학적 의미를 어떻게 연구 대상으로 발전시켜나갈 수 있을 것인가였다. 많은 사회과학자들이 영화를 비롯한 시각적 경험세계가 논리적이고 객

---

[1] 일례로 스마트기기의 얼굴인식을 통해 이용자의 생체정보를 확인하고 금융결제를 행할 수 있는 현재의 금융자동화 체계는 얼굴의 생김새라는 시각적 정보가 보안용 인증도구로 사용되고 있음을 보여주는데, 이는 기호가치(sign value)의 교환가치(exchange value)로의 포섭 문제나 '얼굴을 카메라에 노출시킨다'는 행위의 사회적 의미가 갖게 된 급격한 변화 등 다양한 사회학적 논쟁 지점을 제기한다.

관적인 언어체계로 번역 불가능하다고 생각한 바로 그 이유에서, 박정희 정부의 공보부는 신문이나 잡지, 혹은 후보 연설의 딱딱한 공약으로는 전달하기 어려운 시각적 경험세계를 막대한 예산을 들여 구축하고 배포했던 것이다. 그와 같은 '공보 행정' 혹은 선전 활동의 효과는 〈팔도강산〉(1967) 개봉관에 동원된 관객의 기록적인 수치로, 영화의 상업적 흥행과 정부 주도의 지방 문화관 무료 상영에 위기감을 느낀 야당의 반발을 담은 언론 기록으로, 그리고 2기 박정희 정부의 성공적인 창출 후에 문화공보부가 다시 1편 못지않은 막대한 예산을 들여 세계 각지 로케이션 촬영을 감행한 속편(1968)을 제작한 공적 기록상의 역사로 얼마간 '증명'이 된다. 그러나 필자가 궁금했던 것은 그처럼 단기간에 드러나는 직접적인 효과가 아니라 그와 같은 시각적 경험이 어떠한 새로운 사회적 삶의 방식을 가능하게 했는지, 혹은 그와 같은 경험세계를 통해 어떠한 사회적 상호작용이 새로운 소통의 형태로 확장되었는지에 있었다. 일례로 〈팔도강산〉 시리즈의 성공에 고무된 문화공보부는 1970년의 경부고속도로 개통과 1972년 유신헌법 발효에 이르는 사이에 세 편의 영화를 더 만드는데 그 주된 무대로 등장하는 것이 고속도로이다. 아직 대다수의 관객들은 고속도로 위를 달리는 경험을 해보지 못한 당시의 시점에서 고속도로가 만들어낸 편리함과 그것이 만들어낼 유복한 미래를 홍보하는 이 영화들을 단지 정부의 정책을 홍보하는 브로셔나 잡지의 영화판이라고 간단하게 정리할 수는 없다. 〈내일의 팔도강산〉(1971)에서 아버지(김희갑)에게 부산 시장에서 갓 산 생선을 반나절 만에 선사하기 위해 자가용을 끌고 올라가는 딸(고은아)과 사위(허장강)의 에피소드(김한상 2008, 63–64)나 희갑 노인의 집에 하숙하는 젊은 노동자 성일(신성일)이 그 손녀(윤정희)와 갓 데이트를 즐기면서 외제 컨버터블 자동차를 몰고 서울의 고가도로를 달리는 비현실적인 장면(김한상 2008, 78–79)에는 그 각각의 장면들이 지닌 서사적 내용성 뿐 아니라 자가용 자동차의 표면 질감과 세련된 디자인으로 나타나는 물질성, 그 이동기계들이 새로 구축된 자동차 전용 고속도로 위를 빠르게 달리는 속도감과 이동의 감각, 그리고 그와 같은 물질성과 속도감이 동반하는 자율적이면서도 편리한 동시에 어떤 체계 속에 있다는 감각 등이 언어적인 체계만으로는 설명 불가능한, 그러나 시각적 세계만이 줄 수 있는 중요한 경험적 요소로 제시된다. 이들 요소는 영화를 '독해'해야 하는 '텍스트'로만 보는 특정 학제적 접근에 있어서는 서사적 내용성에 비해 주목받지 못하고 간과되고 넘어갈 것이고, 영화를 비롯하여 사진적 기술로 생성된 영상자료를 특정 시기의 '사실정보(factual data)'를 광학적으로 기록한 객관적 '증거' 혹은 사료로 보는 특정 학제적 접근에 있어서는 이 영화가 촬영된 시기에 기록된 특정 장소, 기반시설, 제품의 당시 모습을 증명하는 개별 기호로 분석될 뿐일 것이다. 이들 요소가 제공하는 경험적 요소가 사회적 삶의 어떤 지평을 열어 놓았는지, 어떤 방식의 상징적 상호작용 체계 속에서 봉사하고 있는지, 혹은 어떠한 새로운 상징적 의미를 경험적 세계에 부여할 수 있었는지 등과 같은 질문들은 (설령 그것에 영원히 답을 할 수 없다 하더라도) 사회학이 던질 수 있는 것이고, 그럼에도 오랜 기간 그러지 못해왔고, 그렇기에 지금부터라도 비슷한 질문에 답하기 위한 적절한 방법을 고안하고 토론하고 구축해야 하는 것이다.

〈팔도강산〉시리즈는 시각적 경험세계에 대한 사회학적 탐구의 필요성 뿐 아니라 동시에 역사사회학적인 문제의식도 자극했는데, 시리즈의 첫 편을 만든 감독 배석인과 주연 배우 김희갑이 주한미국공보원(U.S. Information Service, 이하 USIS-Korea)과의 영화 제작 경험을 인연으로 미 국무성의 초청을 받아 함께 갔던 미국 19개 도시일주 연수 탐방(1964-65)이 두 사람이 〈팔도강산〉이라는 전국일주 콘셉트의 관광영화를 구상하게 된 계기였던 것이다(Kim 2022, 81-82). 이것은 식민지기 영화가 해방 후 한국영화에 끼친 영향에 대한 탐구가 영화사연구의 주류적인 경향이었던 2008년 당시로서는 상당히 새로운 자극을 주는 사실이었는데, 박정희 정부의 선전영화 역시 조선총독부의 선전영화 전통 속에서 읽혀지기 쉬운 상황에서 냉전기 미국의 영화선전이라는 새로운 변수가 시야에 들어온 것이다. 필자는 박사학위 과정에서 미국이 1945년부터 1972년 사이에 한국에서 진행한 영화선전과 그 과정에서 어떻게 국민국가에 대한 상상이 그 외부자이자 협력자의 응시를 통해 매개되었는가에 대해 탐구하기로 결정하고 그에 필요한 아카이브 조사를 계획하기 시작했다.

2 한국 역사사회학이 제기하는 문제틀, 시각적 자료가 그에 제기하는 문제들

주한미군정이 해방 직후 한반도 남쪽에서 영화선전을 했다는 사실, 그리고 바로 그 직전까지 그 적국이었던 제국일본 역시도 영화를 주요한 선전의 도구로 사용했으며 특히 조선영화주식회사라는 굴지의 국책영화사를 조선총독부 산하에 두고 동일한 관객을 대상으로 영화를 제작·배급했다는 사실은 식민지와 식민지 이후를 연구하는 역사 연구자들의 오랜 관심사와도 일정한 연관을 갖는다. 식민지에서 제국일본이 조성한 자본주의와 근대화의 양상이 해방 이후 한국 자본주의의 발전과 근대화에 연속성을 갖는가, 혹은 단절적인 무엇으로 보아야 할 것인가에 대한 판단, 아니면 좀 더 오래된 논쟁이긴 하지만 식민지 조선의 자본주의 근대화가 해방 이후 한국 근대화의 발판이 되었는가 아니면 오히려 그것을 유예시켰던 수탈의 역사였는가 하는 그런 논쟁들이 영화장에서도 유사한 방식으로 적용되어 반복되기도 한다. 이를테면 엄격하게 어떤 영화들을 명백한 '친일영화'로 규정하고 반대로 나운규를 비롯한 몇몇 선구자들에게서 '민족영화'의 맹아를 읽어내면서 해방 이후의 특정한 움직임들과 역사적으로 연결시키고자 하는 역사적 서사화의 시도 같은 것들 말이다. 특히 미국의 영화선전을 다루는 입장에 서게 되다보니 자주 받게 되는 질문은 해방 이후의 한국 영화가 일본의 영향을 더 많이 받았는가, 아니면 미국의 영향을 더 많이 받았는가와 같은 '외삽적' 요인을 당연시하는 질문들이 대부분이었는데, 이는 이른바 '자주적 근대화' 이론으로서의 민족영화론의 입지를 무색케 하는 것들이어서 필자는 민족영화론자가 아님에도 얼마간 경계를 취하게 만드는 요인이었다.

한국 역사사회학이 필자에게 학제적 배경으로서 훈련 받을 기회를 제공해준 것은 그런 면에서 행운이었다. 이른바 "수탈론 대 식민지 근대화론이라는 대립구도에 대해 이질적이고 외부적"인 입장을 취하는 식민지 근대성론(조형근 2006, 61), 그리고 식민지의 일상에서 근대적 주체의 생산을 천황제 하의 봉건적 유기체성을 포함하는 비서구-근대적 규율로 읽어내는 "심득(心得)의 내면화로 대표되는 규율권력(disciplinary power)"론(조형근 2006, 63)은 영화선전에 대해 그와 같이 '일방적

외삽'으로 읽어내는 방식의 독해에 대해 적절한 이론적 거리를 제공했다. 미국 아카이브에서 찾은 김기영(1919-1998) 감독의 USIS-Korea 근무 시절 영화들은 이와 같은 복잡성, 혹은 혼종성을 잘 보여주는 작품들이었다. 식민지에서 태어나 유년을 보냈고 평생 동안 일본 영화를 자주 접하고 살았던 감독, 그러나 그 자신 영화인으로서의 초기 경력의 대부분은 USIS-Korea에서 그곳 라이브러리에 빼곡하게 들어찬 미국과 세계 각국의 명작 영화를 보면서 영화를 배우고 USIS 리버티 프로덕션의 최신 촬영·편집 장비를 사용하면서 시작했던, 냉전기 미국 선전기구의 고용인, 그리고 그 와중에도 계속해서 자신만의 영화 스타일을 만들어내고자 실험하고 언젠가 상업영화 감독으로 데뷔하고자 준비하고 있었던 재건기 한국의 '한국영화' 건설자(Kim 2013, 559-560). 김 감독의 이와 같이 내적으로 경합하는 정체성은 비단 김기영 자신 뿐 아니라 동 시기 영화장의 주체형성을 "수탈론 대 식민지 근대화론"의 조야한 대립구도의 연장선상에서 읽어내어서는 곤란함을 보여준다. 다만 식민지 시기가 봉건성을 내장한 규율권력의 내면화와 연관된 통치성의 측면에 방점이 두어져야 한다면, 냉전 시기는 적어도 표면상으로는 자유의지와 그에 기반한 (군사주의 정부의 공교육에 대한) 대안적 지식의 추구가 상당한 미덕으로 작용했으며 그와 같은 자유의지론적 개인의 창조성이 지속적으로 유연화하는 전 지구적 자본주의 체계 속에서 일종의 통치성 기제로 작동했다는 것이 필자가 USIS-Korea와 국제연합 한국재건단(United Nations Korean Reconstruction Agency, 이하 UNKRA) 영화부 연구를 통해 관찰한 내용이다(Kim 2017, 333-334).

다시 박사연구로 돌아가서 설명하자면, 필자에게 있어서 풀어야 할 숙제는 미국의 선전영화가 담고 있는 것으로 (지금 시점에서) 해독되는 내용이 무엇인가가 아니라, 그 영화들이 당시 한국 관객들에게 무엇을 보여주었으며 어떤 새로운 사회적 삶의 방식을 꿈꾸게 했는가였다. 식민지 조선에서 조선총독부가 진행한 영화선전에 대해 필자의 지도교수가 분석한 선행연구가 언급하듯이 "기록영상과 문화영화에 대한 조선인들의 반응"은 그 텍스트들에 대한 내용분석과는 "별도의 연구를 요한다"(정근식 2009, 74). 그러나 그와 같은 '반응'은 앞서 〈팔도강산〉에서도 말했듯이 관객수와 같은 단기간의 반응만으로 설명될 수 없다(물론 그나마의 관객수 기록이 남아 있는 경우도 많지 않다). 그보다는 좀 더 장기적인 효과, 이를테면 시각적인 경험세계를 통해서 경험 이전과는 다른 사회적 삶의 방식을 실행하거나 꿈꾸게 되는 효과를 확인하려면 어떻게 해야 할 것인가? 만약 구체적인 관객들이 누구였는지 확인 가능했고 그들 중 얼마간의 인구가 생존해 있었다면 그 일부를 섭외하여 설문이나 인터뷰를 진행하는 방법을 생각했을 수도 있을 것이다. 그러나 그처럼 '과거'의 한 순간을 기록한 시각적 자료로부터 '현재'의 관점에서 해석할 수 있는 어떤 시각적 경험의 역사적 효과를 확인하기 위해 '과거'에 현재와는 다른 조건에서 다른 방식의 시각적 경험을 했었을 연구참여자로부터 '현재' 시점에 소환한 기억을 조사하고 듣는 것이 과연 '검증'의 유효성을 가질 수 있었을지는, 그와 같은 작업이 성사되지 못했음에도 불구하고 회의해봄직하다. 이와 같은 방법론적 어려움은 이후 필자가 시각적 경험세계를 분석하기 위해 완전히 다른 방향성에서 접근하도록 이끄는 발단이 되었다.

그렇지만 관객 반응에 대한 직접적인 '검증'의 불가능성에도 불구하고 관객들이 그와 같은 시각적 경험을 했던 물질적, 제도적 정황과 그 전후의 역사적 맥락에 대한 충실하고 풍부한 조사만이 많은 것을 대신 말해줄 수 있을 것이라 판단했고, 그에 따라 다양한 경로를 통해 자료를 수집하고 맥락을 파악하고자 했다. 2009년부터 2010년 사이 필자가 미국 국립문서기록관리청(National Archives and Records Administration, 이하 NARA)에서 진행한 아카이브 조사를 통해 찾은 주한미군정 및 USIS-Korea 제작·배급 영화 149편과 미국해외공보처(U.S. Information Agency) 및 그 해외 산하 기구들이 제작한 한국 관련 영화 34편에 대해서 NARA의 문서기록과 국내외 언론, 한국 정부문서 등 문자 언어 기반의 1차 자료를 바탕으로 해제 작업을 진행하였고(국사편찬위원회 2013), 연구참여자 본인이 대표로 있었던 UNKRA 영화부의 활동과 이형표 등 USIS-Korea 소속 동료 한국영화인들에 대한 구술을 듣기 위해 2009년부터 2012년 사이에 다섯 차례에 걸쳐서 영화감독이자 음향기술자인 테오도어 코넌트(Theodore R. Conant, 1926-2015)와 연구참여자의 자택에서 심층 인터뷰를 진행했다(Kim 2017, 322-323; 336). NARA에서 찾은 주한미군정 공보부와 USIS-Korea의 제작·배급 영화를 바탕으로 이루어진 일련의 연구들(김한상 2011; 2012; 2013; Kim 2013)은 이 시기의 탐구가 낳은 산물이다. '해제'라는 작업에서 볼 수 있듯이 특정한 사실 정보를 담은 시각적 기록으로서 이 자료들을 중심에 놓고 그 주변의 맥락들을 최대한 깊이 있게 포착하고자 한 접근들이지만, 시각적 경험세계의 사회학적 연구 방법론의 정립이라는 과제에 대해서는 아직 구체적인 상을 찾지 못하던 시기라고 할 수 있다. 그러나 각각의 연구는 나름의 방법들을 제시하려는 시도이기도 했는데, 이를테면 김한상(2012)은 이른바 '시각적 담론분석 연구'로서 어떻게 특정한 시각적 표상들이 담론구축의 효과를 가져오는가를 탐구하고자 했고, 김한상(2013)은 미셸 푸코의 응시(gaze) 이론을 식민지통치성의 맥락에서 읽고자 한 니콜라스 토마스의 식민당국의 피식민지 가시화 전략(Thomas 1994, 105-142) 논의를 적용하여 냉전기 미국의 영화선전을 이른바 "비가시적인 것의 가시화와 가시화하는 힘의 과시" 과정으로 이론화하고자 했다. Kim(2013)의 경우 앞서 설명한 것과 같은 주체화 과정에 대한 논의와 더불어 이른바 냉전통치성(cold war governmentality)으로서 '자유의지론적 창의성' 관념, 혹은 반공주의 군사독재정부의 과대성장이라는 다루기 쉽지 않은 조건 위에서 실행되는 미국 중심의 전 지구적 자본주의의 생체정치적(biopolitical) 실행태로서 '작가주의'라는 구상을 하기 시작하게 된 연구였고, 이는 Kim(2017)에서 그 이론화를 이루게 된다.

통치성에 대한 탐구는 지도교수의 식민통치성 연구(정근식 2011, 223)에서도 자극받은 바 있지만, 무엇보다도 시각적인 경험세계의 효과에 대한 풀리지 않은 질문에 대한 답을 찾기 위해 다양한 식민지, 후기식민지의 시각선전 역사에 대한 경험연구들(대표적으로 Mitchell 1988; 2000; Thomas 1994; Prakash 1999)을 접하는 과정에서 자연스럽게 냉전통치성에 대한 구상으로 확장되었다. 특히 티모시 미첼의 연구는 식민지와 같이 타율적으로 조성된 관람환경에서 시각적 경험세계가 관람자들에게 단순히 선전당국이 전달하고자 하는 언어적 정보, 혹은 어떤 '본질적 세계'의 번역(再-現)으로 다가오는 것이 아니라, 관람 그 순간에 생성된 세계 그 자체, 즉 그 그림(像) 혹은 시각적 경험이 바로 본질인 세계 그 자체라는 세계상(world-as-picture) 개념을 하이데거를 경유하여 식민지 이집트의 전람회 사례에 적용한다(Mitchell 1988, 1-33). 이와 같은 사유는 필자가 박사연구에서 착안하여 다시〈팔도강산〉을 소환하며 20세기 한국 시각체제의 역사사회학을 정리하고자 한 박사후 연구의 시초가 되었다. 즉, 시각적 경험세계의 사회사를 세계상과의 마주침을 통한 주체형성의 역사로 정리하고자 했고, 여기에서 중요한 변수로 본 것은 근대적 이동체계와 그 이동의 감각을 다시 이 시각적 경험세계가 어떻게 매개했는가, 혹은 반대로 근대적 이동기술이 어떻게 새로운 시각적 경험세계를 가능하게 했는가의 문제였다. 식민지, 그리고 후기식민지로서 조선/한국에서의 시각적 경험이 타율적으로, 혹은 유도된 방식으로 매개되었던 역사적 과정에 지속적으로 매개되었던 것이 새로운 이동의 테크놀로지라는 점에서 착안한 문제의식이었고, 이는 Kim(2016)에서 자유의지론적 이동의 매개체로서 자가용 소유의식이 미국에 의한 영화선전 방식의 재편과 맞물린 역사적 과정, 특히 대량생산-소비 체제 미국의 자동차화에 발맞추어 제국일본의 기차중심 이동체계에서 자동차중심 이동체계로 변모하는 과정과, 그 과정에서 시각적 경험세계로 제공되었던 (그러나 아직 한국에는 물리적 현실로서 도달하지 않은) 자가용 소유의 풍요로운 삶의 방식 등에 대한 분석 연구로 시작되었다. 볼프강 쉬벨부쉬(Schivelbusch 1986), 앤 프리드버그(Friedberg 1993), 주은우(2011) 등 이동의 지각과 시각적 경험에 대한 이론적, 경험적 선행연구에 대한 고찰을 거쳐 본 박사후 연구는 필자의 첫 영문 단독 저서 *Cine-Mobility: Twentieth-Century Transformations in Korea's Film and Transportation* (Kim 2022)로 발전되었다. 개항 이후 철도 개통과 최초의 영화상영이라는 사건에서부터 1980년대 중후반의 자동화(automation) 담론과 1990년대의 금융자동화 시스템 구축에 이르기까지의 20세기 한국역사를 이동체계와 미디어 환경의 변화 속에서 크게 세 개의 시기(train-cinema interface, automobile-screen interface, post-cine-mobility)에 걸쳐서 고찰하였는데, 그 약 100년간의 근대화 과정은 각각의 국면마다 새로운 테크놀로지를 통해 이동의 유연성(flexibility)을 보장 받은 개인들의 유토피아를 미래상으로 꿈꾸게 하는 시각적 경험의 역사였다고 볼 수 있다. 그러나 그 유연성은 또한 그와 같은 새로운 이동체계의 흐름에 감각적, 신체적으로 적응하지 못하면 탈락하거나 피해를 입을 수도 있는 냉혹한 기계적 유연성이기도 했으며, 이는 궁극적으로는 식민지 근대와 후기식민지 근대, 그리고 후기근대로 이어지는 자본주의적 시각성과 이동성의 유연화 메커니즘으로 볼 수 있을 것이다.

3 시각적 증거의 역사학에서 시각적 기억의 영상 · 역사사회학으로

이 연구의 종료와 맞물려 필자는 영문저서의 서문에서 새로운 문제의식을 발전시키기 시작했다. 시각적 경험세계를 사회학적으로 읽어내기 위한 방법론적 구상을 시작한 것이다. 일반적으로 사회과학이나 실증주의적 역사학 내에서 시각적 자료를 다루는 연구를 할 때 쉽게 기대되는 바, 시각적인 대상을 사실 정보를 운반하는 고정된 텍스트로 보고 그 속의 지식정보를 추출해내고자 하는 식의 수동적인 시각성 인식에 대해서는 앞서 비판한 바 있다. 현대의 미디어 환경에서 시각적 경험세계가 인간과 만나고 사회적인 의미를 생성하는 과정은 동적(kinetic)이며, 많은 경우 시각적인 것은 고정된 하나의 의미로 머무르기보다는 연속된 움직임의 일부로서, 보는 이에게 앞뒤로 개방된 세계에 대한 상상력을 자극한다. 필자는 시각적 경험세계의 이와 같은 개방성이 그 경험의 사회적 과정에 대한 사회학의 적극적인 해석적 접근을 요하는 이유라고 보며, 그러한 이유에서 시각적 자료를 질적자료(qualitative data)로 볼 필요가 있다는 견지에서 이론화를 추구하기 시작했다. Kim(2022)의 서문에서 고안한 "world-as-gesture" 개념은 하이데거의 세계상 이론을 근대적 시각미디어를 통한 감각적 경험 속에서 관람자가 마주하는 '몸짓'을 민간방법론(ethnomethodology)의 해석적 접근을 통해 읽어내려는 필자의 연구방법과 결합하고자 한 사회학적 시도이다. 이것은 조르조 아감벤이 영화에 대해 쓴 노트에서 어떤 정박된 의미, 고정된 지시적 기호로서 이미지(image)가 아니라, 포착된 그 순간 앞뒤로 무궁무진하게 다양한 잠재력(potentialities)을 내장한, 유동적인 것으로서 몸짓(gesture)이 "영화의 요소"라고 주장한 데에서 착안한 것으로(조르조 아감벤 2009, 65), 관람자는 관람이라는 감각적 경험을 통해 그 속에서 마주하는 '몸짓'을 그 자체로 세계로서 접하게 된다. 여기서 이 몸짓들은 마치 우리가 에스노그래퍼가 되어 어느 낯선 문화 속에 던져져 그들의 일상을 관찰할 때 마주하는 몸짓들과 유사하다. 가핑클의 민간방법론은 일상생활에서 암묵적인 규범으로 여겨져서 그 행위를 하는 행위자들조차 인지하지 못하는 행위들의 규칙과 양상을 파악하고자 한다. 미군정이 선전 목적으로 미국의 선진 문물을 찍은 영화를 해방 직후의 한국인들 앞에서 상영했을 때, 한국 관객의 눈앞에 펼쳐진 것은 세련되고 발전된 미국의 도시 조경이나 테크놀로지만이 아니라 그 속에서 그들만의 규범과 관습대로 움직이는 미국인들의 '몸짓'이었을 것이다. 그 '몸짓'들이 그 자체로 하나의 세계로 다가왔을 때, 그들의 규범 체계를 이해하지 못하는 낯선 땅의 한국 관객들에게 그것은 어떤 위배실험(breaching experiment)으로 작동했을까(Garfinkel 1991, 38-44)? 혹은 그것은 어떤 새로운 잠재성으로 다가왔을까?『영상사회학(Visual Sociology)』을 쓴 하퍼는 가핑클의 민간방법론이 추구하는 행위 분석과 영상사회학의 시각적 경험세계 분석의 유사성을 강조한다(Harper 2012, 111-112).[2]

그렇다면 아카이브 자료로서 '발굴'되어온 영상자료들 역시 그러한 맥락에서 민간방법론적으로, 혹은 질적연구의 관찰이라는 접근으로 바라보아야 하는 것이 아닐까? 일상 행위 분석에 있어서 분석된 내용들이 '사실 정보(factual data)'로 기능하는 것이 실질적으로 상당히 어렵다는 것만큼이나, 찰나의 순간을 담은 영상자료의 몸짓들이 특정한 역사적 사건이나 인물의 존재에 대한 '증거자료' 역할을 하기에는 넘어야 할 산이 너무나 많고 또 그럴 만한 가치가 있는가를 고려해야 한다. 최근 '공공역사'라는 표현의 유행과 함께 시각 이미지 자료들이 마치 '대중'과의 거리를 좁혀줄 수 있는 '연성'의 재료인양 쉽게 동원되며, 특히 논쟁적인 과거 역사를 조명하는 환경에서 관람자들에게 확신을 줄 수 있는 '증거'로서 제시되는 경우를 자주 볼 수 있다. 그러나 사진적 광학기술은 그 자체로 실제로 존재했던 물리적 현실(reality)과 그 기술의 결과물로서 카메라 이미지의 지표성(indexicality)[3]을 보장해주지는 못한다. CCTV와 같은 특정한 증거 이미지들은 지표성을 보장하기 위한 기

---

[2] 이상의 문제의식은 필자의 최근 논문들 김한상(2020; 2021b)에서도 정리하여 제시된 바 있다.

[3] 지시, 색인 등을 의미하는 index에서 나온 지표성 개념은 기호가 대상과 지시적인 관계로 연결되어 있다는 속성을 말한다.

록을 이미지 내에 심어 넣지만, 식민지기나 냉전기와 같은 과거에 생성된 오래된 카메라 이미지는 대부분 그와 같은 지표적 기호를 이미지 내에 갖고 있지 않다. 그럴 경우 '전문가'들은 이미지에 나타난 도상적(iconic) 기호가 얼마나 현실과 닮았는가, 그리고 그 이미지 속의 대상이 자신들이 추정하는 과거 현실 속의 대상과 동일함을 추정하게 하는 여러 관련자료(문서자료나 다른 매체로 생성된 자료 등)를 근거로 그 지표성의 약한 고리를 억지로 연결하고자 애쓰곤 한다. 필자는 이와 같은 관행이 역사적으로 기록되어 남은 시각적 자료의 경험에 대한 왜곡된 접근을 낳을 뿐 아니라, 때때로 윤리적 문제(연구윤리, 재현윤리)를 동반하기도 한다고 판단한다. 특히 정치적으로 논쟁적인 역사적 사건에 대한 '증명'의 문제는 이미 문서자료와 생존자들의 구술자료가 충분히 그 역할을 하고 있음에도, 지표적 증거력이 불충분한 카메라 이미지 자료를 '대중'에 대한 친화력과 호소력을 이유로 공공기억의 장에 끌어들임으로써 적대적 세력과의 불필요한 소모적 논쟁을 불러일으킨 사례도 볼 수 있다(김한상 2021b; Kim 2023).

그보다 더 중요한 것은 과거를 기록한 시각적 경험이 현재의 맥락 속에서 과거에 대한 집단기억을 구성하는 방식에 대한 성찰이다. 과거의 시각적 기억을 어떤 박제된 무엇으로 두는 것이 아니라 "변화된 삶의 현실을 재구성할 수 있는 방식의 변화와 실험"(정근식 2003, 38)의 재료로 성찰하는 것이다. Kim(2023)에서 필자는 2017년 NARA에서 찾은, 1944년 중국 윈난성 쑹산 지역 일본군 주둔지에서 미중연합군에게 포로로 잡힌 조선인 '위안부' 추정 인물들이 등장하는 미군 영상 푸티지를 공개했을 당시 "사진자료가 있는 마당에 영상자료가 추가적으로 발견되는 것이 무슨 의미가 있느냐"(주간경향 2017.7.25: 19)는 일부 연구자들의 질문에 응답하기 위해 카메라 이미지 속 피사체의 발화능력(speakability), 롤랑 바르트의 푼크툼(punctum) 개념, 지크프리트 크라카우어의 삶의 흐름(flow of life) 등 이론적 탐구와 함께 이경모의 여순사건 사진, 제임스 H. 하우스만이 촬영한 김종석 중령 등 처형 푸티지, 그리고 다큐멘터리 〈김군〉(2018) 등 여러 사례에 대한 고찰을 시도했다. 이와 같은 탐구를 통해 이 연구가 주목한 '움직이는' 카메라 이미지의 힘은 김한상(2020)에서 이론화하고자 한 "포괄적인, 각성의 몸짓"과 일맥상통한다. '위안부' 피해자에 대한 "정형화된 재현의 맥락"으로부터 발견된 푸티지 속의 몸짓을 "탈취하여 다른 맥락 속에 위치"지음으로써 "국가주의적-가부장적 서사로부터" 그 몸짓들을 "구출"하고 그 "잠재성을 있는 그대로 펼쳐놓을 장을 마련하는 것, 그 장에서 수많은 가능성의 차원을 시청자가 스스로 경험하게 하는 것"이 이와 같은 아카이브 조사와 공개가 공적기억의 영역에서 기여할 수 있는 역할일 것이다(김한상 2020, 704-705).

이처럼 과거를 기록한 아카이브 영상을 통한 시각적 경험세계를 어떻게 공공기억의 구성 문제 속에서 고찰할 것인가의 문제의식은 제국주의와 식민-피식민-후기식민의 문제, 그리고 냉전이라는 중첩된 문제들 속에서 첨예한 정치적 성격을 내장한 (서구) 아카이브(들)와 아시아라는 지역성의 문제를 떼어 놓고 생각할 수 없다. 이는 (동)아시아가 그와 같은 냉전의 지정학적 맥락 속에서 그 자체로 "냉전·분단체제"라는 역사 공간적 체제를 형성했다는 문제의식(정근식 2014, 51-53; 2016, 216-219)과 연장선상에서 아시아를 바라보는 것이면서도, 동시에 그와 같은 냉전적 역사 공간 체제가 해체된 이른바 탈냉전 이후에도 지속되는 이른바 장기냉전(long cold war)[4]적 지식 체제로서 아카이브와 공공기억의 문제를 바라보고자 하는 것이기도 하다. Kim and Ray(2023)의 *positions* 저널 특집 "Encountering Violence: Media and Memory in Asia"는 그와 같은 문제의식을 공동 연구로 엮어낸 첫 기획이라 하겠다. 김한상(2021a) 역시 연구의 지역적 범위를 동남아시아와 오세아니아로 넓힌 기획인데, 이에 대한 후속 작업을 한-일 공동 연구로 기획 중에 있다. 이와 같은 연구 문제의식의 심화와 확장이 시각적 기억의 영상·역사사회학 방법론 구축에 꼭 필요한 과정이 되기를 기대한다.

---

4 필자는 현재 두 번째 영문 연구서(monograph) 겸 국문 연구서 동시 출간 계획으로 『장기 냉전 체제: 응시, 아카이브, 통치성(*The Long Cold War in Korea: The Gaze, the Archives, Governmentality*)』을 집필 중에 있다.

참고문헌

국사편찬위원회 편. 김한상 집필. 2013. 『해외사료총서 27권: 미국 NARA 소장 주한 미국공보원 영상자료 해제』. 과천: 국사편찬위원회.

김한상. 2008. 『조국근대화를 유람하기: 박정희정권 홍보드라이브 〈팔도강산〉 10년』. 서울: 한국영상자료원.

김한상. 2011. "1945-48년 주한미군정 및 주한미군사령부의 영화선전: 미국 국립문서기록관리청. NARA) 소장 작품을 중심으로." 『미국사연구』 34: 177-212.

김한상. 2012. "주한미국공보원(USIS) 영화선전의 표상과 담론: 1950년대. 국가 재건과 자립 한국인의 주체성." 『사회와 역사』 95: 243-279.

김한상. 2013. "주한미국공보원(USIS) 영화의 응시 메커니즘: 비가시적인 것의 가시화와 가시화하는 힘의 과시." 『역사문제연구』 17(2): 167-200.

김한상. 2020. "발견된 푸티지 속의 박영심은 무엇을 말하는가. 혹은 말하지 못하는가)?: 사진적 생존자의 영화적 현전과 포스트/식민 아카이브의 냉전 지식체제." 『문학과 영상』 21(3): 679-709.

김한상. 2021a. "아카이브 영화. 비/인종적 몽타주. 역사 쓰기—일본군 점령하 인도네시아 수용소 포로를 둘러싼 영화를 읽는 방법." 『역사비평』 134: 87-118.

김한상. 2021b. "다큐멘터리의 몸짓과 영상사회학적 실험/실천: 〈숨결〉과 〈보드랍게〉의 피해생존자들의 경우." 『현대영화연구』 3(44): 29-49.

정근식. 2003. "항쟁의 기억과 영상적 재현 - 5.18 다큐멘터리의 전개과정." 『민주주의와 인권』 3(2): 105-146.

정근식. 2009. "일본 식민주의의 정보통제와 시각적 선전." 『사회와 역사』 82: 41-82.

정근식. 2011. "식민지 위생경찰의 형성과 변화. 그리고 유산: 식민지 통치성의 시각에서." 『사회와 역사』 90: 221-270.

정근식. 2014. "동아시아의 냉전·분단체제의 형성과 해체: 지구적 냉전하의 동아시아를 새롭게 상상하기." 임형택 편. 『한국학의 학술사적 전망 2: 근현대편』. 서울: 소명출판.

정근식. 2016. "동아시아 '냉전의 섬'에서의 평화 사상과 연대." 『아시아리뷰』 5(2): 211-232.

조르조 아감벤. 2009. 『목적없는 수단: 정치에 관한 11개의 노트』. 서울: 도서출판 난장.

조형근. 2006. "한국의 식민지 근대성 연구의 흐름." 공제욱·정근식 편. 『식민지의 일상. 지배와 균열』. 서울: 문화과학사: 49-82.

주은우. 2011. "식민지도시와 근대성의 영화적 재현: 기록영화 〈경성〉과 식민권력의 자기재현." 『사회와 역사』 92: 39-91.

Kim. Han Sang. 2013. "Cold War and the Contested Identity Formation of Korean Filmmakers: on *Boxes of Death* and Kim Ki-yŏng's USIS films." In *Inter-Asia Cultural Studies* 14(4): 551-563.

Kim. Han Sang. 2016. "*My Car* Modernity: What the US Army Brought to South Korean Cinematic Imagination about Modern Mobility." In *The Journal of Asian Studies* 75(1): 63-85.

Kim. Han Sang. 2017. "Film Auteurism as a Cold War Governmentality: Alternative Knowledge and the Formation of Liberal Subjectivity." In *Journal of Korean Studies* 22(2): 317-342.

Kim. Han Sang. 2022. *Cine-Mobility: Twentieth-Century Transformations in Korea's Film and Transportation*. Cambridge. MA. and London: Harvard University Asia Center.

Kim. Han Sang. 2023. "Can the 'Comfort Women' Footage Speak? The Afterlives of Camera Images as Document and the Flow of Life." In *positions: asia critique* 31(4): pages forthcoming.

Kim. Han Sang and Sandeep Ray. 2023. "Encountering Violence: Media and Memory in Asia." In *positions: asia critique* 31(4): pages forthcoming.

Friedberg. Anne. 1993. *Window Shopping: Cinema and the Postmodern*. Berkeley. CA. Los Angeles. CA. and London: University of California Press.

Garfinkel. Harold. 1991. *Studies in Ethnomethodology*. Englewood. NJ: Prentice-Hall.

Harper. Douglas. 2012. *Visual Sociology*. London and New York. NY: Routledge.

Mitchell. Timothy. 1988. *Colonising Egypt*. New York. NY. New Rochelle. Melbourne. Sydney. and Cambridge: Cambridge University Press.

Mitchell. Timothy. ed. 2000. *Questions of Modernity*. Minneapolis. MN. and London: University of Minnesota Press.

Prakash. Gyan. 1999. *Another Reason: Science and the Imagination of Modern India*. Princeton. NJ: Princeton University Press.

Schivelbusch. Wolfgang. 1986. *The Railway Journey: The Industrialization and Perception of Time and Space in the 19th Century*. Berkeley. CA. and Los Angeles. CA: University of California Press.

Thomas. Nicholas. 1994. *Colonialism's Culture: Anthropology. Travel and Government*. Princeton. NJ: Princeton University Press.

2부

'지역'이라는 연구방법론

지역사회학

2-1

지역사회 연구 어떻게 할 것인가

염미경(제주대학교 사회교육과 교수)

1 지역사회 연구 대상과 방법

1) 연구대상으로서 지역사회

지역사회 연구는 그 대상과 방법이 다양하다. 지역사회 연구에서 연구 대상은 대체로 특정 공동체나 집단이 되며 해당 지역사회의 개인이나 집단, 조직 등이 해당되며, 이때 가장 먼저 짚고 넘어가야 하는 것이 지역사회를 바라보는 연구자의 관점이다. 지역사회를 연구대상으로 바라보는데 있어서 어떠한 관점을 취할 것인지와 관련해서는 대체로 두 가지 시각이 있다. 먼저 외부자의 입장에서 연구대상을 바라보는 것이고, 둘째는 최대한 내부자, 즉 연구대상자 혹은 현지인의 관점을 파악하여 이를 심층적으로 이해하는 데 초점을 맞춰 바라보는 것이다. 전자를 강조하는 연구자들도 있고 후자를 강조하는 연구자들도 있다. 이것은 연구대상과 주제에 따라 달라지겠지만 사회학을 비롯해 사회과학에서는 보통 이 두 관점을 혼합하여 사용한다.

한편, 지역사회를 연구대상으로 하여 자료수집 하는 경우 조사 시기의 정치·사회적 상황의 영향을 받기 마련이다. 정세의 영향을 받는 연구주제도 있고 그렇지 않은 연구주제도 있지만 어떤 연구주제이든지 연구자는 연구대상과 부딪혀야 하고, 연구대상 속으로 들어가야 하며 연구대상이 지역 기관이나 단체 혹은 개인이라면 이들을 만나야 한다.

연구대상이 어떤 지역사회라면 그 지역의 사회·인구·경제학적 특성이나 사회적 관계망 혹은 권력 관계망 그리고 역사적 경험 등을 대략적이나마 알고 있을 때 연구대상에 대한 조사와 자료 수집은 수월해진다. 연구대상이 어떤 지역사회가 되든지 그 지역의 독특한 사건이나 역사적 경험 속에서 지역사회 나름의 특징이 있기 마련이다. 연구대상으로서 지역사회가 연구자에게 익숙할 수도 있고 낯선 곳일 수도 있을 것이다. 연구자에게 익숙한 곳이든 그렇지 않든 중요한 것은 연구자는 시간과 공간이 접목되는 지역사회의 특정 지점과 만나게 되어 있다. 연구자에게 그 지역사회가 낯선 곳일 경우 조사 준비단계에서부터 현지조사에 이르기까지 연구자가 갖는 부담감은 훨씬 클 것이다.

지역사회 연구에서 하나의 연구주제일지라도 그 주제와 관련된 지역사회 전반을 아울러야하기 때문에 조사 준비단계에서 상당한 노력이 소요되기도 하고, 조사를 수행하는 도중에 새로운 연구주제를 발견할 수도 있다. 이렇게 지역사회 연구에서는 어떤 주제로 연구를 수행하는 도중에 새로운 연구주제가 발견되는 경우 그것이 후속 연구 주제가 될 수도 있다. 본 연구자는 오랜 동안 국가를 맥락으로 한 국내외 지역조사를 해왔는데 지역조사과정에서 한 연구주제를 수행하기 위해 연구대상 지역에 가서 자료수집 하면서 또 다른 연구주제를 발견해 이를 후속 연구로 발전시켰고 그 연장선상에서 다른 지역과 비교 연구를 하거나 관련 지역사회 각각을 심층적으로 연구해나가면서 연구지평을 확장시켜왔다. 관련 지역사회에 대한 후속연구를 할 때는 그 지역사회 전반에 대해 알고 있고 현지 사람들과 관계가 어느 정도 만들어져 있기에 후속연구는 훨씬 수월하다. 그리고 지역사회를 대상으로 하는 경우 연구 소재는 무한하다.

2) 연구방법의 선택

인간과 사회라는 현상은 매우 다면적이고 복합적이기 때문에 하나의 연구 방법이 인간과 사회의 모든 진실과 진리를 알려 줄 수는 없다. 따라서 인문·사회과학의 여러 분야에서는 각종 이론과 방법을 동원하여 인간을 이해하려는 시도를 해왔다. 현대와 같은 복합사회에서 하나의 도시, 지방, 국가 또는 국가를 맥락으로 하는 어떤 지역을 연구한다는 것은 시간과 비용 면에서 매우 어려운 작업이다. 대체로 연구 단위 규모가 클 때는 양적 분석이 필요하다. 양적 분석은 전체적인 경향과 변화의 패턴 등을 이해하는 데 효과적이다. 하지만 양적 연구 방법을 통해서는 표본 속의 개인들의 주관적 생각과 느낌, 경험들을 알기 힘들다. 통계 수치가 개인들에게는 어떤 의미를 가지고 있는지를 가늠하기 어렵다는 말이다. 사실상 중요한 것은 연구 방법이라기보다는 어떤 연구를 할 것인가를 결정하는 문제의식이다. 어떤 문제의식을 가지고 어떤 연구 주제를 선택할 것인가를 정하고, 그 연구 주제를 가장 잘 다룰 수 있는 연구 도구를 선택하는 것이다. 자신의 문제의식을 가장 잘 다룰 수 있는 연구 주제와 그 연구 주제를 가장 잘 다룰 수 있는 연구 방법을 선택하는 것이 정도이다(윤택림, 2004: 15-16, 21-22).

현대 사회과학에서 양적자료는 객관적이고 과학적이라고 인식하는 반면, 인간의 내면적, 주관적 측면 등은 수치화할 수 없으므로 이 분야를 탐구하는 학문이나 방법은 비과학적인 것으로 분류되어왔다. 이러한 인식은 서구의 근대 학문이 성립되면서 강화되었고 이렇게 하여 서구의 근대 사회과학은 양적 방법을 핵심적인 연구방법으로 삼아 인간사회를 연구해온 것이다.

그런데 우리의 일상은 물론 우리가 사는 사회를 나타내는 많은 것들이 수치로 되어 있다. 그러나 여전히 많은 것들은 질적인 내용이다. 특히, 인간의 의식이나 태도를 이해하기 위해 현지에 나가 조사대상자에게 질문을 하여 수집한 양적 자료를 분석하는 실증적 방법이 사용되면서 인간을 이해하는 데 일정한 성과를 거둔 것도 사실이다.

사회학에서의 연구도 양적자료의 분석 기법에 초점을 맞추는 경향이 두드러진다. 그럼에도 불구하고 이러한 시도는 인간을 포괄적으로 이해하는 데는 일정한 한계를 가진다. 이는 인간이 다양성을 지니고 있고 생활환경과 문화의 차이가 있기 때문이다. 이에 20세기 후반에 접어들면서 양적 방법을 이용한 인간사회 연구, 실증주의 자체에 대한 비판이 나타나기 시작하였다. 인간과 사회에 대한 연구에서 연구자는 연구대상, 즉 연구 참여자 및 연구 대상자와 같은 사회 상황 속에 있기 때문에 연구자와 연구대상의 분리는 절대적일 수 없고 연구자 자신의 관점과 입장 또한 완전히 제거할 수 없다는 비판이 그것이다. 이러한 입장에서는 자료가 창출되는 사회적 맥락에도 관심을 기울여야 하며, 연구자와 연구대상 간 상호작용, 연구과정의 맥락이 연구방법에 포함되게 되면 훨씬 더 융통성 있게 자료가 만들어지게 된다고 본다. 이 글에서는 지역사회 연구에 초점을 맞춰 정리하려고 한다.

2 지역사회 연구를 위한 현지조사

일단 연구주제와 연구 참여자 및 연구대상 지역이 결정되게 되면 연구자는 기초 조사에 들어가야 한다. 물론 연구주제를 결정하고 그 연구주제에 알맞은 연구 참여자 및 연구대상 지역을 찾기 위해서 기초적인 자료조사를 먼저 시작할 수도 있다. 자료조사는 그 연구주제와 조사지역에 관한 자료, 예를 들면 신문, 잡지, 사문서, 지도, 사진, 비디오필름 등과 함께 기존의 연구서, 연구논문을 검토하는 것을 말한다. 기초 조사를 하면서 필요한 참고문헌 목록을 작성해두고 조사가 끝난 후 이 참고문헌 목록을 갱신하면 자료정리가 훨씬 수월하다. 기초 조사를 하면서 기존 연구서와 연구논문들을 통해서 자신의 연구주제를 다루는 데 가장 적절하다고 생각되는 이론적 준거 틀을 설정한다. 물론 어떤 현상을 잘 설명해 주는 이론이 없는 경우 이론적 준거 틀 없이 조사를 시작할 수 있다.

질적 연구에서는 연구 참여자 및 연구대상 지역에서 직접 개별 연구대상과 밀접하게 연관되어 관찰하고 질문하고 조사함으로써 자료를 수집한다. 인류학에서는 장기간, 대체로 일 년 또는 그 이상 집중적으로 관찰하고 참여하면서 연구 참여자들과 대화와 면접을 통하여 그들이 가지고 있는 환경에서부터 사회적 관계망과 구조 그리고 의미구조까지 종합적으로 연계해서 파악한다. 조사 기간이 길든 짧든 공통적으로 연구 참여자 및 연구 대상자의 전반적 측면을 조사하여 기록하는 것부터 특정 주제에 집중하여 분석하는 것까지 아울러야 하는데, 이 두 작업은 서로 연결되어 있어 특정 주제에 집중하여 분석하더라도 그 연구 참여자 및 연구대상 지역의 전반적 측면을 아는 것이 필요하다. 따라서 연구 참여자 및 연구대상 지역의 전반적 측면을 조사하는 것은 어떤 주제를 연구하는데 있어서 밑그림그리기에 해당한다.

이러한 연구의 밑그림그리기에서는 연구 참여자 및 연구대상 지역의 환경, 생업, 사회조직, 역사적 사건, 의례, 축제, 종교, 사회적 관계망, 권력 관계망, 외부와의 연계 등을 종합적으로 파악하는 것이다. 이러한 밑그림그리기를 위해 연구대상 지역에 대한 연구자의 기존 조사경험과 인맥 유무가 중요하며, 이것들이 없더라도 해당 연구대상 지역 읍·면 주민자치센터나 리 사무소에 비치된 자료와 관계 공무원들을 적극 활용하여 개략적인 자료를 얻을 필요가 있다. 이를 통해 연구대상 지역사회의 읍·면·동 지역의 주요 현황 및 사전정보 파악이 가능하고 토박이와 마을대표, 행정자문위원, 마을개발위원회 혹은 부녀회나 어촌계 등 주요 인사 명단을 입수할 수 있다. 그러나 이들 연구대상 지역의 주요 인사나 전문가 명단을 확보했다고 곧바로 연구대상 지역에 들어가 원하는 자료를 수집할 수 있는 것은 아니다. 더 중요한 것은 연구대상 지역의 사회적 관계망과 권력 관계망을 파악하는 것이다. 이것이 되어야만 연구대상 지역의 주요 인사나 전문가들 중 누구를 만나 조사해야 하며 어떤 전문가를 만날 때는 어떤 인맥을 활용하면 좋은지가 명확해지기 때문이다. 이러한 내용은 연구대상 지역에서 발간한 각종 문헌자료에서는 나타나지 않는 것으로, 이 점은 개인, 마을, 단체, 기관이 별도로 독자적인 영역을 갖는 개별적인 실체라기보다는 유기적으로 연결되어 있다는 것을 의미하는 것으로, 질적 연구에서는 고려해야 할 사항이다.

이와 같이 연구 참여자 및 연구대상지역의 사회적 관계망이라 할 수 있는 인적 네트워킹, 기초자료 등을 어느 정도 파악한 뒤에 자료를 수집할 때와 그렇지 못했을 때의 차이는 조사를 해본 거의 연구자들이라면 수긍할 것으로 본다. 연구대상자 및 연구대상 지역에 대한 대략적인 밑그림을 그리고 질적 자료를 수집하는 것과 아무 준비 없이 맨땅에 헤딩하는 식으로 자료를 수집하는 것은 조사의 충실도와 효율성에서 많은 차이를 가져온다. 이는 장기간의 조사인 경우에는 일반적인 과정이지만 일주일 또는 며칠의 조사라면 이러한 과정을 최대한 단축하여 진행해야 한다. 그래도 지역사회 조사 경험이 축적되면 이 과정이 훨씬 단축되고 수월해진다.

3 지역사회 연구 과정

1) 연구대상 지역사회 진입과 기초조사

처음 연구대상 지역에 들어가면 연구대상 지역의 상황을 잘 모르기 때문에 들어간 직후부터 심층면접하기는 어렵다. 처음에는 기초적인 조사를 하면서 현지상황을 조금씩 파악해가면서 안면을 익혀나간다. 이러한 과정을 거치면서 보다 심층적인 질문이 가능해지고 현지 행사에 관한 정보를 얻어 조사할 수 있게 된다. 단기간의 조사라면 수차례에 걸친 방문조사를 통해 이러한 상황을 만들어나간다. 조사일지를 통해 조사하고 대화하고 관찰하고 면접한 내용을 그때그때 기록해두고 자세하게 정리해두어야 본격적인 조사에서 조사시간을 줄일 수 있고 실제 조사대상자와의 심층면접에서 기억력을 발휘하여 알찬 면접을 할 수 있다. 사람의 기억력에는 한계가 있기 때문에 그날그날 조사일지를 작성하고 조사하고 면접하고 관찰한 내용을 별도로 정리하는 것을 통해 연구대상 지역 혹은 연구 참여자들에 대한 전체적인 파악이 쉬워지기 때문이다.

연구대상 지역에서 가장 먼저 할 일은 눈에 보이는 연구대상 지역의 공간적인 배치나 그것에서의 특징을 카메라에 담거나 관찰한 내용에 기록해 두는 일이다. 특이한 것들에 대해서는 사람들 혹은 연구 참여자들에게 물어봐 기록해두면 연구 참여자들에게 친근하게 다가갈 수 있고 심층면접 할 때 도움이 되기도 한다. 이와 함께 연구대상 지역의 공식적인 제도나 조직들의 조직표와 활동내용 등에 대한 자료를 수집하여야 한다. 각종 공식문서나 자료집들은 전체적인 흐름을 이해하는 데 많은 도움이 된다. 이것들은 대체적으로 그 내용이 공개되어 있기 때문에 쉽게 접촉하여 내용을 알 수 있고 대부분이 쉽게 알려주는 것이며 연구대상 지역의 기본적인 틀을 제시해주므로 처음 연구대상 지역에 들어갔을 때 안면을 익히기 전이나 부족한 경우에도 조사하기 수월하다. 즉 연구대상 지역에서 공문서나 사문서 등 가능한 획득할 수 있는 모든 자료들을 수집하는 것이 좋다. 사진기와 캠코더를 통해 자료를 보다 시각적으로 수집할 수 있는데, 문서만으로 담을 수 없는 많은 문화적 내용들을 사진과 캠코더에 담을 수 있기 때문이다. 이외에 연구대상 지역에 있는 다양한 조직에서의 관계, 행동, 의례 등도 연구범위에 포함될 수 있으나 이들 공식적인 제도나 조직을 파악하는 것만으로는 연구대상 지역이나 연구 참여자의 모든 것을 파악할 수 없다. 연구대상, 연구대상 지역의 사회적 관계망 파악에 이어 연구대상을 바라보는 시각을 점검하고 조사대상자를 선정한 시점까지는 어디까지나 본격적인 자료수집을 위한 사전 준비 단계에 해당될 뿐이다. 이 절차가 제대로 이루어지지 않으면, 본격적인 조사가 어려워져 자료 확보가 어려워질 수 있다.

2) 자료 수집 과정

지역사회 연구는 현지조사를 통해 이루어진다. 현지조사는 현지사람들의 관점으로 그들의 문화를 읽어내려는 연구방법이다. 현지조사는 어떤 특정 학문 분야만의 연구방법은 아니지만 인류학에서 특히 중요한 의미를 지닌다. 인류학적 현지조사는 다른 사회과학의 현지조사와는 달리 연구자가 연구대상인 사회를 보다 완벽하게 이해하기 위해 그 사회의 구성원들 사이에서 장기간 체류하기 때문이다. 인류학자인 루스 베네딕트는 1944년 미국 국무부의 의뢰를 받아 일본인과 일본 문화에 대한 연구를 하여 『국화와 칼』(김윤식·오인석 역, 1974)이라는 책을 출간하였는데, 미국 거주 일본인들과의 면접, 일본학 연구자들의 도움, 일본에 대한 각종 기록 등을 토대로 한 것이었다. 이처럼 부득이한 경우에는 현지조사를 하지 않고 연구를 수행할 수도 있으나 인류학에서는 기본적으로 단순 관찰이나 공식적 면접으로는 도저히 파악할 수 없는 문화의 특징과 의미를 이해하기 위해서는 현지사람들과의 상호작용 속에서 인류학자가 몸소 보고 듣고 느끼는 바가 중요한 연구 자료가 된다고 보는 것이 일반적이다. 실제로 인류학자는 현지문화의 특징과 의미를 파악하기 위해 적어도 1년 또는 그 이상의 기간 동안 현지에 장기 체류하면서 현지사람들의 일상생활을 관찰하여 기록하고 분석한다. 이에 비해 사회학을 포함한 다른 사회과학에서의 현지조사는 인류학적 현지조사를 중요시하는 경우도 있으나 일상생활의 현장에서 혹은 커피숍 등과 같은 별도의 장소에서도 몇 시간 동안 이런 저런 질문들을 던질 수 있고, 질문들을 좀 더 체계적으로 정리해 조사대상자와 공식적 면접을 하여 문화의 특징과 의미를 파악할 수도 있다고 본다. 이것은 연구주제와 연구 대상의 특성 그리고 연구자의 현지에서의 조사 전략에 따라 달라질 수 있는 것으로 받아들인다.

대체로 인류학 분야 연구자들은 연구 참여자나 연구 대상자 속에서 비교적 장기간의 현지조사를 수행하는 것을 기본으로 한다. 이후 자신이 현지조사를 한 지역이나 집단을 대상으로 다양한 주제로 후속 연구를 기획하여 수행하는 것이 일반적이다. 사회학 분야 연구자들의 경우는 인류학 분야 연구자들처럼 장기간의 현지조사를 하면서 자료를 수집하는 경우도 있으나 연구주제나 대상에 따라 시간 날 때 마다 수시로 혹은 며칠씩 수차례 그리고 여러 연구대상자들과 한번만으로 자료 수집을 마칠 수도 있고 수차례 만나 자료를 수집할 수도 있다. 이것은 연구주제와 범위 그리고 연구기간에 따라 달라질 것이며, 연구주제와 연구대상에 대한 연구자의 연구경험과 연구자가 연구하려고 하는 주제와 연구대상 관련 선행 연구나 자료가 얼마나 축적되어있는가 등에 달려 있다. 그렇더라도 연구주제와 연구대상에 대해 연구자가 잘 알고 있는 경우 자료 수집이 훨씬 수월하다는 점에서 연구대상 지역이나 집단에 대한 깊이 있는 조사와 연구를 수행한 경험은 중요하다. 예를 들어, 시골의 오일장은 물건을 서로 팔고 사는 곳일 뿐만 아니라 생활에 필요한 정보를 교환하기도 하고, 놀이패가 공연을 펼치는 예술의 장이 되기도 한다. 한 문화의 문화현상을 이해하기 위해서는 서로 다른 요소들을 전체적인 맥락에서 바라보아야 하는데 이러한 관점이 부족할 경우 문화의 한 측면을 강조하게 되어 문화를 제대로 이해하지 못할 가능성이 크기 때문이다.

3) 연구 참여자 및 사례 선정

지역사회 조사에서는 먼저 연구자의 관심분야와 조사 분야에 대한 사전지식을 총 점검하여 연구자 자신이 무엇을 왜 분석하려 하는지를 명확히 해야 한다. 즉 성공적인 연구를 위해 무엇보다도 중요한 것은 분명한 주제를 선정하는 것이며, 주제 선정에서 결정적인 영향을 미치는 것은 연구자의 문제의식이다. 연구자가 연구주제를 자신이 속한 사회의 사회·역사·문화적 맥락 속에 위치지우면서 자기 연구의 정당성을 진지하게 확보하려 할 때 문제의식은 명확해진다. 연구주제의 선정은 연구 참여자 및 연구대상 지역 선택에 결정적인 영향을 주는데, 연구주제에 필요한 유용하고 신빙성 있는 자료를 수집할 수 있는가는 어떤 연구 참여자 및 연구대상 지역을 선택하는가에 달려있다고 해도 과언이 아니기 때문이다.

이렇게 연구자 자신이 파악하고자 하는 주제나 관심분야가 선정되고 어떠한 내용을 구체적으로 파악하여 분석할 것인가가 정해지면 이에 부합하는 사례를 찾아야 한다. 관련 자료를 점검하여 연구자 자신의 주제를 가장 잘 드러내줄 연구 참여자나 연구대상 지역이 어느 곳인지를 찾는다. 보통 몇 개의 후보 사례를 선정하여 이들 사례를 잘 아는 사람들과 상의하여 실제 연구자 자신이 의도한 주제를 가장 잘 심층적으로 밝혀줄 만한 사례를 후보지로 선정하게 된다. 장기간의 조사일 경우 몇 개의 후보지를 선정한 후 실제 그 사례지역이나 사례집단에 가서 탐색조사를 통해 사전에 파악한 내용들이 실제 현상과 부합하는지를 확인해 최종적으로 사례를 선정해야 한다. 그리고 사례조사에 들어가기 전 사례지역에서 연구에 협조해줄 만한 집단 혹은 개인이 존재하는지를 점검하고 협조를 부탁할만한 사람들과 다양한 인맥을 통해 접촉하는 것이 필요한데, 여의치 않을 경우 각종 공문서를 통해 공식적으로 협조를 요청할 수 있다. 이렇게 하여 사례지역이 정해진 후 연구자가 수집대상 문헌 및 자료 확보를 위해 현지조사에 나설 때 연구대상 지역의 모든 개인이나 마을 및 단체를 전수 조사하는 것은 불가능하기 때문에 무엇보다도 연구대상의 우선순위를 정해야 한다. 연구대상의 순위를 정하는데 있어서는 연구주제와 내용에 준하되 연구대상의 특성을 고려해 그 순위를 정해야 할 것이다. 개인, 지역, 기관 및 단체 등의 범주로 나눠 연구대상 규모를 설정해야 할 것이다. 이 경우도 연구의 목적과 연구기간 및 예산, 인력 등을 고려해 연구 참여자 혹은 연구 대상자를 정해야 한다. 이에 따라 연구기간 동안의 하루하루의 일상이나 다양한 행사에 어떻게 참여할 것인지 그리고 어떠한 질문지를 사용하여 누구를 면접할 것인지를 결정하게 된다(주혁, 2012).

4) 다양한 자료의 수집과 심층면접

어느 정도 안면도 익혔고 초기의 기초조사를 통해 보다 구체적이고 심층적인 질문을 할 수 있는 친밀관계가 성립되면 본격적으로 심층적인 면접과 관찰을 시작할 수 있다. 현지조사에서 질적 자료 수집을 위해서는 인류학이나 사회학의 제한된 조사방법론이나 인터뷰기법 등도 필요하지만 체험 그대로를 풀어놓을 수 있는 연구자와 연구 참여자 간 신뢰 구축이 훨씬 더 중요하다. 심층면접은 직접 현장에 없었더라도 많은 사실을 파악할 수 있고 연구 참여자의 다양한 가치관, 의미구조, 정서, 관계를 이해할 수 있기 때문에 가장 풍부한 자료를 축적할 수 있는 질적 자료 수집방법이다. 질적인 내용, 즉 경험, 의미, 삶, 정서, 느낌을 찾아내는 데 면접은 최선의 방법이다. 심층적이고 다양한 내용을 파악하기 위해서는 더욱 더 대화형식으로 상호 관점의 교류가 있어야 하며, 언어를 매개로 한 대화이기 때문에 언어에 대한 센스가 필요하다. 요즘은 심층면접에 녹음기나 캠코더를 사용해 면접내용을 정확하게 기록한다. 연구 참여자나 연구 대상자가 이들 도구 사용에 대해 거부감을 지닐 수 있으나 본 연구자의 경험에 의하면 요새는 이에 대한 거부감이 줄어들었다.

면접을 시작하기 전 자연스럽게 면접과 관련된 다른 조사도구들, 예를 들어 대화나 면접내용을 메모하거나 받아 적을 노트와 필기도구, 핸드폰이나 카메라, 면접이 끝난 후에 갖춰야 할 서식자료나 답례품 등을 자연스럽게 꺼내어 놓으면서 녹음기나 캠코더를 사용하겠다는 양해를 구하면 된다. 본 연구자의 경우 보이스레코더(voice recorder)와 핸드폰을 함께 사용해 녹음하며 연구 참여자가 영상촬영까지 수락한 경우 캠코더도 함께 사용한다. 최근에는 연구 참여자들이 이러한 도구들을 사용하는 것을 거부하는 경우는 많지 않다. 증언이나 생애사 연구 참여자인 경우 이러한 장비 사용은 필수적이지만, 간단한 대화나 면접 자료를 수집하는데 있어서는 핸드폰이나 보이스레코더를 사용해 녹음하거나 때로 사진 촬영하는 것으로도 충분하다. 연구주제와 연구 참여자의 특성이나 상황을 고려하여 연구자가 판단해 적절하게 사용하면 될 것이다.

우리의 일상생활은 다른 사람과 협동하면서 공동의 삶을 영위하기 때문에 개인이나 집단은 각자 개인적인 생활체험을 갖게 되고 이것은 사회적 맥락에서 상호작용을 하면서 갖게 된다. 생애사는 개인의 전 생애나 집단이 성립하여 전개해가는 과정을 사회적 맥락에 있어 상세하게 기록하는 것을 말하며 생활사라고도 한다. 생애사는 사회학이나 인류학에서 발달한 연구방법인데, 편지, 일기, 자서전, 전기, 신문자료, 재판기록 등을 수집하고 분석하여 개인이나 집단의 생활의 역사를 세밀하게 묘사하는 것부터 장기간에 걸친 참여관찰에 의해 사람들의 일상생활을 현지조사에 의해 자세하게 묘사하는 인류학의 생애사 연구까지를 아우른다. 최근의 생애사 연구에서는 녹음기와 카메라 및 캠코더의 등장으로 개인이나 집단의 생활 전부를 기록하는 것이 가능해졌고, 구술자료가 중요한 의미를 지닌다. 개인이나 집단의 생활기록에서 편지, 수기, 음성기록, 영상기록, 사진 등이 중심을 이루며 개인의 소유물품도 포함될 수 있다.

한편, 면접 대상자를 인류학에서는 정보제공자라고 하는데, 연장자, 많은 것을 아는 사람, 그 지역의 유지 등을 주 대상으로 하며 보통 이들은 연구대상 지역이나 집단 내에서 다른 사람들보다 훨씬 풍부한 경험과 깊은 지식을 가지고 있기 때문에 이들에 대해 집중적으로 면접을 하고 다른 사람들은 이를 보충하는 방식으로 하는 경우가 많다. 이들과의 면접은 연구주제나 연구대상 지역에 대한 윤곽을 이해하는 데 도움이 된다. 면접을 하는데 있어서 면접을 통해 어떤 정보를 얻고자 하는지 대략적인 이해가 있어야 한다. 따라서 어떤 질문을 할 것인지 어느 정도 미리 정해야 하며, 이야기를 청취하면서 연구자가 몰랐던 것 또는 더 알아야 할 것 등을 느끼게 되면 면접하는 동안에 이것들도 질문에 추가하여야 한다. 즉 새로운 상황이 나타나면 빠르게 대응할 수 있는 연구자의 현장대응능력이 필요하다. 면접은 대체로 미리 정해진 질문에 따라 면접을 하는 것으로 어느 정도 주제에 대해서 알고 있는 상태로 보다 구체적이고 세세한 정보를 얻기 위해 하는 구조화된 면접과 정해진 질문이 없이 머릿속에서 생각하여 질문하는 것으로 어느 정도 그 주제에 대한 이해가 있어야 이야기를 길게 이어가고 무엇이 빠졌는지를 알아 더 이야기해달라고 할 수 있는데 보통 이때 하는 것이 비구조화된 면접이다.

비구조화된 면접의 경우 연구자는 연구 참여자가 하는 말을 집중해서 들어야 하고, 연구대상자에게 질문할 것보다 더 많은 것을 생각해야 하며, 연구 참여자가 어떤 방향으로 대화를 진행해나갈지를 예상하여 다음 질문을 준비해 잘 다음어진 문장으로 표현해야 한다. 연구주제가 현재 진행 중일 경우 연구자는 이에 대해 알고 있는 내용이 많지 않을 수 있으므로 연구 참여자가 자신의 이야기를 말하도록 내버려두는 것이 중요하다. 좋은 질문은 "~을 말씀해 주십시오."가 될 수 있고, 아니면 "~ 당시 겪은 당신의 경험을 말씀해 주세요."와 같이 아주 폭넓은 질문으로 시작하는 것이 좋다. 비구조화된 면접을 할 때 연구자의 주된 역할은 집중해 듣는 것이다. 적극적으로 듣는 자세를 취하고 연구 참여자의 이야기를 주의 깊게 들어야 하며, 고개를 끄덕이거나 경우에 따라서는 "음-", "네-" 등의 단어나 고개 끄덕임으로 구술자에게 용기를 주어야 하지만 전체적으로 어떤 언질을 주어서는 안 된다. 연구자가 연구 참여자의 말을 듣다가 너무나 혼란스러워서 분명하게 할 필요가 있다고 판단되지 않는 한 연구대상자의 말을 방해해서는 안 된다. 비구조화된 면접방법을 사용하는 경우에도 체계화된 질문지나 심리측정, 일대기, 일기, 편지나 사진과 같은 개인적 소장품, 공식적인 기록 등 면접 자료를 보충할 수 있는 여러 방법들을 병행할 수 있다(염미경, 2003: 262-264).

어떤 형식의 면접을 하든 질문내용은 미리 작성해두는 것이 좋다. 그래야 주제와 관련하여 전반적인 내용을 파악하는 데 집중할 수 있고 조사주제 중에서 보다 세분된 영역을 조사과정에서 더 파악하기 위해 집중적으로 질문할 수도 있다. 질문내용은 면접대상자가 대답하기 곤란한 것은 나중에 물어보고 보다 쉽고 구체적으로 대답할 수 있는 것을 먼저 물어본다. 질문지는 대체로 전반적인 내용을 파악하는 데 사용하며, 보다 세분된 영역은 질문지보다는 머릿속에서 무엇을 물어보아야겠다는 생각을 가지고 비공식적으로 이루어지는 경우가 많다. 그리고 심층면접을 어떻게 하면 원활하게 할 수 있는지는 실제 조사를 하면서 터득해야 하며, 최대한 정보제공자를 존중하고 이야기를 들어주고 항시 배운다는 자세를 견지하는 것이 좋다. 그러나 면접에 의해 획득한 내용은 사실과 다를 수 있고 면접대상자의 주관이 개입되어 있을 수 있기 때문에 정보제공자인 면접대상자가 연구자가 원하는 내용만 말하고 있는 것은 아닌지 파악해야 한다.

문헌자료 수집에만 익숙한 연구자라면 질적 자료 수집의 어려움을 겪기 마련이지만 지역에서 특정 개인을 조사할 경우 그 어려움이 몇 배 이상이다. 정치사회적으로 민감한 주제에 대한 자료 수집은 매우 어려운 문제로 인식할 수 있고 혹은 한 두 차례 방문으로 자료가 없구나 하면서 쉽게 포기하는 경우도 있을 수 있다. 연구자의 눈빛과 열정에서 조그만 신뢰의 단서 없이 어느 누가 자료를 내어줄 것인가. 연구 참여자가 연구자에게 자신의 삶을 보여주어도 되겠구나 하는 마음이 생기는 순간 질적 자료 확보는 가능하게 된다. 즉 연구 참여자가 일단 조사자나 연구자에게 마음을 열어야 자료 확보를 위한 준비가 된다.

더욱이 심층면접을 통한 질적 연구에서 면접대상자의 이야기가 연구자가 알고 싶은 주제에 대해서 모든 것을 다 알려주는 것은 아니다. 면접은 단지 어떤 종류의 정보만을 준다. 면접은 형태적인 측면에서 면접대상자의 말에 의한 자료이고, 내용적인 측면에서도 특정한 종류의 정보가 중심을 이룬다. 면접에서 면접대상자가 한 말이 진실인지, 면접대상자의 행위가 정말로 일어났었는지는 다른 면접대상자나 다른 자료들을 통해서 비교 검토해야만 알 수 있다. 그리고 면접대상자는 연구자에 따라 다른 이야기를 할 수 있다. 연구자가 어떻게 면접을 하느냐에 따라 한 면접대상자에게서도 다른 이야기가 나올 수 있다는 것이다. 이때 면접대상자가 왜 다른 이야기가 나오게 되었는지 그 이유를 파악하는 것이 중요하다. 특히 가치나 윤리, 평가, 태도, 의미 등에서는 지역사람들 간에 내용이 일치하지 않고 서로 다른 생각을 가진 경우가 많고 개인도 이랬다가 저랬다가 하는 경우가 많으므로 자세하게 기록하고 종합적인 평가와 분석은 조사를 진행시키면서 점차적으로 하면 된다. 이 때문에 직접 현장에 참여하여 관찰하여 그들의 행동, 대화내용, 사회적 관계망, 권력관계망, 상징물 등을 자세하게 관찰하고 파악하고 있으면 훨씬 수월해진다.

이를 위해 연구대상 지역의 각종 행사에 직접 참여해야 하는 경우도 있다. 이를 통해 연구대상 지역에 대한 기본적인 지식을 확보하는 것과 동시에 연구 참여자들의 사고와 행동을 보다 심층적으로 이해할 수 있게 되기 때문이다.

누구나 준비를 하고 현지에 나가서 자료조사를 나설 수는 있지만 아무나 제대로 된 자료를 얻을 수는 없다. 그만큼 현장에서의 대응능력이 중요하다고 할 수 있다. 실제 조사 진행과정에서 계획대로 이루어지지 않는 경우가 다반사다. 따라서 문제점이 나타날 때마다 유연하게 계획을 수정하면서 자료를 수집해나가야 한다. 이는 연구자의 현장에서의 대응능력에 달려있다고 해도 과언이 아니다.

또한 심층적인 자료 수집은 한 차례의 면접으로 연구주제와 관련된 내용을 수집할 수 있기도 하지만 보통 여러 차례 만나 자료를 수집해야 하는 경우가 많다. 이는 연구주제에 따라 혹은 연구 참여자의 특성이나 연구자의 연구 노하우 등에 따라 달라진다. 즉 연구 참여자를 한번 만나 많은 정보를 얻을 수 있고, 수 차례의 방문조사 혹은 기간을 두고 같은 연구 참여자를 만나 자료를 수집해야 하는 경우도 있다. 이야기를 시작하기 위해서는 어느 정도 만나서 친해져 서로 편안하게 이야기할 수 있는 분위기가 조성되는 것이 좋고, 좀 더 내밀한 생애이야기를 얻기 위해서는 시간도 걸릴 것이다. 처음부터 개인적 경험을 풀어내라고 하면 상대방도 황당하게 느낄 것이다. 그 사람의 이야기를 공감하고 중요하다는 인식을 주어 스스로 계속 이야기를 풀도록 하는 것이 좋다.

이와 관련하여, 연구 참여자가 어떻게 변화를 겪고 경험을 했는지, 어떻게 사회에 주변사람들의 작용에 대응하고 이에 따라 스스로 변화해왔는지를 파악하는 데 도움이 된다. 이는 개인의 인생을 이해하기 위한 것이라기보다는 그 사회에서 개인이 지니는 시간적 흐름을 파악하기 위한 것이다. 이를 위해 생애사 수집은 필수적이다. 주제에 따라 그리고 연구 참여자의 위치나 경험에 따라 어떠한 부분의 생애사를 수집할 것인지 얼마나 자세하게 수집하여야 하는지가 달라질 수 있다. 이를 통해 연구대상 지역과 연구 참여자를 보다 역동적으로 그리고 시계열적으로 이해할 수 있게 된다. 이때 단순한 개인경험이 아니라 사회집단, 가족, 친구, 타인들과의 관계와 영향 속에서 개인이 변화해오는 과정을 파악하도록 해야 한다. 특히, 생애사의 대상자를 선정하기 위해서는 연구자의 주제에서 생애사가 어떻게 도움이 되는가를 파악하여야 하고, 대상문화와 관계 그리고 역사를 어느 정도 알고 있는 것이 좋다. 가능하면 해당 주제와 관련해 대표적인 사람, 조사지역과 그 지역의 문화를 잘 아는 사람, 감정이 안정되어 있는 사람을 선택하는 것이 좋다. 이들을 통해 연구대상 지역과 그 지역의 문화에 대한 보다 심층적인 조망이 가능해지게 된다. 이렇다 하더라도 연구 참여자를 통한 심층적인 자료를 확보하는데 있어서 예측할 수 없는 상황이 발생할 수도 있다. 따라서 질적 자료 수집 준비가 끝나더라도, 그리고 연구주제와 관련된 내용에 대한 자료의 확보가 목표라 하더라도 때를 기다리면서 인내해야 하며 연구 참여자의 삶 자체에 초점을 맞출 필요가 있다. 즉, 연구자는 연구 참여자가 살아온 삶이야기를 듣는 것이 먼저라는 생각이 필요하며 연구대상자의 마음을 열 때까지 기다릴 줄 아는 인내가 필요하다.

5) 자료의 정리와 분석

자료가 수집되면 이를 해석해야 한다. 자료 해석은 정해진 절차는 없다. 연구 목적 및 질문과 관련하여 수집한 자료를 반복해서 읽고 또 읽어야 한다. 질적 연구자는 우선 자신이 연구한 사람들의 입장에서 자료를 해석하는 '지역적 해석자'이다. 연구되고 있는 그 세계에서 실제로 작동하고 있는 단어, 개념, 의미를 사용해서 자료를 해석한다. 내부적이고, 맥락적이며, 상황지어진 지역적 해석이 이루어진다. 하지만 여기에만 머물면 그 속에 살아가는 지역민들의 해석과 다를 바 없다. 연구자는 학문 세계에서 훈련받은 '과학적 해석자'이기도 하다. 지역민들의 실제 경험과는 떨어져 있는 질적 연구자의 이론적 용어들이 활용된다. 이는 외부적이고, 추상적이며, 맥락을 한정되지 않는 해석을 산출한다.

지역적 해석과 과학적 해석의 지난한 해석학적 순환을 통해 비로소 연구 질문에 답할 수 있는 해석된 자료가 창출된다. 해석이 타당한 것인지에 대한 정해진 기준은 없다. 또한 아무리 해석된 자료가 잘 창출된다 해도 이를 글로 쓰지 않으면 아무 소용이 없다. 모든 글은 결국 독자에게서 완성된다. 읽지 않는 글은 소용이 없다. 그런 점에서 질적 연구자는 항상 자신이 겨냥하는 독자에게 어떻게 다가갈 것인가를 염두에 두고 글을 써야 한다. 사람들은 보통 연구가 마무리 단계에 접어 들어야 글쓰기가 시작된다고 생각하기 쉽다. 하지만 이는 명백히 잘못된 생각이다. 글쓰기는 연구의 시작부터 끝까지 관철되는 앎의 한 방식, 발견과 분석의 한 방법이다(Richardson, 1994). 질적 연구자는 쓰면서 발견하고, 쓰면서 배우고, 쓰면서 분석한다. 자신이 연구하는 주제에 대해 잘 알지 못하면 한 문장이라도 완성하기 쉽지 않다. 설사 완성한다 해도 계속 문장을 이어 나가기 어렵다. 이는 글쓰기에 엄청난 고통을 주며, 이 고통을 극복하고 글을 써나가는 과정에서 질적 연구자는 연구하는 주제에 대해서 엄청나게 발견하고, 배우고, 분석한다. 더 나아가 질적 연구자는 글을 쓰는 과정에서 자신들을 되돌아보게 되고 발견하고, 배우고, 분석하기도 한다.

또한 자료를 많이 수집했다고 해서 좋은 연구가 되는 것은 아니다. 자료수집 못지않게 중요한 것이 자료의 정리와 분석이다. 자료의 정리와 분석은 자료를 수집하는 동안에는 초기의 분석 작업이 이루어지고 조사가 끝나고 나서 본격적인 분석 작업에 들어간다. 자료 분석은 자료를 단순히 요약하는데 그치는 것이 아니라 자료를 정리하여 일반화를 도출하는 것이 중요하다. 인류학의 일반적 접근에서는 자료의 정리와 분석을 통해 일반화를 도출하는 것까지 나아가지 않는다. 최근에 와서 인류학에서도 특정 문제 중심의 연구가 수행되고 있기는 하지만, 인류학의 질적 연구, 특히 현지조사의 일차적 목표는 특정 집단의 문화를 최대한 풍부하고 완전하게 기술하는 데 두어져 있기 때문이다. 인류학이 특정 집단의 문화를 전체적인 맥락에서 바라보기 위해 현지조사를 수행하던 데서 오늘날 사회문제 중심으로 이루어지는 것으로 옮겨가고 있다면, 사회학은 특정 사회문제 중심의 연구를 주로 수행해왔고 오늘날에는 그 연구대상이 확대되어온 것에 해당한다. 따라서 수집된 자료를 정리하여 일반화를 도출하는 것이 상당히 중요하다. 이를 위해 사회학 연구자들은 수집된 자료의 내용이 기존의 연구와 일치하는지를 확인한다. 선행연구에 비추어 새로운 문제 제기는 없는지, 다른 연구들과 어떻게 비교될 수 있는지, 기존의 이론에 관해서는 어떤 결론을 끌어낼 수 있는지를 검토한다. 사회학 연구자에게 있어 이 과정은 자신이 수집한 자료를 다른 연구자들이 더 복잡한 분석을 하는 데 이용할 수 있도록 정리하는 작업이기도 하다. 궁극적으로 연구자는 자료 분석의 결과를 바탕으로 연구 참여자가 지닌 특성에 대하여 사람들에게 일관된 견해를 제시해주고자 한다. 사회·문화 현상은 자연 현상에서처럼 명확한 법칙을 발견하는 것이 불가능하지만 다양한 변수 사이의 상관관계를 바탕으로 이론을 제시할 수 있다. 물론 연구자가 조사한 특정 사회에 대한 하나의 사례 분석만 가지고 이론을 도출하기도 쉽지 않다. 따라서 사회학 연구자들은 현지에 나가서 질적 자료를 수집하고 구체적인 사례 분석을 통해 이론의 기초를 다지고, 다른 연구자들이 행한 다수의 사례와 비교·분석하여 다른 연구자들에게 보다 정교한 이론을 발전시킬 수 있는 기초를 제공한다. 사회학 분야 연구자들은 다양한 사례들에 대해 활발하게 질적으로 접근한 연구결과물이 많이 축적되고, 다수의 상이한 사례를 비교 연구함으로써 높은 수준의 이론을 제시할 수 있다고 보기 때문은 아닐까 한다. 이것이 사회학에서 특정 문제 중심으로 이루어지는 질적 연구가 가진 강점이다.

6) 연구의 마무리

연구는 한번 하고나면 그만인 일회성이 아니다. 조사과정에서 만나서 대화하거나 면접한 개인이나 집단 혹은 기관 관계자 그리고 조사과정에서 만난 수많은 사람들은 그 자체로 연구자의 자원이 되는 동시에, 연구자가 또 다른 후속 연구를 수행할 경우 계속해서 도움을 받아야 할 사람들이며 연구자가 아닌 후세대 연구자가 유사주제 혹은 다른 연구주제로 다시 찾아갈 수 있기 때문이다. 따라서 연구 과정은 물론 연구가 끝난 후에도 결과물이 있을 경우 결과물을 연구과정에서 도움을 받은 이들에게 가져다주는 등 고마움을 표시하거나 답례를 하는 것이 필요하다. 본 연구자의 경험으로 볼 때 추후 다시 가서 조사할 수 있기도 하지만 이것은 연구가 연구자와 조사대상자 간의 신뢰관계를 기반으로 하기 때문이며 본 연구자 이외에 다른 연구자들이 그 지역에 조사하러 갔을 때 어려움을 덜 겪게 하기 위한 질적 연구자로서의 기본자세인 셈이다. 다수가 조사결과로 산출되는 기록물이나 보고서 혹은 학술논문 등의 결과물에 그다지 관심이 없는 평범하게 살아온 사람들일지라도 말이다.

본 연구자가 몸담고 있는 학과 학생들이 중심이 되어 매년 지역사회 조사를 하고 그 결과물을 학회지로 만들어내고 있는데, 본 연구자가 연구한 지역사회가 학생들의 연구대상이 된 적이 있었는데 이때 학생들의 연구과정에서 선행 연구가 있다는 것 이외에 지역사회 관계자들을 만나 관련 자료를 수집하는 데 도움을 받았다. 이것이 지역사회 연구라는 점을 유념할 필요가 있다.

4 연구 과정을 회고하며

본 연구자가 연구를 본업으로 하게 되기까지 지도교수 정근식 선생의 영향이 크다는 것은 분명하다. 학부 과정에서 수강했던 선생의 강의는 -어려운 내용을 기억에 남게 하한다는 점에서 돋보였던 것으로 기억된다. 토마스 쿤(Thomas Kuhn)의 『과학혁명의 구조』를 그렇게 쉽게 설명했다는 것을 한참 뒤에야 알 수 있었다. 선생은는 강의나 연구 및 학생과의 대화에서 열정을 갖고 있었다.

본 연구자가 선생을 가까이 접할 수 있었던 것은 1993년 사회학과 1기 박사과정 학생이 되기 직전 해, 선생이 공동연구자였던 과제에 연구보조원으로 참여하면서였다. 박사과정이 개설되면서 본 연구자는 1기 입학생이 되었고, 선생은 나의 지도교수가 되었다. -경쟁이 치열했지만 선생이 공동연구원으로 참여하는 연구과제(「전남인의 가치관과 의식구조에 관한 연구」, 1992)에 연구보조원이었고 그 결과를 『지역사회와 사회의식: 광주전남 지역 연구』(문학과지성사, 1994)로 출간하는 작업을 하고 있었기에 자연스럽게 지도교수가 될 수 있었다.

되돌아보면, 본 연구자는 은연중에 선생을 롤 모델로 생각했었던 것 같다. 톡톡 튀는 아이디어와 아젠다 제시 그리고 연구 방향을 제시하는 능력은 누구보다 뛰어났다. 박사과정에서 선생이 연구책임자였던 『지역발전과 기업전략』과 『지방자치와 지역발전』 등 굵직한 연구과제의 연구보조원 역할을 하면서, 연구주제 기획부터 조사과정 그리고 도서 발간까지의 전 과정을 경험할 수 있었다. 연구보조원 경력은 박사과정 수료 후에도 계속되다가 교육부의 지원을 받게 되어 일본 기타큐슈(北九州)에서 현지조사 겸 연구원으로 가게 되면서 마감된다. 선생의 지도로 박사학위논문을 작성하였고 전남대학교 사회학과 1호 박사이자 선생의 1호 박사 제자가 되었다. 학위 취득 이후 선생과 선생이 소장으로 재임하던 사회과학연구소가 해외한인연구 특화 과제 중 '사할린한인' 연구에 공동연구자로 참여하면서 공동 연구를 하게 된다. 사할린 한인 연구팀과 함께 일본 홋카이도(北海道)와 사할린에서 현지조사를 수행했고, 공저자로서 사할린한인 연구 논문에 참여했으나 2000년 미국 피츠버그대학의 박사후연수학자로 떠나게 되면서 그 결과를 학술도서로 출판하지는 못했다. 다시 선생을 만나게 된 것은 선생이 소장으로 있던 연구소에 전임연구원(연구교수)를 지원하면서이다. 그 연구소는 한국연구재단의 중점연구소 지원과제에 선정되었고, 나는 선생이 책임연구자로 있던 마을공동체 연구팀이 아닌 한국전쟁 구술사 연구팀의 전임연구원(연구교수)을 지원했으며, 그 선택은 이후 나의 연구에서 또 다른 한축을 만들어주었다.

　　내게 있어 정근식 선생은 롤 모델이었으나, 그 목표로 가는 길은 의도적으로 다른 길을 가려고 했으며 그러한 노력이 지금의 나의 모습을 만들었을 것이다. 나는 국내외 지역사회 연구자로서 길을 걸어오고 있다. 선생처럼 되고 싶었으나 선생의 우산 아래 있지 않으면서, 그와 같은 연구자가 되려고 했던 것 같다. 물론 그것은 불가능하였다. 나는 2003년 1학기에 현 소속 대학의 교수로 임용되었고 그는 같은 해 2학기부터 그의 모교로 가게 되었다. 내가 쫓아가면 그는 저만치 더 가 있곤 했던 것이다.

　　언제부터인가 그처럼 되고 싶다는 열망이 있었기에 연구자로서 지금의 내가 만들어진 것은 아닌가 하는 생각을 했다. 그처럼 되고 싶었지만 나만의 전공 분야를 만들어내고 싶은 열망이 있었기에 국내 지역사회 연구자가 될 수 있었던 같다. 내가 지역사회 연구자라는 것을 말할 수 있게 된 것도 선생을 옆에서 볼 수 있었고 선생을 지도교수로 두었기 때문은 아닌가 하는 생각이 든다. 결국 선생은 내가 연구자가 되게 된 시작이었고, 내가 연구자로서 길을 걸어오는 데 있어 동력을 제공했던 것이다. 그리고 누군가의 영향을 받는다는 것은 꼭 곁에 있어야만 하는 것은 아니라는 것도 알게 되었다. 이 점은 나의 학생 지도의 철칙이 되었다.

참고문헌

윤택림. 2004. 『문화와 역사 연구를 위한 질적연구방법론』. 아르케.

염미경. 2003. "구술자료의 수집 및 정리;" 『현장조사와 정리를 위한 근현대 지방사료 창 열기』. 국사편찬위원회. pp. 240-278.

염미경. 2018. 『구술사로 이해하는 제주사회_방법과 실제』. 제주학연구센터.

주혁. 2012. "근현대 지역자료(문헌과 구술자료)를 보는 시각과 현장조사 방법론." 『구술사연구』 3(1): 47-70.

Earl R. Babbie. 2002. 『사회조사방법론』. 고성호·김광기·김상욱·민수홍·유홍준·이성용·이정환·장준오·정기선·정태인 역. 도서출판 그린.

2-2

어촌연구의 현실과 연구방법론 모색

김준(광주전남연구원 지역공동체연구실 책임연구위원)

1 어촌 정체성

어업소득이 올라가면 어촌이 활성화될까. 인구소멸 위기에 놓인 어촌에 젊은 사람이 모여들고 아이들 목소리가 들리고, 닫힌 학교는 열릴까. 요즘 어촌이나 섬마을 답사를 하면서 고민하는 부분이다. 국가는 1960년대부터 어업소득 향상을 주요정책으로 추진해 왔다. 결과는 어촌인구 1/10 감소다. 어업소득은 절대적으로나 상대적으로 향상되었다. 어디서부터 잘못된 것일까. 여러 진단이 있겠지만 필자는 어촌의 가치에 대한 방향설정의 오류에서 비롯되었다고 본다.

어촌은 주민들이 생활하는 마을과 생업활동을 하는 바다(갯벌)로 이루어진 커뮤니티이다. 이 둘의 관계는 자원과 인간의 관계이지만 자원은 물리적 자원이 아니라 사회적 속성의 영향을 받는다. 따라서 100개의 어촌은 100개의 바다자원 운영방식을 갖는 셈이다. 또 자원은 인간관계나 사회(마을)에 영향을 주기도 한다. 바다의 조류, 수온, 수심, 퇴적환경, 위치 등은 생업방식은 물론 사회관계와 마을운영에도 영향을 미친다. 어촌연구가 두 요소 간에 관계에 주목해야 하는 이유이다.

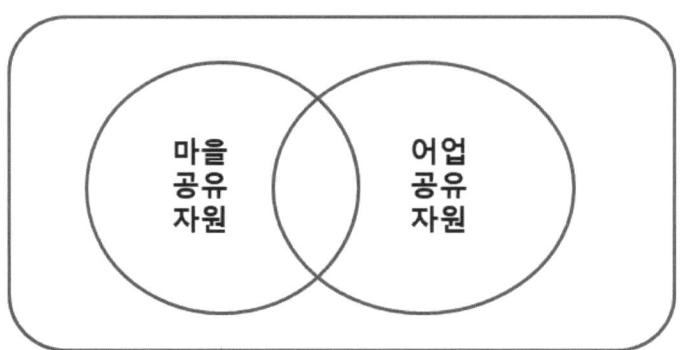

그림 1 어촌공동체의 구조

어촌은 마을공유자원과 어업공유자원이 결합된 공간이다. 생활과 생업이 어촌커뮤니티 안에서 상호작용한다. 마을공유자원으로 숲(목장 포함), 농지, 건물(마을펜션, 마을부엌, 판매장, 가공시설), 마을기업(협동조합 포함) 등이 있고, 어업공유자원으로는 포구(물양장 포함), 마을어장, 어장관리선, 체험장 등이 포함된다. 이러한 유형의 자원만 아니라 어업기술, 전통지식, 마을공동체 규약, 마을의례(당산제, 풍어제, 갯제 등) 등 무형의 자원도 공유자원의 범주에 포함되어야 한다. 이는 어촌공동체가 활성화하려면 이러한 공유자원이 지속가능해야 한다는 의미이다. 공유자원이 없는 공동체는 의미가 없다. 어촌의 지속은 공유자원의 지속성을 전제해야 한다.

1960년대 어촌연구는 고리채와 빚 그리고 계몽 등이 연구내용이었다. 이 시기 어민의 삶(문화)은 미신과 계몽의 영역이었다. 1970년대는 그 연장선에서 어민들을 깨우쳐 근대화의 일꾼으로 만들고, 소득증대라는 이름으로 주민동원이 당연시되는 시기였다. 이를 주도했던 것이 새마을운동이었다. 본격적인 어촌연구는 박광순(1971), 한상복(1976), 최재률(1976)의 연구가 출발점이다. 최재율은 이 연구에서 어촌의 취락구조, 정체성, 인간관계, 어촌공동체 잔존양상 등을 연구했다. 어촌계와 관련해서는 박광순(1971)과 장수호(1978)의 연구가 있다. 이후 사회학과 인류학만 아니라 민속학 영역에서 어촌사회의 결혼, 계층, 신앙 등 연구가 이어졌다. 지리학에서는 김일기(1985)와 장보웅(1988)의 연구가 주목할 만하다. 1990년대에는 시장개방에 대응한 어촌과 관광에 대한 정책 요구에 부응한 연구들이 많아졌다. 2000년대 이후에는 어촌뉴딜, 주민갈등, 어촌재생, 귀어귀촌, 일반농산어촌개발, 6

차산업, 어촌관광 등 어촌정책과 관련된 연구가 대세를 이루지만 어민생활사 관련 연구도 눈에 띈다. 한때 어업공동체를 시장경제를 전환하기 전 단계인 봉건적 유제로 접근하기도 했다. 오히려 시장경제의 대안으로 주목을 하고 있는 사회적 경제의 단초로 적극적인 해석이 필요하다. 실제로 공동어장이라는 공유자원을 마을기업이나 협동조합으로 운영하기 시작했고 이를 주목하는 연구들도 이루어지고 있다.

2 어촌현실 읽기

어촌사회의 변화는 시장과 정책요인에서 인구와 기후라는 변수가 크게 작용하는 형태로 바뀌고 있다. 그 결과 오랫동안 지속되었던 어촌의 공동체적 질서는 일차적으로는 국가정책과 시장질서에 의해서 변화하고, 인구소멸과 기후위기로 전환점을 맞고 있다. 특히 인구소멸은 지방소멸의 지표로, 지방소멸은 많은 농산어촌을 포함하고 있다.[1] 또 기후위기로 인한 수온변화의 영향으로 어종의 변화와 서식지 이동으로 수산업에 영향을 주고 있으며, 해수면 상승으로 공동어장 운영에도 영향을 미치고 있다. 이에 대응해 국가는 귀어귀촌, 어촌뉴딜, 신어촌증진활력사업 등의 정책이 추진 중이다. 이러한 내외적인 변수는 어촌은 역사, 인구, 경제 등 인문·사회적 조건과 어장, 기술, 양식 등 어업환경에 따라 다르게 적응과 변화 과정을 겪고 있다. 어촌은 마을이든 어장이든 어려움에 직면하면서 정체성을 위협받고 있지만 도시민의 어촌관광과 해양관광 수요는 계속 증가하고 있다.

---

[1] 우리나라의 지방소멸은 '마스다(增田) 리포트(2014)'의 「저출산 극복을 위한 지방활성화 전략」에 기반하고 있다. 지방소멸 근거로 제시한 고령인구(65세 이상)대비 젊은 여성(202-39)의 비율이라는 '인구재생력'보다 인구유출이라는 사회적 요인이 우리나라의 인구변화에 큰 영향을 주었다. 이에 맞는 처방이 필요하다는 의견도 있다(허문구 외, 2022).

1) 어가인구 감소와 고령화

우리나라 어가는 2019년 기준 4만 3천여 가구이며, 어가인구는 9만7천여 명이다. 2010년 중반 이후 10만 명 선이 무너졌다. 지역별로 보면, 전남의 어가와 어가인구는 1만5천가구에 3만5천여명으로 차지하는 비중이 가장 크다. 이어 경남과 충남 순이며, 세 지역이 우리나라 전체 어가의 69.2%, 어가인구의 66.9%에 이른다.

더 심각한 것은 어촌의 연령별 인구구조이다. 〈그림4〉는 인천 등 수도권과 접근성이 좋은 옹진군의 인구피라미드이다. 2010년도와 2020년을 비교하면 고령화를 확인할 수 있다. 다행이라면 20대 남자층이 위 연령대보다 비중이 높다는 점이지만, 남녀의 구성비를 20대 같은 연령대에서 여성의 비중은 더 많은 연령대보다 낮다. 지원정책이나 다른 유인책으로 유입된 청년층으로 해석할 수 있지만 안정적이지 않다는 의미이기도 하다.

〈그림 5〉은 신안군의 인구피라미드이다. 신안군의 사례는 어촌과 섬의 고령화를 잘 보여준다. 그리고 20대와 30대 여성이 상대적으로 감소폭이 크고, 양질의 노동력을 갖춘 30 - 60대는 남자의 비중이 높고 70대 이상은 여자의 비율이 높다. 이런 추세라면 향후 10년 후면 경제활동을 책임져야 할 연령대는 지금의 절반으로

표 1 어가와 어가인구의 변화

	1990	1995	2000	2005	2010	2015	2020
어가	121,525	104,480	81,571	79,942	65775	60,325	43,149
어가인구	496,089	347,210	251,349	221,132	171,191	128,352	97,062

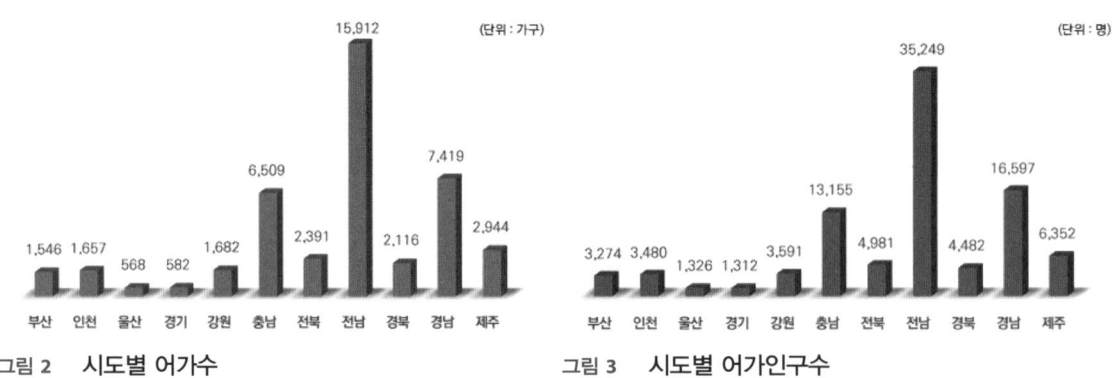

그림 2 시도별 어가수   그림 3 시도별 어가인구수

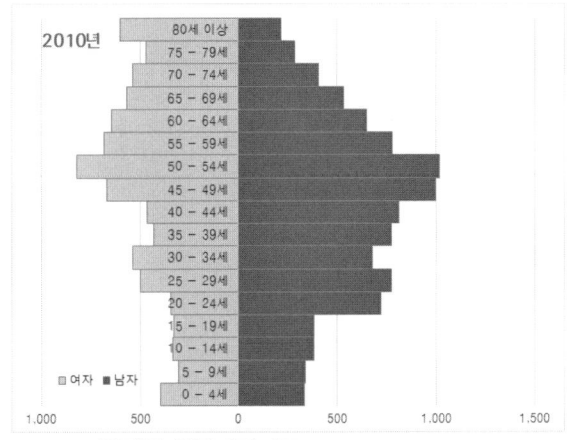
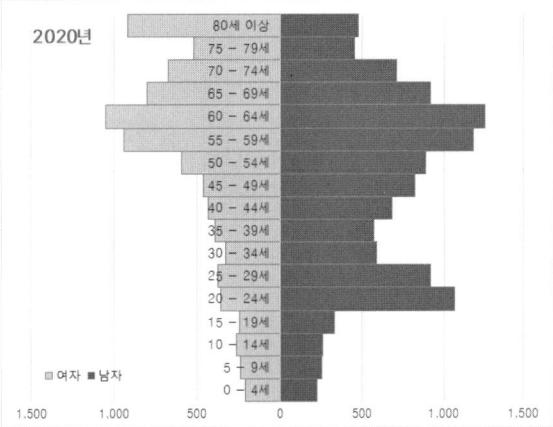

그림 4   옹진군 인구피라미드

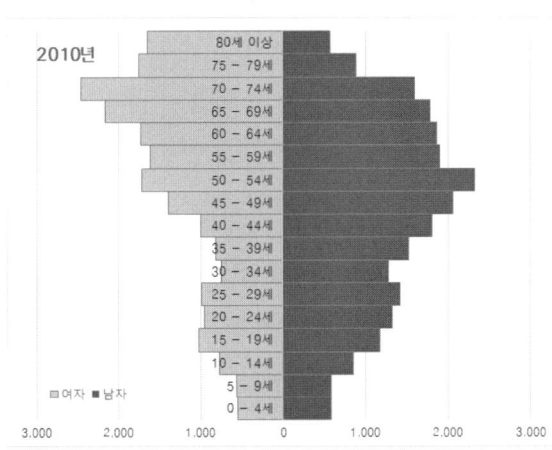
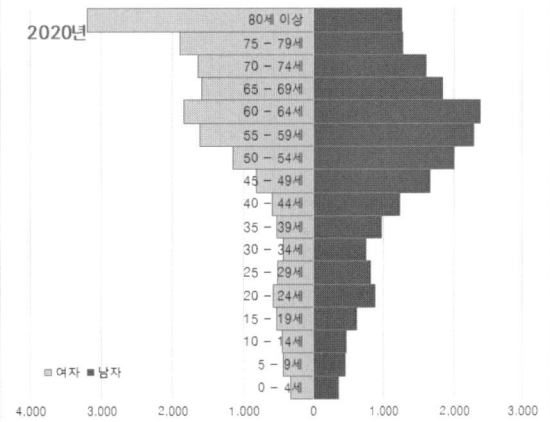

그림 5   신안군 인구피라미드

줄어들 전망이다. 어촌활성화를 수산업 중심에서 어촌마을의 커뮤니티 회복으로 전환하고 이에 맞는 귀촌이나 지원정책이 수반되어야 하는 이유이다.

2) 마을어업과 어촌연구

〈그림 1〉에서 본 것처럼 어촌사회의 구조를 이해하기 위해서 공동어장에서 이루어지는 마을어업에 대한 이해가 전제되어야 한다. 수산업법은 어업을 면허어업, 허가어업, 신고어업으로 구분한다. 마을어업은 이중 면허어업에 속한다. 마을어업

은 수산업법 제9조에 '일정한 지역에 거주하는 어업인이 공동이익을 증진하기 위하여 어촌계나 지구별수산업협동조합에만 면허한다'라고 규정하고 있다. 여기에서 언급한 어촌계는 마을어업 면허와 운영의 주체다. 법적으로는 공동어장은 어촌계에 가입한 구성원들이 운영 주체이다. 다만 마을어업권이 설정되기 전부터 해당 수면에서 어업활동을 해온 것이 대다수 사람에게 인정되면 어촌계원이 아니더라도 입어할 수 있다. '수산업협동조합법' 제15조에 '지구별수협의 조합원은 행정구역 경제권 등을 중심으로 어촌계를 조직할 수 있다'고 규정하고 있다. 어촌계는 '수산업협동조합법 시행령' 제4조에 조합원 10인 이상이, '섬발전촉진법' 제2조에는 조합 5인 이상이 발기인이 되어 설립준비위원회를 구성하도록 했다. 어촌계 정관에는 어촌계원의 자격 및 권리·의무, 가입·탈퇴, 적립금, 잉여금 처분 등 운영 관련 사항이 포함되어야 한다. 최근 귀어귀촌 정책의 걸림돌(진입장벽)로 평가받고 있는 가입금이나 거주기간 등도 어촌계 가입자격에서 규정하고 있다. 이 가입조건은 공동어장의 가치와 운영방식에 따라 마을마다 상이하다. 이 규정에 의해 마련한 재원은 마을운영경상비, 마을임원 활동비, 그리고 다양한 공모사업에서 요구하는 '자부담'으로도 사용한다. 이러한 특징 때문에 어촌공동체에서 마을어업이 차지하는 지위는 매우 크다. 따라서 어촌연구에서 반드시 마을회의록이나 어촌계회의록에서 공동어장의 운영 부분을 면밀하게 검토해야 한다.

〈표〉에서처럼 마을어업은 건수와 면적 모두 전라남도가 차지하는 비중이 매

표 2   어촌계 현황(1995 – 2020년)

구분	1995	2000	2005	2010	2015	2020
경기(인천)	87	92	106	107	110	112
충청	69	73	138	153	163	171
전북	56	60	64	64	64	65
전남	809	844	836	732	848	856
경남	326	393	435	448	464	473
부산	41	41	41	41	41	41
소계	1,388	1,503	1,620	1,545	1,690	1,718
전국	1,685	1,809	1,952	1,874	2,018	2,045

자료: 수협중앙회, 어촌계 분류평정 및 현황

표 3 마을어업 면허 건수 및 면적(2005~2020년) (단위: 건, ha)

구분	2005		2010		2015		2020	
	건수	면적	건수	면적	건수	면적	건수	면적
부산	27	1,762	31	1,695	36	1,413	36	1,403
인천	129	1,809	131	1,808	134	1,595	148	1,663
울산	22	924	21	896	15	535	20	839
경기	80	4,111	109	4,451	17	429	18	464
강원	83	10,858	84	8,777	80	7,552	77	5,926
충남	220	5,634	301	5,803	270	4,910	338	6,018
전북	55	1,462	110	2,144	74	1,688	69	812
전남	1234	50,116	1,366	55,519	1,465	60,890	1,533	71,967
경북	152	6,093	154	6,095	183	6,211	134	5,313
경남	597	19,460	624	16,595	641	17,538	665	17,139
제주	127	14,451	127	14,431	127	14,314	132	14,259
합계	2,726	116,680	3,058	118,214	3,042	117,075	3,170	125,803

자료: 해양수산부 통계시스템, 품종별 양식어업권 면허

우 크다. 이어 건수는 경남, 충남, 제주 순이며, 면적은 충남, 제주, 경남 순이다. 마을어업은 '수산업법 시행령' 제9조에는 '1년중 해수면이 가장 낮을 때 평균 수심 5미터 이내(강원도, 경상북도 및 제주특별자치도는 7미터 이내)'에서 이루어진다. 서해와 남해는 갯벌지역이, 서해 먼 바다의 섬과 동해는 미역채취가 이루어지는 갯바위 지역에서 마을어업이 이루어진다. 따라서 연안개발이나 매립과 간척은 마을어업에 큰 영향을 미친다. 〈표〉에서처럼 시화호, 화성호, 새만금 등 대규모 간척사업이 진행된 지역은 마을어업 건수와 면적의 변화가 심하며, 갯벌이 발달한 전라남도와 인천, 경남 지역은 마을어업이 발달했다.

　　마을어업을 위한 양호한 공동어장은 갯벌지역이다. 공유수면이면서 수심도 깊지 않고 바지락이나 굴 등 패류를 양식하기 좋은 공간이다. 갯벌어장이 발달한 공유어장은 다른 어촌에 비해 공동체성이 강하고 부녀회를 중심으로 여성어업인의 활동이 활발하다. 간척과 매립으로 갯벌이 감소하거나 연안개발이나 오염으로 마을어업이 소멸된 경우 어촌의 정체성이 약화된 사례가 많다. 이쯤에서 마을어업과 수산업을 살펴야 할 것 같다. 산업으로서 수산업과 어촌의 정체성으로서 마을

어업은 지향성이 다르다. 수산업은 어획량이나 생산량의 극대화가 목적이지만 마을어업은 어촌정체성의 지속이 목표가 되어야 한다. 그럼에도 불구하고 국가가 어민들로부터 생존권이나 다름없는 바다를 빼앗기도 하고, 어민의 지위를 바꾸기도 했다. 어촌생활은 도시는 물론 농촌과도 전혀 다른 시간과 공간 개념이다. 도시화 과정에서 어장을 잃는 경우도 있지만 산업화 과정에서 빼앗기기도 했다. 이러한 간척과 매립이라는 사건을 통해 어촌주민 개인사는 물론 마을과 지역이라는 공간에도 영향을 크게 미친다. 국가는 보상금을 전제로 어민의 전업을 강요한다. 새만금의 경우, 인천 송도의 경우 그랬다. 새만금에서는 청사진을 통해 새로운 일자리를 제안하기도 했고, 송도에서는 어민전업대책용지(조개딱지)를 제공하기도 했다. 이들 주민들이 선택한 것은 다시 바다였다. 일자리는 찾을 수 없었고, 받은 부동산은 생계를 위해 팔아야 했다. 그리고 다시 바다를 기웃거리며 한정어업면허를 받아서 어업에 종사하기도 한다.[2] 어민들은 마을어장은 잃었지만 '일상생활'에서 정

표 4 갯벌어업 어업권 현황(2020년)   (단위: ha, %, 건)

구분	갯벌 면적		갯벌관련 패류양식어업		패류양식어업		마을어업	
	면적	비율	건수	면적	건수	면적	건수	면적
부산	728.3	29.3	0	0	1	6	36	1,403
인천	167.7	6.8	59	473	117	1,072	148	1,663
경기	338.9	13.7	1	20	4	55	18	464
충남	110.5	4.4	229	2,708	492	4,403	338	6,018
전북	1,053.7	42.5	226	1,993	292	2,956	69	812
전남	62.8	2.5	1,405	16,242	2,965	28,616	1,533	71,967
경남	20.1	0.8	269	1,677	1,720	9,673	665	17,139
소계	2,482.0	100.0	2,189	23,113	5,591	46,781	2,807	99,466

주 1: 갯벌 관련 패류는 바지락, 굴(바닥식), 꼬막, 새꼬막, 가무락, 백합, 개량조개, 동죽을 선정
주 2: 갯벌면적은 2018년 기준
자료: 해양수산부 통계시스템, 연안습지면적 현황, 해양수산부 통계시스템, 천해양식(지역별) 어업권 현황, 해양수산부 통계시스템, 품종별 양식어업권 면허

---

2 한정어업면허는 어업제한 구역이나 어업면허가 취소된 수면에서 개발이나 재해 등으로 인한 보상을 배제하는 조건으로 일정기간의 어업활동을 행정기관의 장이 면허한 어업이다(수산업법 제15

체성을 유지하는 선택을 하는 것이다(노상호, 2015: 418; 김준, 2007: 286 - 288).

새만금 외해 김 양식을 하던 신시도, 무녀도 등 고군산군도 어민들도 마찬가지이다. 영산강개발사업으로 갯벌을 잃은 영암, 목포의 낙지잡이 어민들이 신안갯벌을 기웃거리며 낙지를 잡는 것도 같은 맥락에서 해석할 수 있다.

3) 공유수면과 연안습지

공유어장은 공유수면이라는 용어에서 시작된 개념이다. 이 '공유(公有)'에는 '국가나 공공의 소유'이라는 의미를 내포하고 있다. 이를 상징하는 법이 '공유수면 관리 및 매립에 관한 법률(이하 공유수면법)'이다. 이 법은 '공유수면을 지속적으로 이용할 수 있도록 보전·관리하고, 환경적인 매립을 통하여 매립지를 효율적으로 이용'해 공공이익과 국민생활 향상에 이바지 한다는 목적을 가지고 있다(공유수면법 제 1조). 최근 신재생에너지 관련 해상풍력이나, 서해에서 이루어진 바다모래채취 등도 모두 이 법의 적용을 받는다. 모두 어민들 사이에, 어민과 해당업체, 어민과 지자체 사이에 갈등을 빚었거나 진행 중인 것들이다. 공동어장의 인허가를 둘러싸고도 공유수면 논쟁이 종종 발생한다. 또 마을과 마을 사이에 경계(흔히 지선어장이라 부름) 설정을 두고도 공유수면 논쟁이 발생한다. 최근 서해나 제주에서 밤에 불을 켜고 낙지, 고둥, 게 등을 잡는 홰루질을 둘러싸고 어민들과 홰루질을 하는 사람(단체) 사이에 문제가 발생하기도 했다. 이 공유수면이라는 개념 이면에는 '누구의 것도 아니다'기에 '누구나 이용할 수 있다'는 생각이 자리해 있다. 갯벌을 비롯한 연안은 개발의 대상으로 접근하는 인간중심의 사고가 전제되어 있다.

이와 비교해 '연안습지'라는 개념이 있다. 새만금간척사업 논란 이후 만들어진 법이다. 이 법에는 습지를 '연안습지'와 '내륙습지'로 구분한다. 어촌과 직접 관련이 있는 연안습지는 '만조 때 수위선과 지면의 경계선으로부터 간조 때 수위선과 지면의 경계선까지 지역'이다. 마을어업이 이루어지는 공동어장은 물론 갯벌이라 말하는 부분은 모두 연안습지에 해당한다. 이 법은 '효율적인 보전·관리에 필

조).

요한 사항을 정하여 습지와 습지의 생물다양성을 보전하고, 습지에 관한 국제협약의 취지를 반영'해서 국제협력에 증진하는 것을 목적으로 하고 있다. 이 법에 의해 국내에는 '해양보호구역'을, 국제적으로는 '람사르습지'를 지정하고 있다. 세계자연유산 '한국의 갯벌'도 습지보전법에 근거해 추진할 수 있었다. 이렇게 지정된 습지보호지역 중 순천갯벌, 보성벌교갯벌, 신안갯벌, 서천갯벌, 고창갯벌 등이 '한국의 갯벌'이라는 이름으로 세계유산에 등재되었다. 이곳도 대부분 어민들 이용하는 마을어업 구역이다. 이렇게 연안습지가 보전 지향이라면 공유수면은 개발지향성을 갖는다.

3 학제간 공동연구

현지조사는 어촌연구의 출발점이자 이론 정립을 위한 방법이다. 독특한 자연환경과 문화를 갖는 대상의 존재양상을 체계적으로 조사하는 방법론이다. 또 참여관찰은 사회학의 질적연구방법의 핵심이다. 현지조사에서 현지인들과 '거리두기'를 통해 객관적인 조사가 필요하지만, 그들의 삶에 대한 이해가 전제되지 않으면 불가능하기에 '참여'와 '거리두기'는 참여관찰의 핵심이다. 또 어촌의 구조를 파악하기 위해 통계와 설문조사를 이용하기도 한다.

어촌연구의 핵심은 공동체 연구였다. 마을어장(바다)과 땅 혹은 숲 등 제한된 자원을 공유자원으로 갖는다는 특징 때문이다. 마을연구는 학제적 통합연구가 필요하다. 특히 바다·섬·연안을 자원으로 갖는 어촌은 특정 분야에 의존해 설명할 수 없는 복합적이고 중층적 요소들을 내포하고 있다. 각 분야를 체계적으로 엮어내는 학제간 연구(interdisciplinary studies)가 필요한 이유다. 학제간 연구는 "기존 학문 제 영역 간의 유기적 결합에 의해서 연구 대상 지역에 대한 종합적 인식을 모색하고자 하는 시도"이다. 어촌과 섬의 총체성을 밝히는 것은 '여러 분과학문이 공통의 문제의식을 가지고 통합(integration)을 이룰 때' 비로소 가능하다. 따라서 어촌과 섬 연구는 역사·민속·사회·생태·인류·고고·문학 등 제 분야의 통섭이라 할 수 있다. 이러한 접근방법으로 주목을 받았던 곳이 목포대 도서문화연구소(지금은 도서문화연구원)이며, 이후 국립해양문화재연구소나 황해섬네트워크 등에서 발행한 보고서 등 주목할 만한 어촌연구들이 소개되고 있다.[3] 다음은 위 기관에서 진행한 연구 중 정근식 선생과 함께 했던 어촌연구들이다.[4]

- 1996, 시장과 국가, 그리고 어촌공동체, 도서문화 14집
- 1993, 도서지역의 경제적 변동과 마을체계, 도서문화 11집
- 1995, 어촌마을의 집단적 지향과 공동체 운영의 변화, 도서문화 13집
- 1997, 김 양식과 어촌공동체, 도서문화 15집
- 1999, 어촌공동체 변화에 대한 연구, 현대사회과학연구소, 전남대 사회과학연구소
- 2000, 어장공동이용의 변화와 어민의 합리성, 도서문화 19집
- 2001, 해조류양식과 마을운영체제의 변화, 도서문화 17집

---

[3] 도서문화연구원는 1983년 목포대학교에 설립된 연구소로 '도서문화'라는 학술지를 발행하고 있다. 『도서문화』 연구의 조사보고서는 『암태도』(1983), 『조도』(1984), 『장산도 하의도』(1985), 『안좌도』(1986), 『지도』(1987), 『흑산도』(1988), 『보길도』(1991), 『청산도』(1991), 『평일도』(1992), 『소안도』(1993), 『약산도』(1994), 『고금도』(1995), 『신지도』(1996), 『노화도』(1997), 『완도』(1998), 『금당도』(2001), 『압해도』(2000), 『비금도』(2002), 『자은도』(2003), 『생일도』(2003), 『임자도』(2004), 『증도』(2006) 등이 있다. 이후에는 '도서문화'를 전문학술지로 전환하면서 현지조사에 기반한 민속지는 중단되었다. 또 국립해양문화재연구소는 매년 선정된 섬을 대상으로 섬주민의 삶과 문화와 역사 등 다양한 분야를 조사한 민속지 '해양문화유산조사보고서'를 발행하고 있다. 특히 갯벌이나 갯바위에서 이루어지는 전통어업이나 어장운영과 마을운영 관련 조사내용은 어촌연구에서 주목할 만하다. 이 기관의 조사보고서는 『원산도』(2020), 『위도』(2019), 『가거도』(2018), 『박월도 박지도』(2017), 『재원도』(2016), 『다물도』(2015), 『여서도』(2014), 『상·하노대도 두미도』(2014), 『병풍도』(2013), 『옥도』(2012), 『수치도 사치도』(2011), 『안마도』(2010), 『우이도』(2009), 『만재도』(2008) 등 매년 해양문화유산조사보고서로 발행하고 있다. 한편 인천과 옹진군을 중심으로 섬과 연안의 생태적 가치를 널리 알리고 환경을 보전하기 위해 2012년 발족된 '인천섬연구모임'은 이후 황해섬네트워크로 전환하면서 '인천섬연구총서'로 『대청도』(2021), 『장봉도』(2017), 『덕적도』(2016), 『교동도』(2015) 등을 발행하고 있다.

[4] 이 논문을 묶어 단행본 『해조류양식 어촌의 구조와 변동』(2004, 경인문화사)을 출간했다.

정근식 선생과 공동연구는 필자의 어촌연구는 물론 이후 연구자의 길을 가는데 소중한 시간이 되었다.

이 연구가 가능했던 것도 1980년대 초반 이후 지금까지 섬문화연구를 지속하고 있는 목포대학교 도서문화연구원이 있었기 때문에 가능했다. 아쉬운 점은 도서문화연구원의 강점이었던 학제간연구가 중점연구소와 HK이후 강화된 것이 아니라 퇴보했다는 점이다. 도서문화연구원만 해도 결과물은 더 많아졌지만 중점연구 이전에 쌓아온 어촌과 섬의 기초연구는 지속되지 못했다. 한편으로는 등재학술지를 만들고 유지하기 위한 요건에 기초연구를 내용으로 하는 정기간행물은 인정되지 않았기 때문이다. 또 다른 한편으로는 내부적으로 정체성 유지에 실패한 측면도 있다.

다른 연구분야도 그렇지만 인간사회 연구에서 객관화와 일반화를 찾으려는 과정에서 마주하는 것이 비교연구법이다. 비교연구는 '문화상대주의'에 기반하고 있다. 어촌은 독특한 역사와 문화, 언어, 사회체계 등을 가지고 있다. 바닷물의 흐름, 수온, 양식 등에 따라 주민들의 생활과 교류의 범위가 다르다. 우리나라처럼 동해, 서해, 남해, 제주의 해양환경과 지역사가 다른 상황에서 어촌과 해양문화를 정립하는데 비교연구법은 매우 적절한 수단이다.

그 동안 비교연구의 대상은 농촌과 도시였다. 어촌은 농촌이라고 보았기 때문이다. 하지만 어촌은 농촌의 일부가 아니다. 어촌은 농촌과 다른 사회구조와 삶의 양식을 가지고 있다는 것을 이해해야 한다. 그 동안 어촌과 섬의 연구에서 이 부분을 간과해 왔다. 농촌과 도시의 비교보다는 오히려 어촌과 도시 혹은 섬과 대륙의 연구가 필요한 시점이다.

어촌이나 섬은 농촌과 도시와 비교할 때 공식기록이나 사적기록이 부족하다. 현지조사를 통해 구술생애사(life history)를 채록하고 이와 관련된 생활사적 물증자료를 수집하는 것이 필요하다. 어촌과 섬의 질적 연구를 수행하는 데 매우 중요한 접근방법이다. 구술생애사는 역사 없는 사람들의 역사를 재구성하기 위해 사용된 조사연구 방법이다. 어민이나 섬 주민들은 대부분은 자신들의 역사와 기술을 구전 형식을 통해 전승해 왔다. 인문학적 재해석에서 구술생애사 연구는 시급한 과제임에 분명하다. 섬에 거주해 온 어민의 구술생애사와 관련 자료의 수집 및 아카이브는 더욱 중요한 과제이다. 섬의 역사와 그 주민들의 삶에 대한 심층적인 구술을 해줄 수 있는 피조사자들이 고령화하면서 아예 자료를 수집할 기회마저 사라질 처지에 놓여 있기 때문이다.

섬과 바다에 대한 사회학이나 민속학 그리고 인류학 접근에서 그동안 소홀했던 부분이 '고문헌'의 분석이었다. 생애담이나 구술사 방법으로 해결할 수 없는 바다와 섬에 대한 시공간의 이해는 부분적으로 고문헌을 통해서 실마리를 찾을 수 있다. 어촌연구에서 하면 좋을 문헌으로 할 문헌들로는 19세기 초 진해만으로 유배된 김여의 『우해이어보(牛海異魚譜)』와 흑산도로 유배된 정약전의 『자산어보(茲山魚譜)』, 서유구의 『난호어목지(蘭湖漁牧志)』를 비롯해서, 조재삼의 『송남잡지(松南雜識)』, 이규경의 『오주연문장전산고(五洲衍文長箋散稿)』, 유희의 『물명고(物名攷)』 등이 있다. 어촌과 섬의 생활상을 엿볼 수 있는 기록이 부족한 상황에서 고문헌이 해제되고 있어 연구에 큰 도움이 되고 있다. 이외에도 국역이 완료된 『조선왕조실록』을 비롯해 관찬 자료들을 검토해 어민들의 생활상을 파악하는 것도 병행되어야 한다. 이외 1910년대 통감부와 조선해수산 조합이 구한말 농상공부의 자금지원을 받아 우리나라 전국의 연안과 도서 및 하천에 대한 수산실태를 조사, 기록한 『한국수산지』, 1966년 수산청의 『한국수산사(韓國水産史)』, 1968년 수산협동조합중앙회의 『한국수산발달사(韓國水産發達史)』, 1967년 국립수산진흥원의 『한국어구도감(韓國漁具圖鑑)』 등이 비교적 최근의 상황을 확인할 수 있는 자료들이다. 더 나아가서 침몰한 고대 무역선이나 조운선과 수중유물 속에서도 해양유물·옛날음식·고래뱃길 등은 물론 갯벌·포구·조류·위치 등도 어촌과 섬마을 이해하는데 큰 도움을 주고 있다.[5]

어촌연구에서 어민들의 구술생활사를 통한 접근은 매우 적절한 방법론이다. 이는 어촌관련 자료들이 대부분 위로부터 내려오는 지시형 자료(정책자료)인 탓

---

5 '국립해양문화재연구소(목포소재)'와 산하 국립태안해양유물전시관에는 서해바다에서 발굴한 수중유물이 전시되어 있다.

에 어민들의 주체적인 행위를 살피기 어렵다는 점이다. 따라서 개인의 경험을 통해 사회문화적인 의미나 맥락을 파악해야 한다. 여기에 마을회의록이나 마을공간의 변화 등도 어촌변동을 읽어내기 좋은 자료들이다. 특히 어촌연구에서 필수적인 '물때', '어법', '양식사', '음식', '마을사' 등을 연구할 때 더욱 중요하다. 또 마을회관이나 임원 혹은 개인이 보관하고 있는 마을회의록을 꼼꼼하게 살펴보는 것도 중요하다. 또 당시 마을 일을 맡았던 분들을 기록한 개인사와 마을사를 통해서 기록되지 않는 내용도 채록해야 한다. 이를 바탕으로 객관적인 자료를 확보하기 위해 향토자료나 온라인에서 제공하고 있는 1970 – 1990년 당시 신문도 검색하면 큰 도움을 받을 수 있다. 지방신문을 살펴볼 수 있다면 더 많은 자료를 얻을 수 있다.

학제간 연구는 마을연구에서 더욱 중요하다. 필자가 어촌이나 섬을 연구하면서 다양한 분야의 집필을 할 수 있었던 것도 목포대학교 도서문화연구원(당시 도서문화연구소)에서 다양한 분야의 전문가들과 며칠 몇차례 조사대상지역에 머물며 공동조사활동을 하고 결과를 공유하고 의견을 나누었던 영향이 매우 컸다. 공동조사 후에는 개발조사로 이어졌다. 그리고 조사결과를 발표하는 자리를 가진 후 논문에 완성되었다. 보통 한 사례에 1년 정도 시간이 소요되며 개별조사지역과 이후 관계가 계속이어진다. 지금도 도서문화연수 연구진과 함께 공동연구에 참여했던 완도 소안도와 신지도, 신안 임자도와 자은도는 잊을 수 없다. 숙박시설이 충분하지 않아 마을회관에서 머물러야 하는 것은 물론이고 때로는 직접 밥을 짓기도 했다. 섬마을에 교통편이 없어 고개를 넘어 걸어다니는 것이 다반사였다. 소안도 한 마을에서는 일제강점기부터 해방후 그리고 1990년대까지 이어져온 마을의 근현대사를 들으며 눈물을 흘리기도 했다. 임자도와 자은도에서는 말하기 어려운 민간인 학살 이야기를 듣기도 했다.

어촌연구에서 어촌공동체 연구가 학문적인 접근이었다면, 어촌개발, 어촌관광, 어촌마을만들기 등을 내용으로 하는 정책연구도 있다. 최근에는 기후위기와 인구소멸 등 환경변화에 직면한 어촌의 대응 관련한 연구도 이루어지고 있다. 이와 함께 어촌의 다원적 가치에 주목하는 연구들이 있다. 김준(2011; 2012; 2019; 2020; 2022)은 어촌공동체의 가치로 사회적 안전망(Social Safety Net), 지역문화(관광)

기초, '한국의 갯벌' 연안습지(세계자연유산), 한국 음식의 근원(식량자원), 생물다양성의 토대 등을 꼽았다. 또 류정곤 외(2019)는 어촌의 공익적 기능은 사회·경제 기능(지역사회의 공동체 역할, 어업을 통한 경제 활성화), 경관 및 문화 기능(고유한 어촌경관 형성, 문화의 보전·계승)으로 분류했다. 또 수산업·어촌의 공통 공익적 기능으로 해난구조 및 구호, 국경해역 감시, 해양재해 방지 및 구호 등을 제시했다. 또 연안생태계의 생태계서비스라는 틀을 이용해 갯벌과 연안을 평가하는 연구도 있다(김충기 외, 2019).[6]

4 어촌연구의 과제

어촌은 시장개방의 파고에 이어 인구소멸과 기후위기라는 환경에 직면해 있다. 이에 대응해 국가는 청년들을 어촌으로 끌어들이고, 도시민의 귀어귀촌을 지원하는 정책을 내놓고 있다. 그리고 어촌을 활성화하는 어촌뉴딜과 신어촌활성화 사업을 추진 중이며, 조건불리지역·경영이양·수산자원보호·친환경수산물 등 어민을 위한 수산업·어촌 직접지불제를 운영 중이다. 하지만 어촌의 인구감소는 멈추지 않고, 어민의 삶의 질은 나아질 기미가 보이지 않는다. 왜 이러한 현상이 발생할까. 여러 요인이 작용하겠지만 필자는 가장 큰 요인을 잘못된 목표설정에서 비롯되었다고 본다. 어촌은 생업공간인 마을공동어장과 생활공간인 마을공동체가 유기적으로 결합한 커뮤니티이다. 따라서 소멸위기에 놓였다는 어촌을 회생시키려면 공동어장과 마을공동체의 회복이 정책의 중심이 되어야 한다. 지금처럼 귀어 중심의 귀촌정책이나 방문객의 증가가 어촌활성화의 지표가 된다면 어촌정체성

---

6 생태계서비스(ecosystem services)는 2005년 UN주도로 Millennium Ecosystem Assessment 발표 내용으로 공급서비스(음식, 담수, 섬유질 및 연료, 생화학물질, 유전물질), 조절서비스(기후조절, 수질조절, 수질정화 및 쓰레기처리, 침식 조절, 자연재해 조절, 수분), 문화서비스(정신, 연가, 심미, 교육), 지원서비스(토양형성, 영양순환) 등으로 구분한다.

이 왜곡되거나 사라질 위기에 직면할 것이다. 청년의 귀어귀촌과 어촌의 진입장벽의 완화도 그 방향이 어촌정체성의 제고에 맞추어져야 할 것이다. 특히 공동어장의 핵심인 마을어업은 조류와 수심과 수온과 바다 저층의 퇴직환경의 영향을 받는다. 또 이러한 특징이 마을공동체에 큰 영향을 준다. 동해와 서해와 남해와 제주의 어촌이 외형적으로만 다른 것이 아니라 마을어업에서 생산되는 품목이 다르고, 노동과정과 분배방식이 다르다. 이는 곧바로 마을운영체계에 큰 영향을 준다. 당장 귀어귀촌 정책을 추진함에 있어 귀촌인이 공유자원에 접근하기 위한 자격이 다르다. 이는 의사결정과정과 성원규정과 자원분배에도 영향을 미친다. 이러한 어촌의 특성이 검토되지 않고 어촌활성화 전략을 마련하는 것은 방향에서 왜곡될 수 있다. 어촌은 정치·경제·사회·문화가 바다와 마을이라는 공간에서 이루어진다. 배타적 소유를 전제한 도시나 농촌과 다르게 공동어장이라는 공유자원(커먼스)의 어촌생활에 큰 영향을 끼친다. 마을 사이에 오랫동안 유지해온 공동어장의 경계가 있고, 마을 안에는 공유자원을 이용하고 나누는 규칙이 있다. 이는 시장, 정책, 인구구성, 기후위기 등 요인에 의해 변화하고 있다.

어촌의 인구고령화와 마을어장의 경제적 기능약화 등을 고려할 때 어업 중심의 어촌활성화 전략은 커뮤니티 활성화로 수정되어야 한다. 그리고 어촌연구는 어촌의 다원적 가치에 주목해야 할 것이다. 한때 어촌공동체를 봉건적 유제로 치부하기도 했다. 오히려 오늘날 주목하는 사회적 경제(자본)로 적극적인 해석이 필요하다. 어촌의 공동어장은 마을기업, 사회적 기업, 협동조합 등의 성격을 내포하고 있다. 이러한 특징도 어촌의 정체성에서 찾을 수 있다. 이제 어촌연구는 지역이라는 공간을 넘어 시장경제와 기후위기에 대응하는 다원적 가치를 찾아내는 연구로 확대되어야 할 시기이다.

참고문헌

김 준. 2001. "시장개방과 서남해안 천일염전 생산구조의 변화." 『농촌사회』 11(2). 일지사.

김 준. 2004. 『어촌사회의 변동과 해양생태』. 민속원.

김 준. 2007. "대형 간척사업이 지역주민의 삶에 미치는 영향 : 새만금사업을 중심으로." 『환경사회학연구』 11(2). 환경사회학회.

김 준. 2007. "전통소금의 생활사적 함의와 지역별생산방식." 천일염. 김치 그리고 발효식품에 관한 산업심포지움.

김 준. 2008. "갯벌어장 이용방식의 변화와 어촌공동체의 적응." 『지역사회학』 9(2). 지역사회학회.

김 준. 2009. 『김준의 갯벌이야기』. 이후.

김 준. 2011. "마을어장의 위기와 가치의 재인식." 『도서문화』 38. 목포대 도서문화연구소.

김 준. 2011. 『대한민국갯벌문화사전』. 이후.

김 준. 2012. "어촌의 재인식과 갯발인식 증진을 위한 연구 : 갯살림과 어촌공동체를 중심으로." 『민속연구』 25. 안동대학교 한국학연구원 민속학연구소.

김 준. 2012. "어촌의 재인식과 갯벌인식 증진을 위한 연구." 『민속연구』 25. 안동대학교 민속학연구소.

김 준. 2013. "갯살림과 마을어업." 『농어업유산전문가 협의회 자료집』. 국립농업과학원.

김 준. 2014. "우리나라 어식문화의 역사와 특징." 『바다밥상』. 국립해양박물관.

김 준. 2016. "전통어업의 현황과 가치재인식." 『광주전남연구』 2. 광주전남연구원.

김 준. 2017. "국가중요어업유산의 자원발굴과 보전방안." 『정책과제』 2017 – 25. 광주전남연구원.

김 준. 2017. "어업과 전통지식." 『전통지식과 생물다양성』 자료집. 한국환경정책평가연구원.

김 준. 2019. "국가중요어업유산의 운영실태와 개선방안." 『광전연구』 15. 광주전남연구원.

김 준. 2019. "서남해안 어촌의 갯벌 이용형태와 지속가능한 어업 : 갯벌세계유산 신청지역을 중심으로." 『남도민속연구』 38. 남도민속학회.

김 준. 2019. "서남해안 어촌의 갯벌이용형태와 지속가능한 어업." 『남도민속연구』 38.

김 준. 2019. "어업정책의 성찰과 개선방안." 『정책연구』 2019 – 26. 광주전남연구원.

김 준. 2019. "우리나라 어업유산의 보전과 활용." 『한중일 농어업유산 국제컨퍼런스』 발표자료집. 한국농어촌유산학회.

김 준. 2020. 『바닷마을인문학』. 따비.

김 준. 2020. 『한국 어촌사회학』. 민속원.

김 준. 2020. 『한국어촌사회학 : 지속가능한 섬과 어촌의 다원적 가치를 논하다』. 민속원.

김 준. 2022. "갯벌어로의 특징과 지식체계의 범주." 『남도민속연구』 45.

김 준. 2022. 『바다 인문학』. 인물과사상사.

김 준·박종오. 2008. 『전통어법의 실태조사 및 활용방안』. 전남발전연구원.

김도균. 2010. "어촌마을의 사회자본과 어촌계." 『농촌사회』 20(1). 한국농촌사회학회.

김일기. 1985. "곰소 어촌에 관한 지리학적 연구." 『교육논총』 4. 전북대학교교육대학원.

김충기. 김도균. 노영희. 2019. "연안지역개발이 지역 자연환경과 사회경제 미치는 연쇄적 영향." 『사회과학연구』 30(1). 충남대학교 사회과학연구소.

노상호. 2015. "서해안 갯벌 매립과 일상생활의 변화." 『역사민속학』 47. 역사민속학회.

류정곤 외. 2019. 『우리나라 수산업·어촌의 공익적 기능에 관한 연구』. 한국해양수산개발원.

박광순. 1971. "한국어업공동체의 성립과 존립양태에 관한 조사연구 : 어촌계를 중심으로." 『경제학연구』 19(1). 한국경제학회.

박광순. 1980. "해태주와 어업공동체의 변용 : 서남해안 김 양식어촌을 중심으로." 『경영논총』 5. 전남대학교경영대학원.

유원근 외. 2018. "한국 국가중요농업유산 지역 관리체계 개발 연구." 『농촌계획』 24(3). 한국농촌계획학회.

윤근섭. 송정기. "한국어촌의 사회계층에 관한 연구 : 후포리의 사례조사를 중심으로." 『한국사회과학연구』 11. 전북대학교사회과학연구소

윤원근 외. 2015. 『한국 어업유산의 가치』. 수협중앙회 수산경제연구원 BOOKS. 블루앤노트.

이재천. 1990. "서해관광지형 어촌에 대한 연구." 『장안논총』 10. 장안전문대학.

이정림. 2014. "어촌마을의 사회적 경제 : 공유자원의 자율적 관리와 사회관계를 중심으로." 충남대학교 박사논문.

장보웅. 1988. "전남 도서지방 어촌의 구조와 기능 : 어촌공동체를 중심으로." 『지리학』 38. 대한지리학회.

장수호. 1978. "어촌계의 사업에 관한 연구 : 제도를 중심으로." 『경영논총』. 동아대학교경영문제연구소

장수호. 1980. 『어촌계에 관한 연구』. 태화출판사.

전경수 편. 1992. 『한국어촌의 저발전과 적응』. 집문당.

정근식·김준. 1993. "도서지역의 경제적 변동과 마을체계." 『도서문화』 11.

정근식·김준. 1995. "어촌마을의 집단적 지향과 공동체 운영의 변화." 『도서문화』 13.

정근식·김준. 1996. "시장과 국가. 그리고 어촌공동체." 『도서문화』 14.

정근식·김준. 1997. "김 양식과 어촌공동체." 『도서문화』 15.

정근식·김준. 1999. 『어촌공동체 변화에 대한 연구』. 현대사회과학연구소. 전남대 사회과학연구소.

정근식·김준. 2000. "어장공동이용의 변화와 어민의 합리성." 『도서문화』 19.

정근식·김준. 2001. "해조류양식과 마을운영체제의 변화." 『도서문화』 17.

최 현 외. 2017. 『제주의 마을과 공동자원』. 진인진.

최 현. 2016. 『공동자원의 섬 제주 1 : 땅 물 바람』. 진인진.

최재율. 1976. "도서농촌의 사회구조연구. 서남해안 연안어촌의 후진성 분석을 중심으로." 『지역개발연구』 12. 전남대학교지역개발연구소.

하효길. 1983. "한국어촌의 당제형태." 『한국민속학』 16. 민속학회.

한상복. 1976. "농촌과 어촌의 생태적 비교." 『한국문화인류학』 8. 한국문화인류학회.

한상복. 1983. "후포인근 농산어촌의 통혼권과 초혼 연력." 『한국문화인류학』 15. 한국문화인류학회.

허문구 외. 2022. "지방소멸 시대의 인구감소 위기 극복방안." 경제·인문사회연구회 협동 연구보고서.

増田寬也 編著. 2014. 『地方消滅 – 東京一極集中が招く人口急減』. 新書判.

https://www.h-masuda.net/

2-3

제주 '섬'과 구술사

현혜경(제주연구원 책임연구원)

1 공간의 계층화와 섬, 그리고 구술사

사람의 기억과 목소리를 텍스트로 전환시키는 것을 구술(Oral statement)이라고 한다면, 그것에 시간의 궤적을 입히는 것이 구술사(Oral History)라고 볼 수 있다. 구술 자체에 서사적 구조나 시간적 궤적이 아예 없는 것은 아니지만, 장구한 서사 구조를 가지고 있는 구술사는 본인의 경험과 기억을 이야기하는 생애사를 기반으로 할 수밖에 없다.

모든 인간이 역사적 존재인 이유는 자신의 생애를 서사적이고 시간적으로 구술할 수 있는 능력을 가지고 있기 때문이다. 또한 구술사는 타자와의 관계 속에서 형성된다. 화자의 이야기는 청자의 태도와 듣고자 하는 방향에 따라 화자의 맥락화된 이야기로 만들어지기 때문에 사회적인 것이 된다. 맥락화 과정에는 개인들이 이야기를 만들어내는 과정, 이야기 생산의 시·공간 등 여러 요인들이 반영되기도 하지만, 중요한 것은 화자의 계층성이 중요하게 작용한다는 점이다.[1] 기록할 수 없

---

1   계층성이란 사회적 지위가 비슷한 사람들의 층으로 나뉘는 상태나 성질을 의미한다.

는 사람들의 경험과 기억을 회귀하기 위해서 구술사는 그들의 목소리를 통하여 경험을 문자화함으로써 기록의 역사로 편입시킨다.

계층성을 결정짓는 중요한 요인 중의 하나는 공간적 요소이기도 하지만, 역으로 계층이 공간의 계층화를 불러오기도 한다. 프리드만(Friedmann)은 세계도시체계론을 통하여 공간의 계층화에 대하여 이야기하였다.[2] 공간의 계층화는 오랜 시간에 걸쳐 형성되어 왔다. 인류의 역사를 보면 어느 시대, 어느 사회나 계층이 만들어지고 공간이 구분되었다. 시민적 계층화와 공간분화는 민족과 젠더, 계급 등과 같은 요소들이 교차하며 차별적 사회와 공간적 분화를 이루어왔다(정현주, 2020). 이런 질서 속에서 계층화의 가장 아래 단위에 존재하는 하나가 섬이다.

공간 계층화의 하층부에 존재한다는 것은 중앙화된 사회체계로부터 멀어지는 것을 의미하며 그것은 기록과 문자세계에 대해서도 그러하다. 그래서 지역 및 섬의 역사는 중앙 혹은 공식 역사 기록에서 합류되지 못하고 망각되어지거나 지역 공동체의 집단 기억으로만 남아있는 경우가 많다.

이 경우 구술전승은 공간의 계층성을 드러내면서 하나의 역사적 역할을 수행한다. 그것이 때로는 지방적인 것, 민속적인 것으로 이해되기도 하지만, 문자권력으로부터 멀어진 공간에서 역사를 남기는 작업이기도 하다. 따라서 섬을 포함한 지역과 약한 자로부터 구술사가 주목받는 이유이다.

이분법적인 중앙중심적 사고에서 섬은 중심으로부터 대상화되어 있고, 고립되어 있었다. 그것은 중앙을 움직이는 하나의 부속 자원으로 이해되어졌기 때문이었다. 또한 일반화의 오류로 민족이나 국가 단위 개념으로 생활과 언어를 분류함으로써 정체성의 손실을 가져왔다. 예를 들어 음식문화를 놓고 보아도 표준 분류표로 구분할 수 없는 음식들이 지역에 있지만 표준 분류법은 이것을 용인하지 않

---

[2] 프리드만(Friedmann)의 공간 이론에 따르면, 세계의 도시체계 계층은 중심부와 반주변부로 나뉘며, 중심부는 1차 및 2차 세계 도시로, 반주변부도 1차 세계 도시 및 2차 세계 도시로 계층화되어 있다. 프리드만의 세계 도시 체계에서 중심부 국가 1차 세계 도시에는 뉴욕, 런던, 도쿄, 파리, 로스앤젤레스, 시카고 등이 속해 있으며, 서울은 반주변부 국가 2차 세계 도시에 속한다. 마이어(Meyer)에 의하면 이런 세계 도시 체계는 장기간에 걸쳐서 단계적으로 형성되어 왔다.

았다.

이런 표준 분류법으로부터 공간의 계층성을 구제해왔던 것이 구술사라고 볼 수 있다. 구술사는 개인적인 것이지만, 곧 공동체적인 것이고, 사회적인 것이다. 구술사는 혼자 이야기하는 것이 아니기 때문에 사회적 담론을 형성하며, 공간의 계층성을 역사로 전환하는 역할을 맡는다. 이런 사례를 잘 보여주는 것이 제주 섬과 구술사이다.

정근식 선생은 2016~2017년 제주 구술사 시민강좌에서 구술사의 발전은 세 가지 흐름이 있었다고 이야기하였는데, 첫 번째는 침묵당한 자들의 힘겨운 증언(예: 홀로코스트)과 엘리트들의 구술사, 두 번째는 여성주의 접근을 비롯하여 권위 공유하기, 세 번째는 자신들의 삶을 바꾸도록 도와주는 재난, 다문화, 디아스포라, 소수민족, 장애, 동성애, 공동체 역사 만들기 등등 다양화되는 과정이었다고 하였다. 이에 따르면 제주4·3사건과 관련된 구술사의 시작은 이 첫 단계에 해당된다고 볼 수 있다. 일찍부터 제주 섬 안에서는 공동체 스스로의 구술 작업이 있어왔다.

2 민중의 무기, 굿 구술과 제주4·3사건

사건 직후부터 국가는 제주4·3사건에 대하여 기억하고 기념하는 것조차 범죄로 규정하였다. '침묵'을 강요받은 제주사람들은 제임스 스콧(James Scott)의 『약한 자의 무기(weapons of The weak)』 이론처럼 전통에 기대어 제주4·3사건에 대한 기억과 기념을 수행하였다.

사건 직후부터 제주사람들은 제주 세습무(심방)의 입을 빌어 제주4·3사건의 내용을 '단골 공동체' 내에서 제주 방언으로 전하는 의례를 시행하였으며, 살아남은 자들은 그 의례를 통하여 제주4·3사건에 대한 경험과 기억을 공유하고 전승하였다. 이를 알게 된 국가는 1980년대 초반에는 경신연합회를 설치하여 굿과 무속인을 감시하였다. 이후 경신연합회에 대한 규제가 약화되면서 한 심방은 그 시기 500집 이상 굿을 했다고 증언하기도 하였다(제주4·3연구소, 1989).

제주4·3과 관련된 굿은 대체로 원혼굿, 무혼굿, 내력굿, 시왕맞이, 차사영맞이, 치병굿, 조상귀양풀이, 넋들임[3] 등 다양한 명칭으로 이루어져와 왔다. 굿의 내용은 조상의 억울한 죽음을 달래어 후손들의 안위를 안정시키겠다는 주제를 가지고 있다.

제주 전통굿의 절차는 초감제, 질치기, 도진으로 이루어지는데, 초감제 절차 안에 연유닦음과 질치기 과정 중에 영게울림 단계가 있다. 연유닦음은 누가 어떤 사연으로 굿을 하여 신들을 청하게 됨을 세습무의 입으로 구성하는 단계로 세습무가 굿을 의뢰한 본주의 현재 사연을 눈물로써 읊는 과정이다. 이때 유족들은 현재까지 이어진 고통스런 삶의 궤적에 대하여 덩달아 눈물을 터뜨리기도 한다. 이 과정에서 생존자의 현재적 비극성이 드러난다. 이 비극성은 영게울림의 절차로 넘어가면서 최고조에 이른다.

영게울림은 망자의 혼에 빙의된 세습무가 구술하는 절차로, 망자 영혼의 생전의 마음, 죽어갈 때의 억울함과 서러움, 저승에서의 생활, 가족 및 근친들에게 부탁의 말을 울면서 구술로 전하는 절차이다. 이러한 절차는 생존자가 망자에 빙의된 세습무와의 구술을 매개로 개인적 불행의 이야기와 역사적 비극을 이야기한다. 따라서 영게울림의 비탄조 구술은 역사적 폭력을 기억하고 현재적으로 재해석하는 문화적 텍스트로 볼 수 있다. 또한 공동체 내에 존재하는 구술의 역사 전승 과정인 것이다.

국가적인 탄압 속에서도 굿과 구술이 지속적으로 가능하였던 것은 제주지역에 전통적으로 존재해 왔던 단골 공동체의 덕분이다. 제주지역에는 마을의 주신이 되는 본향당이 존재하며, 이 본향당을 매개로 세습무인 심방과 단골이 되는 마을 주민들이 깊은 종교적·사회적 관계를 유지하고 있어 이들의 관계는 쉽게 깨지지

---

[3] 넋들임은 당하지 말아야 할 일이나 사건을 당한 사람이 너무 놀란 나머지 혼이 탈출하여 신경적 질환을 앓고 있는 데서 그 의례의 형성이 시작된다. 때문에 혼을 복귀시켜 정신을 안정시키는 의례로 구성되어 있다. 4·3사건의 증언자들은 4·3사건 직후 초토화된 마을에서 살아남은 자들의 자녀들에 대한 넋들임 의례가 줄곧 행해져 왔다고 한다(북촌마을 이성모 증언).

않는다. 또한 세습무가 수행한 굿 구술에는 단골들이 의뢰한 치부 내용이 포함되어 있고 공동체 내에서 지속적인 삶을 영위하기 위해서는 이들의 관계 속에서 신뢰는 매우 중요한 문제이다.

이러한 굿과 구술들은 제주4·3사건의 잔학성과 폭력성을 드러냈다. 발설금지와 침묵을 강요당하였던 제주4·3사건의 기억을 재구성하고 민중적 언설을 대변하는 장치였다. 기존 연구들에 의하면 억압적인 상황에서 특히 대량학살 등 여러 감정들이 축적된 사건일수록 체험자들은 그 기억들을 오래 되새기고 나누는 경향이 강하다(Paez, Basabe & Gonzalez, 1997). 제주 사람들이 보여준 것은 공동체 내에서 그들의 전통을 이용하여 어떻게 공식 기록과 대항하여 왔는지 잘 보여준 역사투쟁 사례라고 볼 수 있으며 공간의 계층성과 구술사의 관계 또한 극명히 보여준 사례라고 볼 수 있다.

이 비밀스런 연대는 한국사회의 정치적 지형의 변화에 따라 공공연하게 제주4·3사건의 피해에 대하여 언급을 시도하며, 나아가 제주4·3사건 진상규명에 대한 보편적 당위성을 끌어내는 역할을 하고, 원초적 사건을 재현함으로써 기억투쟁의 전개가 가능하도록 하였다. 권귀숙(2006)에 의하면 침묵을 강요할수록 기억이 지워지는 것이 아니라 기억의 위치가 전환된 것이다.

3 제주4·3사건에 대한 증언을 기록으로 전환하다

제주에 대한 기록이 없는 것은 아니다. 조선왕조실록을 비롯하여 승정원일기와 지리지 등 공식적인 문서 외에도 많지는 않지만 조선 선비들이 제주에 대해 적어놓은 문집들도 있다. 지역사회를 간간히 말해주는 문서들이 존재하지만, 그것으로 제주 섬 전체를 말하기는 어렵다. 특히 제주4·3사건으로 초토화를 겪으면서 많은 문건들이 사라지기도 하였고, 또한 문서를 해독하고 연구할만한 인물들의 소멸과 당장의 생계와 공동체 복원 문제로 여력도 없었다. 제주4·3사건과 관련된 미군정 문서와 같은 기록 문서들이 있다고 하더라도 전문가들조차 접근이 쉽지 않다.

1960년대 들어서 제주의 민속에 대한 접근으로 구술 채록에 대한 분위기와 방법론 등이 형성되고, 4·19혁명의 영향으로 제주4·3사건에 대한 말하기가 가능해지는가 싶더니, 곧 5·16군사정변으로 인하여 다시 사회적으로 논하는 것 자체가 금기시 되었다.

국내에서 5·16군사정변으로 인하여 제주4·3사건에 대한 말하기가 금기시 되던 시절, 재일제주인인 김봉현과 김민주는『제주도 인민들의 4·3무장투쟁사』를 일본에서 발간하였다. 이 책은 저자의 기억과 무장투쟁론자들의 증언에 기반하고 있다. 때문에 제주도민 전체의 기억이나 정서와는 다른 면이 있다. 그러나 양민학살의 지역별 사례를 자세하게 소개함으로써 이후 현장을 찾고 증언을 채록하는 데에 중요한 지침이 되기도 하였다.

1980년대 들어서 한국사회의 민주화와 더불어 제주4·3연구소를 중심으로 제주4·3사건에 대한 증언 수집 등이 일어났는데, 이 시기 구술채록은 생애사 중심이라기보다는 사건 현장의 재구성과 같은 것이었다. 이때 증언들을 수집하여 모은 책이『이제사 말햄수다 1권(1989)』과『이제사 말햄수다 2권(1990)』이었다. 이후 증언 채록집『4·3장정』6권을 발간하였다. 제주4·3연구소는 구술 채록에 기반을 둔 사회운동을 통하여 유족들의 목소리를 모으는 역할을 하였다. 다만 이때 생애사보다는 진상규명을 위한 증언에 가까운 측면을 가졌다(현혜경, 2022). 당대에는 구술사나 주민생애사라는 말이 일반적이 않은 때라, 증언을 구술채록 하는 수준이었다.

제주신문은 1989년 4월 3일을 맞아『4·3증언』을 연재하기 시작하였고, 그해 말 제주신문 사태로 연재가 중단되었다가 1990년 제민일보 탄생과 함께『4·3은 말한다』로 이어졌다. 소설가 오성찬은 증언채록집『한라의 통곡소리』를 통하여 대학살의 면면을 증언채록 하였다.

제주4·3사건의 진상규명운동과정에서 이 구술채록의 수집들은 굉장한 힘을 발휘하였다. 공적 기억에 대한 대항 기억으로서 이 구술채록 작업은 제주 역사 및 공동체 재건에서 중요한 위치를 차지하였다.

제주4·3사건을 경험한 사람들은 역사가처럼 정확한 시간과 장소 등을 구술하는 대신 자신의 경험과 그에 따른 연상 작용으로 과거를 되살려 왔다. 권귀숙

(2006)이 말하는 나름대로 갖고 있는 '기억지도'로 기억을 형성하고 보존해온 것인데, 필자는 이것을 '맥락화된 구술'이라고 보았다. 기억 재생의 반복과 망각 등 시간적 궤적을 통하여 '현재의 나'의 존재를 설명하기 위해 끊임없이 생각과 해석의 반복을 통하여 만들어진 스토리인 것이다.

4 후체험 세대의 제주4·3사건 구술사 기록하기

민주주의 및 시민권의 성장은 모든 사람들의 경험과 기억을 기록하는 시대를 탄생시키고 있다. 이로 인하여 100년의 역사 담기가 가능해졌다는 긍정적인 측면이 있다. 이것은 기록에 대한 계층성을 뛰어넘는 것이다. 시민권의 성장이 공간의 계층화를 얼마나 뛰어 넘을지는 두고 볼 일이다.

이런 영향의 일부는 제주4·3사건에도 영향을 미치고 있다. 제주4·3사건에 대한 구술은 이전과 비교해서 다양해졌다. 이전 1단계의 구술이 내가 살기 위한 몸부림이었다면, 2단계의 구술 작업은 원인과 진상을 규명하기 위한 몸부림이었다. 이제 제주4·3사건에 대한 구술은 진정으로 생애사 접근이 시작되었다고 볼 수 있다.

2018년 제주4·3 70주년 기념사업위원회에서는 『기억의 책 제주 4370』을 기획하여 발간하였는데, 50명의 제주4·3생존희생자와 유족들의 생애사를 기록하는 프로젝트를 수행하였다. 80주년에는 아흔살(구순)이 넘어가는 생존희생자들과의 만남을 기약할 수 없기 때문이며, 제주지역 공동체의 사회적 자산으로 만들기 위한 프로젝트였다.

제주4·3 70주년 기념사업위원회의 『기억의 책 제주4370』은 세대에 걸쳐 전승되어 제주사회가 제주4·3사건과 그 너머 이야기를 함께 기억하고자 기획되었다.[4] 구술을 받아 편집 발간된 책은 화자인 내가 이야기하는 1인칭 화법을 통하여 자신이 경험하였던 삶을 이야기하는 형태로 이루어졌다. 책자의 '글을 시작하며'

---

4 『기억의 책 제주 4370』 서문 참조.

장 맨 밑에는 제주4·3사건을 경험한 어르신들의 친필 사인이 들어가 있다. 이런 구술은 이전의 증언 위주의 구술과는 다른 측면을 가지고 있다.

　김순홍 어르신의 이야기 흐름을 보면, 큰 줄기는 제주4·3사건을 이야기하고자 하지만, 그 안에는 리좀적(rhizomatic) 사고가 작동하여 어린 시절 자라온 마을 고향 이야기, 고향의 본향당신 이야기, 노동의 고단함을 잊게 했던 노동요, 배고픈 시절의 추억, 일본식 훈련 교육, 시집가던 날, 해방에 대한 이야기, 성담 이야기, 먼저 간 남편 이야기, 호적보다 10살 많은 이유, 목장 이야기 등 수많은 이야기들이 연계 과정을 통하여 드러나며, 이는 김순홍 어르신의 삶 전체를 이야기하는 생애사로 형성되어 갔다. 2021년에는 출판사 각에서 4·3생활사총서로 『4·3과 여성 3, 덜 서러워야 눈물이 난다』가 발간되어, 여성사를 조명하였다.

　이런 구술사는 제주4·3사건에 대한 역사를 더욱 확대시키는 효과를 가져 왔다. 단지 토벌대, 무장대, 학살 등의 정치·군사적 역사만이 아닌 제주4·3사건과 관련된 수많은 역사, 드러나지 않았던 제주사람들의 의지와 표상으로서의 공간 제주와 그들의 삶을 설명하는 방식으로 이루어졌다.

　생애사적 접근을 통하여 얻는 것은 그들의 중요 경험이기도 하지만, 기본적으로는 그들이 경험한 시공간과 행위에 대한 것이었다. 달리 말하면 그들이 경험하였던 공간 예를 들면, 길, 장소, 건축물 등이 포함되며, 행위적으로는 의식주, 의례/민속, 생업, 육아, 역사적 사건 등이 포함되었다. 이것들은 자기 경험의 원풍경을 형성하며, 나아가 마을 공동체의 원풍경 및 제주4·3사건의 원풍경을 형성하기도 하였다.

　현재 제주 섬 공간에서의 구술사는 생애사적 접근이 시도되고 있으며, 그 수집은 개인과 사회적 기업, 협동조합, 문화재단, 지방 정부 등 다양한 영역에서 시도되고 있다. 방법론도 다양해지고 있지만, 한계와 쟁점들도 발생하고 있다.

　또한 이런 구술자원을 역사문화자원으로 가공하여 공동체의 재생 및 문화산업으로 활용하려는 움직임들도 나타나고 있다. 무엇보다 경험 세대가 가고, 문화적 기억에 기대어 제주4·3사건을 기억해야 하는 미래 세대를 위해서는 구술사와 역사문화자원화가 무엇보다 중요해지고 있다.

5 의미와 쟁점들

제주사회에서 제주4·3사건에 대한 구술사 작업의 흐름은 몇 가지에서 의미를 가지고 있다. 첫째 경험과 기억의 기록화를 통해 역사기록의 다양성이 확보되었다는 점이다. 디지털 시대에 이르면서 문화자원화에 대한 관심은 제주4·3사건 구술 자원화에도 나타나면서 시민들의 생생한 경험과 기억을 자원화하여 다수가 공유하고 있다. 그리고 텍스트로 전환되는 경험과 기억은 기록자원으로 전환되면서 미래의 역사를 풍부하게 하고 있다.

둘째 주민 및 공동체에 대한 치유과정 및 트라우마(Trauma) 극복과 정체성의 재구성이 가능해졌다. 주민의 생애사 말하기 과정은 치유와 트라우마를 극복하는 과정을 거치게 되며, 자신 생애사에 대한 재탐색과 정체성의 재구성이 형성되고 있다. 이 과정을 통하여 주민 및 공동체에 내재되어 있던 갈등이 치유되고도 있다.

셋째 역사문제 및 사회문제 해결의 한 방식으로 자리 잡았다는 점이다. 제주4·3사건과 관련된 구술사는 역사문제 및 사회문제 해결의 한 방식으로 나타나기도 하였는데, 진상규명문제와 같은 과거사 문제, 여성문제, 각종 사회문제 등 공식기록이 갖지 못한 주민들의 경험과 기억이 기록화 과정을 거치며, 사회 변화를 이끄는 동력으로 작동하여 왔다.

넷째, 구술자원이 다양화될수록 이를 자원화하여 문화콘텐츠 산업과 연계해 나가고 있다. 제주4·3사건의 상징적 인물로 알려진 '무명천 할머니'를 활용한 3D 메타버스 등 제주4·3사건의 문화콘텐츠화는 제주4·3사건의 전국화 및 세계화와 더불어, 후체험 세대 및 미래 세대를 위한 문화 기억의 생산과 연결되어 확대되고 있다.

한편 쟁점들도 나타나고 있다. 입으로 말하는 모든 형식을 모두 구술이라고 하지만, 어떻게 말해지는가에 따라 구술, 증언, 목격, 설명 등 내용이 달라지게 된다. 때때로 침묵은 여러 말보다 많은 것을 함의하기도 한다. 그래서 침묵은 구술사의 영역에 포함된다. 구술사에 대한 공격은 그것이 객관적인가란 공격이다. 경험에 대한 기억과 구술은 오랜 세월 동안 타자 혹은 공동체와의 관계 속에서 다져지고 맥락화되는 경험을 가지고 있다. 때문에 이 맥락화된 이야기에 대한 해석을 유출하는 과정까지 수많은 쟁점들이 나타났다.

경험과 기억의 기록물 생산은 정근식 선생에 의하면 크게 대면 - 대화 - 기록 - 해석 과정으로 이루어지고, 대면과정은 자신을 드러내는 과정으로 시공간과 의제가 관여한다. 대화과정은 자신의 체험을 말하는 과정으로 묻기와 듣기가 관여한다. 기록과정은 확인하는 과정으로 녹음 및 녹화된 영상이나 음성을 문자화 하면서 확인하는 과정이다. 마지막으로 해석 과정은 내러티브 재구성을 통하여 정체성을 재구성하는 과정이다.

얼핏 보면 단순한 과정일 것 같지만, 실상은 많은 변수들이 이 과정 속에 숨어 있다. 예를 들어 대면과정에서 특정 계절이나 특정 월, 특정 시간, 특정 날씨, 특정 공간에 구술을 하는 것이 변수가 되기도 하였다. 제주4·3사건이라는 의제를 놓고 본다면 1948년 겨울은 대학살이 일어났던 시기였기에 겨울의 인터뷰는 현재와 1948년 과거의 경험이 오버랩 되어 말하여지기도 하였다. 이때 특정 지형 등을 활용하였던 경험 등이 사건을 부연설명 하는데 동원되기도 하였다. 따라서 구술사는 전체적으로 기획의 중요성을 보여주었다.

대화과정에서 청자와 화자의 경험과 역사에 대한 인식의 차이를 비롯하여 기억의 굴절(왜곡) 및 불안정성이 복병이 되기도 하였다. 화자의 구술 서사구조를 이해할 수 없는 청자의 위치 및 태도는 화자로 하여금 대화하기를 그만두게 하였다. 청자의 입장에서 화자의 기억의 굴절을 바로 잡으려는 시도가 새로운 이야기를 단

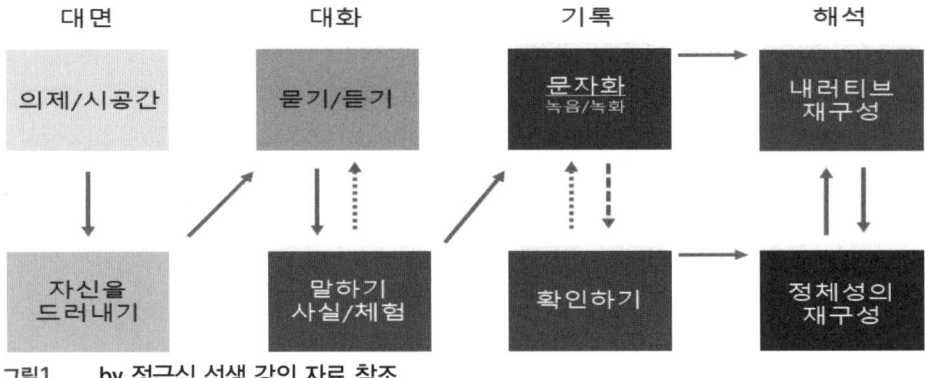

그림1 by 정근식 선생 강의 자료 참조

절시키게 할 때도 있었다.

　스스로 말하게 하는 이 구술사 작업은 실제로 면담자의 역할이 매우 중요하게 나타났다. 아이러니하게 면담자의 능력이 곧 구술자료 생산에서 차지하는 비중이 컸다. 특히 지역사회 전반에 대한 이해가 불가하다면, 구술자의 이야기를 이해하여 텍스트로 전환하기 어렵다는 점이 드러났다.

　때때로 화자로서 이미 여러 구술 경험을 가지고 있는 사람들의 특징 중 하나는 구술이 맥락화 되어 있다는 점이다. 따라서 화자 스스로의 어떤 의제에 대한 서사구조의 형태를 만들어가는 과정을 볼 수도 있었다.

　기록 과정들은 구술을 문자로 정리하는 과정이기 때문에 훨씬 더 주의가 필요하였다. 문자로 전환된 자료들은 문자 권력을 입힘으로써 이야기의 재생산이 훨씬 용이해졌기 때문이다. 구술을 문자로 전환하는 과정은 단순히 음성을 문자로 전환하는 성질의 전환이 아니라, 서사구조를 이해하는 선에서 작업이 이루어져야 함을 상기시켰다. 예를 들면 할머니의 이야기를 면담 조사하는 손녀는 화자인 할머니의 이야기를 풍부하게 꺼내는 데는 일조하였다. 특히 할머니는 손녀를 계승자(후계자)로 인식하여 다른 사람들이 면담을 할 때 보다 더 자세히, 더 풍부하게 이야기를 하였다. 앞서 이야기 하였던 대화과정에서 청자와 화자가 동의하였고, 기록과정을 무사히 넘겼다고 여겼던 사실이 원 음성파일과 문자를 전문가가 읽었을 때, 다른 사실을 발견할 수 있었다. 할머니는 일제 강점기 군대환(君が代丸 기미가요마루)이란 배를 타고 일본에 갔다는 말을, 손녀는 일제강점기에 (징집되어) 군대에 끌려가 일본에 갔다는 말로 이해를 하였고, 그것은 문자에서 고스란히 오류로 남게 되었다. 여기서 알게 되는 것은 기록과정들은 대화과정에 대한 이해를 재차 해야 할 뿐만 아니라, 감수과정이 필요한 것인가에 대한 논의가 발생하는 것이다.

　특히 지역에서 구술사가 중요한 만큼 이것을 문자화하는 과정에서 방언 표기의 문제도 나타났다. 제주지역에서 국가주도에 의한 개발과 관광산업이 성장하면서 1980년대 들어서면 학교 교육을 중심으로 표준어 사용이 의무화 혹은 권장되었다. 관광객 및 방문객이 제주를 방문하였을 때, 제주 방언을 알아듣기 어렵다는 이유에서였다. 따라서 제주지역 내 세대 간 언어 사용에도 차이가 생기게 되었다. 제

주4·3사건 구술에서 흔히 나오는 구체적 지명, 예를 들면 '궤', '뱅디', '홀' 등과 같은 방언을 사용한 수많은 지명들을 알기 어렵고, 일상생활에서 나오는 도구나 행위를 설명하는 의성어를 비롯하여 동사에 대한 말을 이해하기도 힘들어 놓치는 경우들이 나타났다. 예를 들어 행위를 설명하는 동사만 보아도 '걸러지다(거꾸러지다)', '고끼다(목이나 숨이 막히다)', '골매드리다(번을 갈다)', '대여들다(대들다)', '덤방하다(무성하다)', '모지직하다(마음이 굳세다)', '기여나다(집을 나가다)', '미삭하다(흔하다, 많이 쌓여 있다)', '몬지락하다(부드럽다)' 등 전혀 생소한 말을 듣는 것 같아, 청자의 능력이 곧 화자의 능력이 된다는 말이 있을 정도이다.

또한 침묵, 행위, 의성어, 의태어, 억양과 같은 것들을 문자로 전환하는 데도 한계가 드러났다. 마을회관에서 이야기를 잘 하시던 여성 어르신 한 분이 남성 어르신 한 분이 나타나자, 갑자기 이야기를 중단하고 남성 어르신에게 들으라며 침묵하였다. 마을공동체에서 남성 권력이 여성 권력에 비해 상위인 것으로 이해하였지만, 나중에 알게 된 것은 남성 어르신은 제주4·3사건 당시에는 토벌대 출신이었고, 이후에도 마을에서 오랫동안 마을 임원 등을 지내온 분이셨다. 마을공동체 내에서 구성원 간의 역학관계를 비롯하여 제주4·3사건에 대한 담론을 누가 주도하고 있는지를 보여준 것으로, 침묵, 한숨, 감탄사, 비꼬기 등 수많은 기호들을 이해하고 문자로 전환하는 데에는 한계가 존재하였다.

따라서 제주에서 구술사 작업들은 지역적 차원에서 발생할 수 있는 많은 쟁점들을 경험하게 하였다. 특히 최근에 들어 대졸 교육을 받은 중장년층의 증가는 구술사에 대한 관심을 증대시키고 있지만 그 방법론에 대한 교육이 없고, 이해가 낮아, 실제 증언, 구술, 구술사, 주민생애사 등이 여전히 혼재되어 사용되고 있다. 구술사 수집은 구술 전 준비, 구술과정, 구술일지, 구술방법론, 텍스트 전환 과정의 방법, 자료의 보관 및 관리, 활용 등 매 단계마다 요구되는 방법론이 있지만, 이에 대한 체계적인 시스템이 마련되지 못한 경우가 많으며, 실제 구술사 수집에서 실패하는 경우들도 많다.[5] 또한 매 단계마다 상당한 인적·물적 자원이 필요한데, 이

---

5 구술사 방법론에 대한 쟁점은 전체 구술사에서도 존재하는 것으로, 윤택림(1996)을 참조할 것.

러한 준비가 마련되어 있지 못한 것도 지역의 현실이다.

6 그럼에도 구술사

2018년 제주4·3 70주년이 되었을 때, 기념사업의 슬로건이 "제주4·3사건은 대한민국의 역사입니다"였다. 이 슬로건이야말로 제주를 비롯하여 제주4·3사건이 가지고 있는 공간의 계층성을 극명하게 보여준 것이라고 볼 수 있다.

제주4·3사건에 대한 공식적 언급은 제주4·3사건이 50년 지난 김대중 정부에 이르러서였다. 2003년 진상조사보고서가 나오고 2006년 노무현 정부의 공식 사과가 있었음에도 여전히 제주4·3사건에 대해 대다수 국민들은 알지 못하였다. 절규와 같은 이 슬로건은 이제까지 제주4·3사건에 대한 역사가 얼마나 외면당하여 왔는가를 보여주고 있는 것이다. 구술사와 같은 공간 계층화와 말하기가 제주에서 중요하고 지속되는 이유이다.

공간의 계층성을 극복하고 대한민국의 역사로 합류시키는 장구한 작업 속에 제주사람들의 제주4·3사건과 관련된 구술사는 진행되고 있다. 제주4·3사건으로 인한 유족이 현재 8만4천여 명인데, 그들의 이야기를 다 들어보는 것은 어떨까?

참고문헌

권귀숙. 2006. 『기억의 정치』. 문학과 지성.

김봉현·김민주. 1963. 『제주도 인민들의 4·3무장투쟁사』. 오사카 : 문우사.

오성찬. 1988. 『한라의 통곡소리』. 소나무.

윤택림. 1996. "기억에서 역사로 - 구술사의 이론적. 방법론적 쟁점들에 대한 고찰." 『한국문화인류학』 25.

정현주. 2020. "한국 이주정책에서 이주민의 시민적 계층화와 공간분화." 『한국지리학』 9(3).

제민일보. 1994a. 『4·3은 말한다』1. 전예원

제민일보. 1994b. 『4·3은 말한다』2. 전예원

제민일보. 1995. 『4·3은 말한다』3. 전예원

제민일보. 1997. 『4·3은 말한다』4. 전예원.

제민일보. 1998. 『4·3은 말한다』5. 전예원.

제주4·3 70주년 기념사업위원회. 2018. 『기억의 책 제주 4370』. 꿈틀.

제주4·3연구소. 1989. 『이제사말햄수다』1. 한울.

제주4·3연구소. 1990. 『이제사말햄수다』2. 한울.

제주4·3연구소. 2021. 『4·3생활사총서_4·3과 여성 3. 덜 서러워야 눈물이 난다』. 각.

제주신문. 1989. 『4·3증언』

현혜경. 2008. "제주4·3기념의례의 형성과 구조." 전남대학교 박사학위논문.

현혜경. 2022. 「제주4·3사건 가족관계등록부 불일치 희생자 및 유족의 명예회복에 관한 연구」. 『민주주의와 인권』 22(2). 전남대학교 5·18연구소.

James C. Scott. 1985. *Weapones of The Weak : Everyday Forms of Peasant Resistance*. New Haven : Yale University Press.

John Friedmann. 1986. "The World City Hypothesis." *Development and Change* 17(1). pp.69 – 83.

Paez. Dario Nekane Basabe & Jose Gonzalez. 1997. "Social process and Cpllective Memory: A Cross – Cultural Approach to Remembering Political Events." James Pennebaker. Dario Paez & Bemand Rime(eds). *Collective Memory of Political Events*. Mahwah : Lawrence Erlbaum Associates. pp.147 – 74.

3부

군사화와 가부장제의 변경에서

젠더사회학/역사사회학

3-1

변경(邊境)의 사회학

박정미(충북대학교 사회학과 부교수)

1 오키나와, 킨의 어느 클럽

2006년 1월 어느 저녁, 나는 젊은 연구자들 몇 명과 함께 오키나와 킨(金武)에 있는 미군기지 주변 클럽으로 향했다. 킨에서 현지 조사를 수행한 인류학자 진필수 박사가 우리를 안내했다. 벚꽃이 핀다는 오키나와의 1월 말이었지만, 비바람을 동반한 음산한 날씨가 계속되었고, 그날 역시 날이 궂었던 것으로 기억한다. 한때 번화했다는 킨은 당시 많은 오키나와의 기지촌과 마찬가지로 쇠락했고, 우리가 들어간 클럽 역시 허름했다. 평일이라 그런지 손님은 우리밖에 없었는데, 주인은 우리를 위해 음악과 조명을 켰다.

잠시 후 필리핀 여성 세 명이 어깨와 배를 드러낸 의상을 입고 무대에 등장해 춤을 추기 시작했다. 예기치 못한 공연이었고, 우리가 방문하지 않았다면 무대에 서지 않아도 되었을 여성들에게 민폐를 끼치는 것 같아 마음이 불편했다. 무엇보다 남성이 절대다수인 미군을 위해 준비한 춤을 여성으로서 관람하는 것이 난감했다. 잠깐의 고민과 망설임 끝에 나는 진지하게, 최선을 다해 관람하기로 결정했다.

그것이 연예인의 자격으로 오키나와에 왔을 그 여성들에 대한 예의라고 생각했기 때문이다. 여성들은 무표정하지만 성실하게 공연을 마무리 지었고, 우리는 큰 박수로 화답했다.

당시 나는 〈오키나와 미군 기지의 정치사회학〉 프로젝트로 두 번째 현지 조사를 수행하던 참이었다. 2004년 여름에 박사과정을 수료하고 논문 주제를 탐색하고 있던 차에, 다른 대학원 동료들과 함께 연구보조원으로 이 프로젝트에 참여했다. 연구책임자였던 정근식 선생은 연구보조원들에게 독자적인 연구를 수행할 수 있도록 독려했다. 덕분에 나는 오키나와라는 새로운 세계와 조우할 수 있었다.

그날 저녁 내가 느낀 당혹감이 단적으로 보여주듯, 나는 준비되지 않은 연구자였다. 2004년 말부터 공부하기 시작한 일본어는 내 연구 관심을 소개하고 필요한 자료를 요청하거나, 사전을 옆에 끼고 논문을 읽을 정도의 수준이었다. 문제는 언어 장벽만이 아니었다. 나는 오키나와의 기지촌을 방문하면서도 그곳에서 일하는 여성들과 마주쳤을 때 어떤 관점과 태도를 취해야 하는지 충분히 고민해보지 않았다. 한 마디로, 나는 여느 관광객과 다름없는 피상적 관찰자에 불과했던 것이다.

그럼에도 일본의 변경인 오키나와, 그곳에서도 현청 소재지 나하(那覇)에서 약 50km 떨어진 킨의 술집에서의 경험은 내게 많은 질문을 던져주었다. 비록 나는 서툰 참여관찰자였지만, 그리하여 여성들과 나 사이에 놓인 여러 겹의 장벽을 넘지 못했지만, 내가 하고 싶고 할 수 있는 방식으로 여성들이 처한 조건을 분석하리라 결심했다. 오키나와의 기지촌이 어떤 과정을 통해 탄생하고 유지되었는지 탐색하는 역사사회학이 바로 그 방법이었다. 그로부터 1년 후 나는 첫 번째 학술지 논문 "미군 점령기 오키나와의 기지 성매매와 여성운동"(2007)을 발표했다. 그때부터 역사사회학자로서 내 여정이 시작되었다.

2 시민권에서 동아시아로: 역사사회학적 전환

박사과정에 진학할 당시 나는 시민권(citizenship)의 양면성에 매료되어 있었다. 한나 아렌트(Hannah Arendt)가 정의한 바와 같이 시민권은 '권리를 가질 권리'(the right to have rights), 곧 권리의 원천이지만, 동시에 시민의 자격에 미달한다고 여겨지는 자들에게 권리를 제한하거나 박탈하는 차별과 배제의 장치이기도 하다. 완전한 시민이 남성으로 상정되는 근대 역사에서 내가 관심을 가진 대상은 여성, 그중에서도 어머니/아내와 같은 이른바 '정상적인' 여성이 아니라, 주변적인 여성의 지위와 권리였다. '타락한' 여자의 전형으로 간주되는 성을 파는 여성은 시민 또는 국민, 다시 말해 정당한 시민권의 주체가 될 수 있는가? 성판매여성은 성노예인가, 성노동자인가? 이 질문에 답하고자 정치철학을 헤매던 나는 문득 이것이 단지 이론적 검토만으로는 논증하기 불가능하다는 결론에 이르렀다.

오키나와 프로젝트는 막다른 골목의 돌파구가 되어주었다. 이 프로젝트 덕분에 나는 비로소 오키나와, 일본, 한국과 같은 동아시아에서 시민권과 국민의 위계를 제대로 분석하기 위해서는 일본 제국주의의 유산, 미국의 세계 헤게모니, 그리고 민족국가 주권 사이의 복잡한 관계를 이해할 필요가 있음을 깨닫게 되었다. 한마디로 시민권이라는 추상적이고 이론적인 질문에서 동아시아라는 구체적이고 역사적인 장소로 전환이 이루어진 것이다.

그러나 풋내기 연구자가 오키나와라는 낯선 대상에 접근하는 것은 결코 쉽지 않았다. 다른 연구보조원들과 마찬가지로 나는 촉박한 현지 조사 기간을 최대한 활용하기 위해 분주히 움직였다. 오키나와국제대학 도서관, 류큐대학 도서관, 나하여성실, 나하시 역사자료실, 오키나와 현립도서관, 서점, 헌책방을 돌며 자료를 수집했다. 또한 여러 인연의 도움으로 오키나와 여성운동가 우라사키 시게코(浦崎成子), 다카자토 스즈요(高里鈴代), 후지오카 요코(藤岡羊子) 선생, 선행연구자인 나고야대학의 키쿠치 나즈노(菊地夏野), 류큐대학의 오노자와 아카네(小野 あかね) 교수와 교류할 수 있었고, 덕분에 연구의 문제의식을 확립하고 주요 연구 및 자료와 접속할 수 있었다.

그렇게 완성한 논문은 오키나와의 기지 성매매에 대한 정책이 일본제국의 공창제 유제와 점령군 미군의 금지정책의 결합으로 탄생했음을 규명했다. 또한 미군 성매매를 비판하면서도 미국식 금지정책을 추구한 오키나와 여성운동의 담론에서 정작 성판매여성의 인권보다 오키나와의 '후진성' 탈피에 대한 강박이 더욱 강조되었음을 지적했다. 국가 정책과 여성운동에 관한 이러한 관점은 4년 후 완성된 박사논문에서 더욱 확장되었다.

3 자료, 구조, 개념화

새로운 연구 대상을 설정하고, 새로운 외국어를 배우고, 현지에서 자료를 수집하고, 활동가와 연구자를 만나고, 다시 연구실로 돌아와 자료를 분석하고, 그 결과로 논문을 완성하고 출판하는 일련의 경험을 통해, 비로소 나는 박사논문을 시작할 자신감을 얻었다. 덕분에 2007년 문헌 검토 논문(field statement)을 마치고 2008년부터 성매매라는 렌즈를 통해 한국 사회를 분석하는 연구에 착수했다. 다른 모든 박사 후보자들과 마찬가지로 나 역시 논문 집필 과정에서 크고 작은 어려움에 직면했고, 다행히 그 고비를 넘었기에 논문을 완성할 수 있었다. 그중 가장 어려웠던 세 가지를 꼽자면 다음과 같다.

첫 번째 난관은 자료 수집이었다. 오키나와와 달리 한국 자료는 수집하기 어렵지 않을 줄 알았는데, 오산이었다. 박사논문의 깊이와 무게를 갖추기 위해서는 선행연구가 분석하지 않은 자료를 발굴하고, 선행연구가 분석한 자료를 재해석하여 새로운 주장을 제시할 필요가 있었다. 본격적으로 논문 준비를 시작한 2008년 1월 10일에 쓴 일기의 한 대목은 당시 내가 느낀 중압감을 보여준다.

> "이제 점점 한국의 현실, 1차 자료에 다가서기 시작하면서 느끼는 일종의 현기증 (…), 정돈된 이론의 세계에서 복잡하고 뒤엉킨 현실의 세계에 발 딛기 전 느끼는 현기증, 그 불안과 초조."

"그 불안과 초조"를 극복하기 위해 나는 일종의 정공법을 택했다. 법령, 국회 속기록, 통계와 백서, 각종 정부 문서, 신문과 잡지, 사회운동의 연속간행물과 자료집 등 확인할 수 있는 모든 아카이브를 샅샅이 뒤지기로 한 것이다. 그런데 어떤 검색어로 자료를 찾아야 하는가? '성매매'는 2000년대에야 비로소 한국 사회에 정착된 용어이므로, 검색어를 확인하기 위한 조사와 연구가 선행되어야 했다. 그 결과, 나는 '매춘', '매음', '매소', '접객', '위안', '윤락', '음행', '음란', '유흥', '화류병', '성병', '위생', '매매춘', '성매매', '성노동' 등 다양한 검색어를 확인했고, 그것에 기초하여 자료를 수집했다. 인류학자들이 눈덩이 표집을 사용하여 연구 참여자의 범위를 확대하듯, 나 역시 연구를 통해 더 많은 검색어를 발견하고 더 많은 자료를 찾는 과정을 반복했다. 박사논문의 연구계획서부터 완성까지 꼬박 3년이 걸린 가장 큰 이유는 물론 내 불민함이지만, 방대한 자료를 수집하고 정리하고 해석하는 데 절대적 시간이 필요했기 때문이기도 하다.

두 번째 어려움은 장과 절의 구성이었다. 박사논문에서 나는 해방 후부터 60년간 구조적 역학관계 속에서 성매매정책이 어떻게 형성되고 변동했는지, 정책의 특징과 내용을 무엇으로 개념화할 수 있는지, 그리고 정책이 어떤 국민 주체를 생산했는지 분석하는 것을 목표로 삼았다. 이 세 가지 주제는 서로 긴밀하게 연관되지만, 그것을 동시에 모두 다루는 것은 예상보다 까다로웠다. 60년이라는 긴 시기를 장, 절로 구분하는 것 역시 어려운 과제였다. 고민 끝에 나는 한국 성매매정책의 형성, 동요, 확대, 균열의 시간대에 따라 2–5장을 나누고, 각 장에서 다시 하위 시간대에 따라 절을 나누고, 각 절에서 정책을 둘러싼 사회적 조건과 정책의 특성을 분석한 다음, 마지막 절에 주체 생산에 관한 해석을 배치했다.

마지막으로 봉착한 가장 큰 어려움은 개념화였다. 연구 결과, 나는 한국의 성매매정책이 오키나와와 유사하게 일제시기 관리정책의 유제와 미군정기에 새롭게 도입된 금지정책이 모순적으로 결합한 결과라는 사실을 확인했다. 그렇다면 그처럼 모순적이면서도 동시에 결합되어 있는 복잡다단한 그 무엇을, 과연 무엇으로 명명해야 하는가? 이상적이고 순조로운 연구라면 이 질문은 장과 절의 구성 이전에 해결되어야 한다. 하지만 불행히도 내 연구는 그렇지 못했다. 초고를 거의 완성해갈 무렵까지 나는 이 문제와 고투했고, 아련히 보이는 그 무엇을 언어로 포획하지 못하는 고통으로 불면과 우울의 시간을 보냈다.

더 이상 연구를 진행하기 어렵다는 판단이 들자, 집필을 잠시 중단했다. 그리고 원점으로 되돌아가 한국 성매매정책의 기원인 일본의 공창제, 그리고 그것에 중대한 영향을 미친 19세기 프랑스 정책에 관한 문헌을 다시 정독했다. 그 결과, 내가 일본과 프랑스의 중대한 차이를 간과했음을 깨달았다. 일본의 공창제는 에도 시대부터 성매매를 허가하는 유곽 제도와 메이지 유신 이후 도입된 프랑스 성병관리정책의 결합이다. 내가 놓친 지점은 19세기 프랑스 국가는 성판매여성을 등록, 허가하고 검진, 치료했음에도, 일본과 달리 결코 성매매를 합법화하지 않았다는 사실이다.

혁명 이전 프랑스에서는 다양한 왕령에 근거하여 성매매가 금지되었다. 그러나 혁명 이후 입법가들은 성매매에 관한 별도의 법령을 제정하지 않았다. 바로 그러한 법적 공백 속에서 경찰이 성판매여성을 등록, 검진, 치료하는 다양한 규칙과 명령을 도입한 것이다. 그리하여 성매매는 엄밀히 말하자면(technically) 불법이지만, 경찰은 그것을 필요악으로 간주하고 허가했다. 역사학자 하신(Jill Harsin)은 이처럼 독특한 형태의 정책인 "묵인"(tolérance)을 다음과 같이 설명했다.

> 묵인은 그 자체로 정의하기 어려운, 합법과 불법 사이의 암흑지대(a nether region, 지옥, 저승, 내세)다. 성매매는 "묵인된다(tolerated)." 다시 말해 공인되지도 보호되지도 기소되지도 않는다. (…) 묵인은 비록 성매매가(설령 그 자체로서는 아니라 하더라도 그것과 밀접하게 관련된 특정한 측면들이) 불법으로 간주될 수 있을지언정 당국은 그것과 관련하여 법의 효력을 발휘하지 않는 것을 의미한다. 그러나 당국은 언제든 권력을 행사할 수 있다. 그 결과는 남용의 여지가 상당한, 엄청난 긴장 상태였다(Harsin, 1985: 95).

이런 점에서 해방 후 한국의 성매매정책은 일제시기 공창제보다 오히려 19세기 프랑스의 정책과 더욱 유사했다. 이러한 발견에 착안하여, 나는 성매매를 두 측면, 곧 성을 사고파는 행위와 매개하는 행위로 나누고, 각각에 국가가 개입 또는 방임하는지에 따라 현존하는 다양한 형태의 성매매정책을 분류했다(〈표 1〉). 그중

표 1   성매매정책의 유형화: 관리, 금지, 폐지, 비범죄화

매개행위(성산업)	성판매행위(성구매행위)	개입(intervention)	방임(laissez-faire)
개입	합법화(legalization)	관리(regulation)	
개입	불법화(criminalization)	금지(prohibition)	폐지(abolition)
방임			비범죄화(decriminalization)

표 2   '공인-관리'와 '묵인-관리'

매개행위(성산업)	성판매행위(성구매행위)	개입	
		합법화(legalization) 등록·검진·격리	불법화(criminalization) 단속·처벌·수용
개입	합법화(legalization)	공인-관리(authorization-regulation)	
개입	불법화(criminalization)	묵인-관리(toleration-regulation)	금지(prohibition)

에서 관리정책과 금지정책을 다시 세분화하여 공창제처럼 성매매를 합법화하면서 관리하는 정책을 '공인-관리'(authorization-regulation)로, 성매매를 금지하지만 동시에 성을 팔거나 팔 우려가 있는 여성들을 등록, 검진, 격리하는 정책을 '묵인-관리'(toleration-regulation)로 명명했다(〈표 2〉)(박정미, 2011: 18-19; 일부 수정).

한국에서 '묵인-관리'는 일제시기로 소급된다. 식민 권력은 창기의 성매매를 허가하고 그들을 등록, 검진, 격리했지만('공인-관리'), 예기(기생), 작부, 여급의 성매매는 금지하면서도 그들 역시 등록, 검진했기 때문이다('묵인-관리'). 해방 후 공창제도 등 폐지령으로 '공인-관리'는 폐지되었으나, 과거 '공인-관리'를 보완했던 '묵인-관리'는 새롭게 도입된 금지정책과 결합하여 전면화되었다. 나는 일제시기 '묵인-관리'와 해방 후 금지정책의 결합을 '묵인-관리 체제'(toleration-regulation regime)로 개념화했다.

그렇게 완성한 박사논문의 성과는 다음 세 가지로 요약할 수 있다. 첫째, 논문은 해방 후부터 2000년대까지 60년 동안 한국의 성매매정책을 국제정치, 정부 성

격, 여성운동과 성시장 등 다양한 정치경제적 맥락 속에서 고찰한 사회변동론 연구다. 둘째, 논문은 정책의 표층인 법률뿐만 아니라 시행령부터 조례와 판례에 이르는 정책의 심층을 분석함으로써, 해방 후 한국 성매매정책을 '묵인-관리 체제'라는 새로운 개념으로 포착했다. 마지막으로 이 논문은 성매매정책이 성판매여성을 '요보호여자'로 만듦으로써 다른 여성들을 '피보호자', 그리고 남성을 '보호자'로 구성하는 효과를 발휘했음을 규명했다. 그러므로 이 논문은 흔히 주변적인 쟁점으로 간주되는 성매매를 통해 한국의 국가와 국민의 형성을 재조명한 연구다.

4 성매매를 통해 조명한 탈식민 국가 건설

내가 오키나와 논문과 박사논문에서 채택한 이른바 '변경의 관점', 곧 차별받고, 경멸당하고, 내쳐진 사람들, 그러나 동시에 근심과 불안을 불러일으키는 사람들이 처한 조건을 통해 사회를 분석하는 방법론은 박사논문 이후에도 지속되었다. 나는 형법에 등장하는 "음행의 상습 없는 부녀"라는 기이한 범주의 식민지적 기원과 그것이 해방 후 재도입되는 과정을 검토함으로써 한국전쟁 이후 재건된 젠더 질서를 탐색했다(박정미, 2012). 또한 "무작정 상경자"에 관한 언론 보도와 사회조사를 분석함으로써, 그러한 담론이 여성 이주자들의 노동과 성을 소비하면서도 그들의 타락으로 도시가 오염될 가능성을 우려한 서울 거주자들의 욕망과 불안의 표현이었음을 규명했다(박정미, 2017a). 그리고 '혼혈인' 정책과 '다문화가족' 정책을 비교함으로써, 한국에서 성원권의 정치가 가족 계보, 민족 혈통, 그리고 국적을 남성의 생식력으로 귀속시키는 가부장제적 법률에 기초한 젠더 정치임을 확인했다(박정미, 2020). 이러한 연구들은 한국의 다양한 계보에 속하지 않거나 계보가 불분명한 사람들이 어떻게 계보 밖 또는 주변에 놓이게 되었는지 계보학적으로 연구하는 작업이라 할 수 있다.

아울러 박사논문을 단행본으로 재구성하는 작업에 착수했다. 이 과정에서 나는 내 문제의식을 확장할 수 있는 세 가지 주요 계기, 아니 행운과 조우할 수 있었다. 첫 번째 행운은 2014년 6월에 시작된 미군 '위안부' 국가 배상 소송이었다. 이 소송은 오랫동안 침묵을 강요당했던 미군 '위안부' 122명이 원고가 되어 정의를 요구했다는 점에서 한국 민주주의 역사의 기념비적 사건이다. 나는 기지촌여성인권연대의 초대로 소송 준비과정부터 함께 했고, 항소심 재판에서 전문가로 증언했다. 또한 내가 박사논문을 쓰면서 발견한 정부 문서와 박사논문이 원고측 증거자료로 제출되었다. 아울러 소송을 계기로 라포(rapport)를 형성한 전(前) 기지촌 여성 4인으로부터 부녀보호지도소에 수용된 경험을 청취할 수 있었다.

두 번째 행운은 한양대학교 '트랜스내셔널 인문학' 연구단에 참여하게 된 것이다. 역사학, 문화연구, 법학, 과학철학 등 다양한 전공의 국내외 연구자들과 교류한 덕분에 내 연구를 학제적 관점과 초국적 시각에서 조망할 수 있게 되었다. 또한 몇몇 연구자들과 함께 한 미셸 푸코(Michel Foucault) 세미나를 통해 성매매정책을 근대적 생명권력(biopower)의 일환으로 재개념화할 수 있었다.

마지막으로 미국 의회도서관의 존 W. 클루기 센터(John W. Kluge Center)로부터 장학금(Kluge Fellowship)을 수혜할 수 있었던 것 역시 대단한 행운이었다. 덕분에 나는 11개월 동안 미국 의회도서관, 국립문서기록관리청, 윌슨 센터 등 다양한 아카이브에 대한 조사를 통해 박사논문에서는 다루지 못했던 미국 정부와 미군의 정책을 검토할 수 있었다. 그 과정에서 발견한 1, 2차 세계대전기 미군의 성병통제 정책에 관한 분석은 단행본의 외전(外傳)이라 할 수 있다(박정미, 2017b). 또한 젊은 미국 연구자들과 교류한 덕분에 단행본을 미국 대학 출판부에서 출판하는 계획을 구체화할 수 있었다.

내년 가을에 출판될 예정인 단행본은 한국 정부가 성판매여성을 어떻게 통제했는지 살펴보는 데서 한 걸음 더 나아가, 성매매정책이 한국의 탈식민 국가 건설의 주요 요소였음을 입증하고자 했다. 19세기 서구에서 성매매정책은 정교한 경찰 제도, 공중보건 행정, 규율 체계를 갖춘 생명정치적 국가(biopolitical states)의 출현에 중요한 계기를 제공했다. 한국의 신생 민족국가 역시 '묵인-관리 체제'의 다양한 장치들, 곧 경찰, 보건소, 성병관리소, 부녀보호지도소와 함께 성장했고, 그리하여 국가는 국민의 가장 내밀한 삶의 영역까지 개입 범위를 확대할 수 있었다. 또한 기지촌 성매매와 기생관광은 국가안보와 국가발전의 주요 자원으로 활용되었을 뿐만 아니라, 성매매정책은 국민에게 적합한 주체-위치(subject-position)를 할당함으로써 민족공동체의 성적 위계(gender/sexual hierarchy)를 생산했다. 그러나 성판매여성은 국가 통제의 수동적 피해자에 그치지 않고 억압에 저항하는 적극적 행위자였다. 또한 성매매를 근절하고 성적 위계를 재구성하고자 시도했던 페미니스트들은 성판매여성들과 연대했지만 성매매를 생계 수단으로 여기는 일부 여성들과 긴장과 갈등을 초래하기도 했다. 이 책은 이른바 '정상적' 사회 밖으로 내쳐진 일종의 '난민'인 성판매여성들이 정당한 시민권의 주체가 되기 위해서는 어떤 대안이 필요한지 탐색적 질문을 제기하는 것으로 끝맺는다(Park, forthcoming).

5 중심을 투시하는 변경의 관점

결론적으로 내 연구의 방법론을 요약하자면, 변경의 사회학이라고 할 수 있다. 은하 중심의 별들이 내뿜는 빛을 은하 가장자리에서 수신하고 분석함으로써 은하의 전체 윤곽을 조망하듯, 나는 한국 사회의 변경에서 역사적 자료의 지층을 탐사함으로써 사회의 중심을 투시하고자 노력해왔다. 그리고 그러한 방법론을 채택하게 된 결정적 계기가 바로 이십여 년 전의 오키나와 프로젝트였다. 다시 말해, 내 방법론은 동아시아의 변경임과 동시에 지정학적 중심이기도 한 그곳, '사회적 천민'임과 동시에 지역공동체의 안전과 번영의 자원이기도 했던 여성들을 통해 형성된 것이다.

지도교수인 정진성 선생이 일본군 '위안부' 연구를 통해 국가, 섹슈얼리티, 사회운동에 관한 페미니즘 시각을 확립할 수 있도록 도와주었다면, 정근식 선생은 오키나와 프로젝트를 통해 그러한 대상에 어떻게 접근할 수 있는지 방법론을 안내해주었다. 페미니즘 시각과 변경의 방법론은 페미니스트 역사사회학자라는 내 정체성을 구성하는 두 개의 축이다.

오랜만에 『오키나와 미군기지의 정치사회학』(2008)을 펼쳐본다. 정근식 선생이 쓴 서문에서 다음 대목을 발견하고 뭉클해졌다.

> 또한 우리 연구팀의 연구보조원들은 대부분 대학원 박사과정에 재학 중이어서 모두가 학업에 정진하느라 무척 바빴지만, 이 공동연구에 적극 참여해주었다. 나는 이들에게 단순한 연구보조를 넘어서서 각자의 관심에 따라 연구를 진행해보라는 약간은 무리한 주문을 했지만, 모두 이를 잘 따라주고 훌륭한 논문들을 작성해주었다. 이들의 학문적 발전을 계속 지켜보는 것도 앞으로 큰 즐거움이 될 것이다(정근식, 2008: 9).

이렇듯 정근식 선생은 제자들을 독립적인 연구자로 대우했을 뿐만 아니라 후학이 성장할 수 있도록 다양한 기회를 제공했다. 당시 선생이 현지조사에서 갖추어야 할 태도, 사람을 만나고 자료를 수집하는 작업의 중요성을 역설했던 기억이 떠오른다. 현지 여성운동가 및 연구자와 교류할 수 있었던 것 역시 정근식 선생이 우라사키 선생을 소개해준 덕분이다. 당시 우라사키 선생은 정근식 선생을 '남동생'이라 칭하며, 남동생의 후배와 제자들에게 도움을 주기 위해 여러 활동가와 연구자를 연결해주었다. 어설픈 일본어로 오키나와의 활동가와 연구자에게 메일을 쓰고 전화를 걸어 만나고 도움을 청하는 용기를 낼 수 있었던 것 역시 모두 정근식 선생의 격려 덕분이었다.

선생은 또한 자신의 연구를 통해 후학에게 지속적으로 학문적 영감을 제공했다. 1997년 김진균 선생과 정근식 선생이 함께 펴낸 『근대주체와 식민지 규율권력』은 당시 대학원생의 필독서였다. 나 역시 이 책을 통해 식민지 유산의 연속성과 규율을 통한 주체 생산의 관점을 확립할 수 있었다. 선생은 또한 이병천 선생과 함께 펴낸 『식민지 유산, 국가 형성, 한국 민주주의』(2012)에 갓 박사논문을 끝낸 신진연구자인 내게 참여할 기회를 부여했다. 선생이 오랫동안 수행해온 냉전과 동아시아 연구, 국가폭력에 대한 성찰, 민주주의의 역사는 내 연구 관심의 저변을 형성했다. 또한 선생의 질병 통제와 식민지 위생 경찰 연구는 내가 내년에 풀브라이트 장학금의 지원으로 수행할 연구 "한국의 사회정책과 '사회' 의미의 구성"의 주요 참조점이기도 하다.

오키나와 프로젝트를 시작할 때 사십 대 후반이었던 정근식 선생이 어느덧 퇴임을 맞이했다. 그리고 나는 그때 정근식 선생과 비슷한 연배가 되었다. 당시 열정적 연구자임과 동시에 수많은 후배/제자를 이끌고 보살핀 선배/스승이었던 정근식 선생의 모습을 떠올리니, 그저 나이만 먹은 것 같아 부끄럽다. 앞으로 이십여 년 후 현재 선생의 연배에 이르게 되었을 때는 부끄럽지 않을 수 있도록, 더욱 정진하겠다는 다짐으로 이 글을 맺는다.

참고문헌

김진균·정근식. 1997. 『근대주체와 식민지 규율권력』. 문화과학사.
박정미. 2007. "미군 점령기 오키나와의 기지 성매매와 여성운동." 『사회와 역사』 73: 221–254.
박정미. 2011. "한국 성매매정책에 관한 연구: '묵인-관리 체제'의 변동과 성판매여성의 역사적 구성, 1945–2005년." 서울대학교 사회학과 박사논문.
박정미. 2012. ""음행의 상습 없는 부녀"란 누구인가? 형법, 포스트식민성, 여성 섹슈얼리티, 1953–1960년." 『사회와 역사』 94: 261–295.
박정미. 2017a. "'무작정 상경': 서울 이주자에 관한 담론과 젠더." 『사회와 역사』 113: 311–344.
박정미. 2017b. "금욕에서 예방으로: 2차 세계대전기 미군의 성병통제, 생명권력과 젠더." 『경제와 사회』 113: 234–263.
박정미. 2020. "혈통에서 문화로? 가족, 국적, 그리고 성원권의 젠더 정치." 『한국사회학』 54(4): 83–119.
정근식. 2008. "책머리에." 정근식·전경수·이지원 편저. 『기지의 섬, 오키나와: 현실과 운동』. 논형.
정근식·이병천. 2018. 『식민지 유산, 국가 형성, 한국 민주주의』 1, 2. 책세상.
Harsin, Jill. 1985. *Policing Prostitution in Nineteenth-Century Paris*. Princeton: Princeton University Press.
Park, Jeong-Mi. forthcoming. *The State's Sexuality: Prostitution and Postcolonial Nation Building in South Korea*. Oakland: The University of California Press.

3-2

한국 사회의 군사화/군사주의 연구 검토

강인화(서울대학교 국사학과 BK조교수)

이 글은 필자가 진행해온 연구 작업의 주요 대상 및 주제와 관련하여, '군사주의(militarism)' 또는 '군사화(militarization)'를 중심으로 이러한 주제와 대상을 선택하고 연구를 진행해온 과정을 역사·사회적으로 맥락화하려는 시도이다. 징병제도와 병역의무의 보편화, 전쟁/냉전의 기억과 기념, 냉전경관의 형성 등이 필자가 지금까지 관심을 두고 탐구해온 연구 대상이다. 해당 연구 주제와 관심이 개인적인 차원을 넘어 연구자들 사이에서 집단적으로 형성되는 과정을 사회변동과의 관련 속에서 살펴보고자 한다. 전체 구성은 다음과 같다. 1장은 한국 사회에서 '폭력' 또는 '군사화'와 '군사주의'를 문제화하는 시각이 어떠한 배경에서 생겨났는지 살펴본다. 2장은 군사주의에 관한 페미니스트 문제의식의 형성과 관련 내용을 살펴본다. 3장에서는 냉전·분단체제와 군사화 과정의 역사사회학적 검토 필요성을 제기하면서 글을 마무리한다.

1 '폭력'을 상대화하기: 언제, 무엇이 연구 대상으로 떠오르나?

1990년대를 지나면서 한국 사회는 도처에 만연한 '폭력'과 권위주의적 위계질서를 비판적 시선으로 바라보기 시작했다. 폭력 행사의 중심에는 군대가 있었다. 탈식민과 전쟁의 연속선에서 분단국가가 수립되던 당시 군대는 민간을 향한 살상을 자행했고, 이는 1980년 5·18에서도 반복되었다. 또한 군사정부는 학생운동과 노동운동을 탄압하기 위한 수단으로 군 징집을 활용했으며, 징집 기간 단축을 '미끼'로 삼아 민간인 신분의 학생들을 군사훈련에 동원했다. 이에 '1987'로 상징되는 민주화 운동을 거치면서 폭력 행사의 적극적 주체였던 군에 대한 비판이 고조되었다. 그리고 군사정권이 종식되면서 군대는 과거 민간영역을 점유하며 누렸던 절대적 지위를 잃어버렸다. 국가가 군대를 동원하여 벌인 민간을 향한 폭력에 대한 비판적 인식은 2000년대 초반 '국가폭력' 개념의 정립과 진실규명 및 배상운동으로 이어졌다.

사회질서의 변화는 지금까지 당연하게 여겨왔던 태도를 낯설게 만들고, 기존 태도를 다른 시각에서 조명할 수 있는 여백과 공간을 제공한다. 새롭게 제공된 공간은 분석적 거리 두기를 가능하게 하여 비판적 태도와 인식의 형성을 돕는다. 지금까지 중요하게 다루지 않았거나 주목하지 못했던 연구 주제와 연구 대상이 중요한 관심 대상으로 떠오르게 되는 것이다. 이러한 측면에서 세계 냉전체제의 균열은 한국 사회 전반에 만연해있던 '폭력'으로부터 거리를 두고, 이를 비판적으로 조명하도록 하는 중요한 조건과 계기였다.

미·소 대립으로 상징되던 냉전의 종식은 한국을 비롯한 아시아의 민주화에 직·간접적인 영향을 주었을 뿐만 아니라 사회문화에도 커다란 변화를 불러왔다. 세계적 탈냉전의 영향으로 군사적 적대 속에서 공고하게 작동했던 거대 질서에 급격한 균열이 생겼다. 이는 국제(정치)질서의 변화를 야기하는 데 그치지 않고, 이전 시기에 벌어졌던 역사적 사건들의 진실을 탐구하고 '이행기 정의'를 촉구하도록 했으며, '적(敵)'과 '아(我)'의 이분법에 기초한 적대적 대립을 근간으로 하던 기존의 사회문화를 되돌아보도록 했다.

이에 따라 1990년대를 경과하면서 연구자들은 '폭력'의 구조적 원인과 이를 정당화해왔던 질서에 대한 문제의식을 키우고 탐색을 본격화했다. 먼저 정근식 선생을 비롯한 일단의 연구자들은 식민지 연구를 토대로 '식민'과 '근대'를 이분법적으로 바라보던 기존 인식에 도전하면서 '근대성'과 '식민성'에 대한 재사유를 촉발했다. 이들이 제시한 '식민지적 근대', '식민지 근대성', '규율권력' 등의 개념은 식민지배 시기와 탈식민 이후를 단절의 측면에서만이 아니라 연속의 차원에서 바라보도록 했다. 무엇보다 김진균·정근식(1997)의 식민지체제와 근대적 규율 연구는 가족, 학교, 공장, 병원, 군대 등을 규율권력의 작동을 통해 '순종적이고 유순한 신체'(Foucault, 2003)를 생산하는 근대적 기구로 주목하도록 하여, 식민지 시기만이 아니라 현대 사회와 일상에 퍼져있는 미시권력의 작동을 비판적으로 사유할 수 있는 근거를 제공했다. 이를 통해 '근대(성)'에 대한 비판적 인식을 제공하고, 사회문화적 차원에서 폭력과 군사주의가 작동하는 방식을 탐구하도록 도왔다.

탈식민과 함께 냉전질서가 형성·유지되는 과정에서 발생했던 폭력을 문제 삼고 평화를 지향하던 이들의 일부는 '동아시아'를 활동과 사유의 도구로 삼아 폭력의 문제를 성찰하는 작업을 진행했다. 정근식 선생을 비롯한 한국과 일본, 오키나와, 타이완의 연구자들은 식민지배의 유산과 전후 냉전 체제의 지배구조, 국가폭력에 대한 탐색의 과정에서 "식민지 지배와 세계대전의 역사적 경험을 통해, 그리고 제2차 세계대전 이후 미국의 정치·군사적 힘과 일본의 경제적 힘이 맞물리면서" '동아시아'가 "현대 세계를 구성하는 하나의 실체적 지역 단위가 되었"음을 발견했다(정근식, 2001: 5). 이러한 학문적 실천 활동은 2001년 『동아시아와 근대의 폭력 1: 전쟁, 냉전과 마이너리티』와 『동아시아 근대의 폭력 2: 국가 폭력과 트라우마』의 발행으로 이어졌다.

동아시아 평화인권 한국위원회 사무국장을 역임한 정근식 선생은 2004년 '오키나와 미군기지의 정치사회학' 연구팀을 구성하여 오키나와 미군기지에 대한 탐색을 중심으로 동아시아의 인권과 평화 연구를 이어갔다. 정근식 선생은 '방법으로서의 오키나와'(정근식, 2008: 5-6)에 주목하여, 개별 국민국가를 넘어 동아시아 전체를 사유의 대상으로 삼는 동시에 현 지배질서의 고찰을 통해 평화를 향한 미래 전망을 밝힐 것을 제안했다. 오키나와의 과거와 현재에 대한 검토는 한반도에서 발생했던 폭력의 연원을 동아시아의 탈식민과 냉전·분단체제의 형성이라는 차원에서 살펴보도록 하여, 연구의 역사적 시기와 지역적 범위를 넓히고, 잘 드러나지 않았던 아시아 '내부'의 연결성을 찾도록 했다.

한편, 폭력의 근원을 찾기 위해 (동)아시아를 사유의 단위로 하여 식민주의와 냉전 질서를 탐색하는 흐름은 국가 '내부'를 향한 탐구를 추동했다. 1990년대 중·후반을 지나 한국 사회 전반에 만연해있던 폭력과 권위주의적인 위계질서가 비판적 논의의 대상으로 떠올랐고, 김은실(1994)과 임지현(1999)을 비롯한 다수의 연구자들은(권혁범, 2004; 박노자, 2001; 임지현 외, 2002; Kim, Elaine & 최정무, 2002) 내셔널리즘, 즉 '국가주의'와 '민족주의'를 문제의 주된 원인으로 진단했다. 이때 국가주의는 '평화'와 대비되는 것으로, 민족주의는 '보편'을 가장한 가부장적 권위주의를 상징하는 개념으로 비판적으로 사용되었다. 세계 전쟁과 결합된 내전을 거치며 분단 국가가 만들어지는 과정에서 발생한 폭력과 냉전질서가 공고화되었던 시기에 권위주의 정권 하에서 벌어진 폭력의 문제들이 제기되었고, 국가는 점차 폭력의 주체로 인식되었다.

세계적 탈냉전 및 사회 민주화와 함께 본격화된 한국 사회의 '폭력'에 대한 탐구는 근대화 또는 산업화의 비판적 탐색과 연동되었다. 한국의 근대화를 '압축적 근대화'로 개념화한 장경섭(2009)은 한국 정부가 근대화 과정에서 발생했던 부담과 스트레스를 '사적 영역'의 가족과 개인들, 주로 여성에게 전가했고, 이에 따라 사회 구성원들이 가족을 중심으로 생존주의 전략을 펼치게 됐다고 지적했다. 조희연(2010)은 사회 구성원에 대한 상시적인 국가 동원을 한국 사회 근대화의 대표적 특징으로 보았다. 이에 더해, 문승숙(Moon, 2007)은 '압축적 근대화'와 '동원된 근대화'의 동력으로 남과 북, '자유진영'과 '공산진영'의 적대적 이분법에 기초한 군사주의에 주목하고, 젠더 질서에 기초한 군사화를 한국 사회 근대화의 근본 성격으로 진단했다.

이처럼 세계적 탈냉전과 사회 민주화는 근대화 과정과 발전주의에 대한 비판적 인식을 불러왔다. 그리고 냉전질서와 국가에 의한 폭력, 군사기지와 주한미군

문제, 민간과 여성에 대한 폭력에 더해, 거시/미시권력과 주체, 국가와 국민의 형성을 비판적으로 사유하도록 함으로써, "우리 안의 파시즘"(임지현 외, 2002)을 문제 삼고, "대한민국은 군대"(권인숙, 2005)라는 인식을 낳았다.

2 페미니스트 군사주의 비판: 누가, 왜 연구하나?

사회 곳곳에 만연한 '폭력'의 비판적 인식은 가부장적 문화 논리와 이에 기초해있는 여성에 관한 기존 태도를 반성하고, 여성 인권을 새롭게 조명하도록 했다. 탈식민과 국가 형성 과정에서 발생했던 여성에 대한 폭력과 공권력에 의한 성폭력 문제, 오랫동안 침묵되었던 일본군 '위안부' 문제가 제기되면서 제국주의/식민주의와 전시 성폭력, 전쟁과 여성, 권력과 성(gender/sexuality)에 관한 탐구가 이루어졌다. 이와 함께 '사적 영역'에서 일어난다는 이유로 묵인·방조되었던 여성을 향한 폭력들이 긴급히 해결을 요구하는 사안으로 대두되었다. 이러한 흐름 속에서 1994년 '성폭력특별법'과 1997년 '가정폭력특별법'이 제정되었다. 이에 더해, 사회운동 '내부'의 여성 인식과 (성)폭력 문제가 주목되어 가부장적 문화와 남성성 비판, 그리고 군사주의에 대한 성찰이 이루어지기 시작했다.

흔히 군사주의(militarism)란 전쟁 실행과 전쟁 대비를 주요 목적으로 하는 호전적이고 적대적인 실천 행위와 관련 제도, 사유 방식과 문화 등의 관념 체계를 의미한다. 군국주의(militarism)라는 용어가 주로 일본 제국주의/식민주의와 그 유제를 명명하고 비판하는 과정에서 사용되었던 반면 군사주의(militarism)라는 용어는 한국전쟁을 거치며 공고화된 적대적 냉전 질서 속에서 이루어진 한국 사회의 근대화와 일상 문화를 비판적으로 조명하면서 사용되기 시작했다.

군사주의에 관한 문제의식은 1999년 헌법재판소의 군가산점제 위헌 판정 이후 거세어진 사회 갈등과 젠더 논란에 마주하면서 더욱 전면화되었다. 군가산점제 폐지를 계기로 군복무자들의 분노가 '여성'을 향한 혐오와 공격으로 이어졌고, 이에 '군대 문제'가 페미니스트 연구자들에 의해 탐구되기 시작했다. 군가산점제 논란에서 드러난 젠더정치 분석(권김현영, 2000; 박홍주, 2000; 배은경, 2000; 정진성, 2001; 조주현, 2003)을 시작으로, 남성중심적인 사회질서와 군사주의의 작동에 관한 연구(권김현영, 2002; 권인숙, 2005; 김엘리, 2004; 정희진, 2005; Moon, 2007)가 진행되었다.

한국 사회의 군사화와 의무병역제도에 관한 비판적 인식이 등장하면서 군인권에 대한 제기와 병영문화 개선 방안이 논의되는(권인숙, 2009a; 정근식, 2006; 한홍구 외, 2005) 한편으로 사회 전반에 군사문화를 확산시키고 젠더화된 시민자격과 군사화된 남성성(권인숙, 2005; 권김현영, 2002; Moon, 2007)을 정상화한다는 점에서 징병제도 자체가 비판의 대상이 되었다. 냉전·분단을 이유로 성역화되어 왔던 징병제도를 비판적 논의의 대상으로 바라보는 이러한 태도는 2001년 오태양의 병역거부를 계기로 병역거부자들이 공개적으로 등장하여 '군대에 가는 것'과 '국민·남성이 되는 것' 사이의 연관을 질문하면서 병역 이행 여부와 이행 의지 등을 둘러싼 남성들의 차이가 공론화된 것이 큰 영향을 주었다(강인화, 2010).

페미니스트들은 군사주의가 적(敵)과 아(我)의 적대적인 분리, 전방과 후방이라는 위계화된 구분을 통해 남성을 '보호자'로 위치시키고 여성을 '피보호자'로 만드는, 젠더 관념에 기초하여 작동한다고 지적한다(Elshtain, 1987; Enloe, 1983; Frevert, 2004; Reardon, 1985; Stiehm, 1982; Tickner, 2001; Young, 2003). 신시아 인로는 군인이 되는 일이 결코 자연스럽지 않기 때문에 군사주의가 작동하기 위해서는 '군인됨'과 '남성됨'을 더욱 더 연결시킬 필요가 있다고 말한다(Enloe, 1983). 국가가 남성을 병사로 동원하고 남성들 스스로 군사활동의 담당자로 정체화하기 위해서는 남성성에 관한 관념의 작동이 절대적이다. 남성성에 기초한 군인 개념과 군인됨에 근거한 남성성이라는 '군사화된 남성성'은 남성중심적인 시민자격과 사회문화를 유지하는 동력이다.

군사주의와 가부장제의 작동에 주목하던 한국의 페미니스트 연구자들은 '모든' 남성들이 군복무를 이행하도록 하는 의무병역제도를 군사주의 작동의 핵심 토대이자 남성중심적인 정치·사회·문화·경제 질서의 근간으로 보았다. 징병제도는 제도적인 시민권과 문화적인 남성성이 연결·교차되는 지점으로 여겨졌다. 이에 따라 당대 지배력을 행사하던 '헤게모니적 남성성'(Connell, 1995)과 군복무의 연관을 밝혀내기 위해, 군대의 일상 문화와 군복무에 관한 의미화 과정이 남성성의 구성에 미치는 영향이 분석되었다(권오분, 2000; 권인숙, 2005; 권김현영, 2002; 이영자, 2005). 군대와 관련된 문화적 남성성과 남성 섹슈얼리티가 이성애중심주의와 동성애 혐오에 기초하고 있다는 점이 지적되는(권인숙, 2009b; 김청강, 2016; 권김현영, 2002) 등 군사주의와 가부장적 문화 논리에 기초한 남성성의 사회문화적 구성에 관한 탐색이 이루어졌다.

오랫동안 '남성'만이 병역의무의 대상이었던 사회에서 '여성'은 전쟁, 군대, 병역제도와 관련이 없는 존재로 여겨져 왔다. 이러한 현실에서 김귀옥(2019), 이임하(2004) 등은 전쟁 그리고 군대와 관련된 여성들의 경험을 밝히는 구체적이고도 역사적인 검토를 시도했다. 특히나 1999년의 군가산점제 폐지 이후 온라인상에서 벌어진 '여성'을 향한 공격은 군복무 의무가 없는 여성들의 군대와 맺는 관련성을 공개적으로 질문하도록 했다. 이러한 질문에 마주하면서 비판적 문제의식을 지닌 페미니스트 또는 여성 연구자들은 군사주의 연구를 자신의 중요한 과제로 삼기 시작했다. 병역으로부터 면제 또는 배제된 '여성'들이 면제/배제를 이유로 다시금 낙인의 대상이 되고 있는 현실에서 페미니스트 연구자들은 '군대 문제'를 중요한 '여성 의제'로 간주했다.

페미니스트 군사주의 연구들은 징병제도가 운영되는 사회에서 당연시되어 왔던 군사주의의 작동과 군사화 과정을 비판적으로 인식하도록 하고, 폭력을 정당화하는 힘과 만연한 폭력에 대한 날카로운 통찰을 제시했다. 또한 군사주의 작동 기제가 젠더 논리에 기초한 위계와 차별에 따른다는 점을 밝혀내어 중요한 시사점을 제공했다. 사라 러딕은, "사실 여성주의자들은 전쟁의 남성성에 초점을 맞추지만 그것을 '본성으로' 받아들이지는 않는다. 오히려 그들은 전쟁 수행의 남성성을 명기하고 설명하면서도 또한 그것의 변화를 촉구하는 설명을 제시한다"고 이야기한다(Ruddick, 2005: 356). 군가산점제 논쟁을 계기로 본격화된 페미니스트 군사주의 비판은 '폭력의 세기'를 고발하고 사회적으로 이를 환기하는 동시에 사회문화적인 위계화와 군사화된 남성성에 대한 반성과 변화를 야기하고 있다.

한편, 1999년 헌법재판소의 군가산점제 위헌 판정 이후 현재까지 군가산점

재도입 요구가 지속되고 있다. 또한 '여성이 아닌' 남성만을 징집하도록 하는 병역법의 위헌소송이 제기되었고, '여성징병' 또는 '남녀평등복무제' 도입이 주장되었다. 군가산점제 폐지를 계기로 군복무를 이행해야 하는 남성의 입장에서 이를 병역에서 면제된 여성과 견주어 현 병역제도가 '역차별'에 해당하거나 '(성)평등'에 위배된다는 주장이 거듭되는 상황에서 법원과 정부는 기존의 성(역할) 고정관념에 입각해 현 제도를 합법화하는 논리 이상을 보여주지 못했다. 이에 여성을 '면제' 또는 '배제'하는 방식으로 운영되는 현재의 징병제를 '성평등'의 관점에서 비판적으로 조명하는 연구가 진행되었다. 이러한 작업은 주로 양현아(2008)를 비롯한 법여성학자들에 의해 이루어지고 있다. 이들은 '여성'의 입장에서 '평등'과 '성역할', 그리고 '여성성'과 '남성성'의 재정의를 시도하고 있다.

그런데 군사활동에서의 '성평등' 실현 추구가 사회 제반 영역에서 군사영역이 차지하는 위상을 질문하기보다 이를 강화하고, 구성원의 의무 이행을 권리 주장의 절대적 조건으로 정상화할 수 있다는 점에서 한층 더 입체적이고 다각적인 접근이 요구된다. '차이'와 '평등'을 이항 대립적인 것으로 바라보지 않고, 군사영역이 가지는 지위와 그것이 '성평등' 논의에서 차지하는 위상을 상대화하기 위해서는 병역제도를 비롯한 군사주의의 작동 기제를 보다 체계적이고 장기적인 관점에서 살펴볼 필요가 있다. 이를 위해 다음 장에서는 냉전·분단체제와 군사화에 관한 논의를 이어간다.

3 냉전·분단체제와 군사화: 역사사회학적 검토 필요성

냉전은 주로 미국과 소련이라는 초강대국 간의 이념적 대립으로 이해되어 왔다. 그러나 최근 연구들은 서구중심적인 냉전 연구와 결별하고 '열전(熱戰)'으로서의 '또 하나의 냉전'(Kwon, 2010)에 주목하여 아시아의 탈식민과 냉전·분단이 뒤섞인 과정을 새롭게 분석한다. 세계 냉전체제에서 동아시아의 탈식민 냉전의 역사는 '분단' 개념을 통해 그 규명이 시도되고 있다.

우선 박명규(2009: 14)는 남북관계가 적대성과 포용성을 공유할 뿐 아니라 사회적 비대칭성이 공존한다고 보고, '비대칭적 분단국체제'라는 개념을 제안한다. 이는 남과 북이 같은 민족공동체의 일부이면서 동시에 별개의 정치공동체라는 점과 다양한 자발적 주체들이 독자적인 참여권을 지닌 시민사회를 포괄하는 사회경제적 차원이라는, 남북한 양자 관계가 가진 특수성을 종합적으로 고려하기 위함이다.

한편, 이삼성(2016: 164-165)은 냉전기와 탈냉전기를 관통하는 연속성에 주목하여 '동아시아 대분단체제'라는 개념을 제안한다. '동아시아 대분단체제'란 중국대륙과 미일동맹 사이의 긴장과 갈등이 '대분단의 기축(基軸)'을 형성하고, 한반도와 대만해협 그리고 1975년까지 베트남에 존재했던 분단 상태라는 '소분단들'이 길항하는 중층적 구조를 말한다. 정근식(2016: 217)에 따르면, 동아시아에서의 국제 전쟁과 민족 내부의 내전이 얽혀 형성된 "분단이라는 요소는 냉전이라는 요소에 환원되지 않는, 상대적으로 독립적인 현상"임이 분명하다. 그러함에도 '냉전이 아닌' 분단에 강조점을 둘 때 이는 세계 냉전 질서와 뒤얽혀 형성된 아시아의 냉전과 분단의 역사를 독립적인 단위로 떼어놓는 오류를 범할 우려가 있다. 무엇보다 김민환(2012: 65)에 의하면, 이삼성의 동아시아 대분단체제론은 일본과 오키나와의 '분단'을 별반 고려하지 않는다. 그러나 정영신(2012)의 '동아시아 안보분업구조' 연구에서 드러나듯 미군 기지의 '자유로운' 활용을 목적으로 이루어진 오키나와의 분리는 동아시아 냉전 질서 형성에 있어 중핵으로 기능했다.

이에 정근식 선생은 '동아시아 냉전·분단체제'(정근식, 2014; 2016)라는 개념을 통해 동아시아의 탈식민과 냉전의 역사를 분석하자고 제안한다. 정근식(2014)은 한국이나 대만의 압축적 경제발전이나 사회변동은 국민국가 단위 내에서의 요인들로만 설명하기 어렵고, 냉전적 통치성 및 미국의 아시아 전략과 긴밀하게 연결되어 있다고 이야기한다. 세계적 탈냉전에도 불구하고 지속되고 있는 분단 현상들을 세계사의 수준으로 환원할 수도 없다. 따라서 한국의 분단과 양안문제, 나아가 과거의 오키나와·일본관계나 베트남 분단, 각 구성 요소들 간의 상호관계를 하나의 시야에서 파악하고, 또한 정치군사적 대치와 경제적 협력의 모순적 공존, 분단 한국의 비대칭적 국제관계 등을 복합적으로 사고하기 위한 방법으로 '동아시아 분단체제'라는 개념이 유용하며, 이는 또한 역사적 변동을 반영하는 '냉전·분단체제'와 '탈냉전·분단체제'로 구분될 필요가 있다고 주장한다(75).

오키나와와 금문도를 경유하여 동아시아 냉전·분단체제의 형성과 변동을 추적하던 정근식 선생은 남과 북의 접경지역에 형성된 '냉전경관'에 주목했다. 정근식(2018)에 의하면, 냉전경관은 경관을 바라보는 시선과 함께 경관의 전시하고 구성하는 방식을 체계화하는데 경계를 넘어 '저 편'을 감시하거나 바라보고 싶은 욕망으로 인해 냉전경관은 '대안'을 상정하고 있으며, 이 때문에 원경이 중시된다. '저 편'에 위치한 상대를 응시하고자 하는 욕망과 함께 '이 편'에 위치한 응시자가 상대의 시선에 노출될 수 있다는 인식이 냉전경관을 작동시키는 힘이다. 경관의 대치성과 상호성이 냉전경관의 구성물을 관통하는 원리다(179-180).

남과 북의 비무장지대에 각각 유일하게 존재하는 민간인 거주 지역인 남한의 대성동 '자유의 마을'과 북의 기정동 '선전마을'은 상대의 시선을 적극적으로 응시·활용하면서 상호 대치 또는 공존하고 있는, 냉전경관의 작동을 보여주는 대표 사례이다(강인화, 2020: 15). 금문도와 서해의 백령도 및 연평도에 설치된 용치, DMZ와 휴전선에 설치된 철조망과 지뢰 표식, 군사분계선 표지책 등은 고도로 군사화된 냉전경관을 구성하는 요소들이다(정근식, 2018). 특히, 냉전·분단 질서가 고도화된 시기, 박정희 정부가 남과 북의 접경지역에 설치한 전략촌은 '적'으로서의 상대에 대한 인식과 '적'의 시선에 일상적으로 포착되어 있다는 '적가시성(敵可視性)'을 지속적으로 의식하면서, 상호 대응과 적대의 과정을 통해 만들어진 냉전경관의 산물이다(강인화, 2020: 8-9).

필자가 진행한 연구에 의하면, 접경지역의 전략촌 설치는 '적'과 '아'라는 적대적인 이분법과 '전투'와 '일상', '전방'과 '후방'에 대한 젠더화된 위계에 근거한 군사주의의 작동 속에서 이루어졌다. 1960년대 중·후반 미국의 동아시아 군사 전략의 변화와 베트남 전쟁의 정세 등 세계 냉전 질서 및 남북 관계의 위기에서 초래된 안보위기 당시 전방과 후방의 위계와 구분이 강화되면서 후방의 보호를 위한 전방으로의 동원이 정당화되었다. 이렇게 전방으로 동원된 민간인 남성은 '군인'으로서의 역할을 요구받았는데 이는 군복무를 마친 남성을 핵심적인 사회 구성원이자 가족의 우두머리로 보는 가부장적 관념에 따른 계획이었다(강인화, 2020: 3-4).

1960년대 후반의 이른바 안보위기를 거쳐 1970-80년대 동안 공고화된 냉전·분단체제는 남과 북의 적대적 공존 속에서 정치·경제·사회·문화 제반 영역과 일상의 군사화를 가져왔다. 안보위기를 강조하며 전방과 후방의 위계화와 군사화가 공고화되던 시기, 한국 사회의 징병제도는 '인간개조'와 '사회개조'의 중추로서, 대체복무를 포함하는 '병역' 개념의 기초를 다지고(강인화, 2021), 대체복무제도를 병역제도 안으로 포섭했으며(강인화, 2022), 병역의무를 보편화, 정당화, 젠더화시켰다(강인화, 2019).

필자의 박사논문은 냉전·분단체제를 배경과 동력으로 삼은 징병제 형성의 역사사회학적 탐색이다. 논문 "한국 징병제와 병역의무의 보편화"(강인화, 2019)에서 필자는 첫째, 한국 징병제도의 운영 형태를 규명했다. '동원-보상체제'라는 틀을 제시하고, 사회변동 과정에서 병력동원-보상체제가 변화하는 모습을 통해 징병제도가 운영되어 온 역사적, 사회적 과정을 밝혔다. 이에 따르면, 최근의 '군대문제'에 대한 논란과 갈등은 징병제 운영의 경로의존성을 반영하는 것이자 동원-보상체제의 동요와 균열을 드러내는 것이다. 둘째, 병역의무의 보편화와 전면 징병제도 형성의 '결정적 국면'을 제시했다. 1960년대 박정희 정부가 제시한 병역 '대체' 개념에 따라 1970년대 대체복무가 제도화되어 증대된 남성 인구를 징병제로 전면 흡수하는, 보편적 징병제도의 실행이 이루어졌다. 이러한 발견을 통해 규율권력의 측면에서만 접근해왔던 기존 연구와 차별화하고, 규율권력의 작동과 함께 증대된 인구를 '병역'(현역+대체복무) 대상으로 전면 흡수하는, 생명관리권력의 작동이라는 측면에서 연구의 새로운 방향성을 제시했다. 셋째, 병역 당사자들의 인정투쟁과 사회정의 요구가 병역에 기초한 시민자격 확립과 병역의무의 보편화 추구로 이어지는 역동적인 과정을 드러내고, 병역-시민자격 형성의 역사적 동학을 밝혔다.

냉전·분단체제는 한국 징병제 운영과 병역의무의 보편화를 정당화하는 계기와 배경이었다. 탈냉전과 사회민주화 이후에도 냉전·분단체제 하에서 형성된 병력동원체제가 여전히 연속성을 드러내면서 작동하고 있다는 점에서 냉전·분단의 규정력에 대한 탐색이 지속될 필요가 있다. 냉전·분단과 군사화, 그리고 병역제도

연구는 공정, 평등, 형평성을 둘러싼 사회적 갈등의 역사적 계보를 제시하고, 한국 사회의 사회적 성격과 시민자격(시민권)의 이론화 작업을 위한 기초이다. 탈냉전·민주화 이후 한국의 징병제 운영이 '강화'되고 있고, 병역 보편화의 추구가 더욱 가속화되고 있다는 점에서, 징병제와 군사화에 대한 역사사회학적 탐색은 냉전·분단체제와 군사주의 연구의 새로운 관점을 제공해줄 수 있을 것이다. 덧붙여, 세계 냉전체제와 동아시아 냉전·분단체제 하의 군사화와 병역제도, 시민자격, 젠더질서와 남성성에 관한 비교 연구 및 남과 북의 비교 연구가 필요하다.

참고문헌

강인화. 2010. "병역, 기피·비리·거부의 정치학."『여성과평화』5: 92 – 117.
강인화. 2019. "한국 징병제와 병역의무의 보편화: 1960-1999." 서울대학교 일반대학원 박사학위논문.
강인화. 2020. "1960 – 70년대 접경지역 전략촌의 형성과 냉전경관: 강원도 철원지역 재건촌을 중심으로."『사회와 역사』125: 7 – 43.
강인화. 2021. "병역을 통한 시민자격의 형성: 1960년대 병역미필자 축출과 구제."『사회와 역사』133: 181-216.
강인화. 2022. "병역 대체복무제도의 역사적 구성: '잉여자원' 관리와 발전에의 동원."『사회와 역사』133: 181 – 216.
권김현영. 2000. "군가산점 소동과 싸이버테러."『여성과 사회』11: 133 – 145.
권김현영. 2002. "병역 의무의 성별 정치학."『당대비평』19: 39 – 50.
권오분. 2000. "군대경험의 의미화 과정을 통해서 본 군사주의 성별정치학." 이화여자대학교 대학원 석사학위논문.
권인숙. 2005.『대한민국은 군대다: 여성학적 시각에서 본 평화, 군사주의, 남성성』. 청년사.
권인숙. 2009a. "징병제하 인권침해적 관점에서 군대문화 고찰."『민주주의와 인권』9(2): 185-219.
권인숙. 2009b. "군대 섹슈얼리티 분석."『경제와 사회』82: 38 – 65.
권혁범. 2004.『국민으로부터의 탈퇴: 국민국가, 진보, 개인』. 삼인.
김귀옥. 2019.『그곳에 한국군 '위안부'가 있었다: 식민주의와 전쟁, 가부장제의 공조』. 선인.
김민환. 2012. "동아시아의 평화기념공원 형성과정 비교연구: 오키나와, 타이페이, 제주의 사례를 중심으로." 서울대학교 일반대학원 박사학위논문.
김엘리. 2004. "군사화와 성의 정치."『민주법학』25: 104 – 125.
김은실. 1994. "민족 담론과 여성: 문화, 권력, 주체에 관한 비판적 읽기를 위하여."『한국여성학』10: 18 – 52.
김진균·정근식. 1997. "식민지체제와 근대적 규율."『근대주체와 식민지 규율권력』. 김진균·정근식 편. 문화과학사.
김청강. 2016. "국가를 위해 죽을 "권리": 병역법과 "성(聖/性)스러운" 국민 만들기(1927 –

1971).""법과 사회』51: 251 – 280.
박노자. 2001. 『당신들의 대한민국』. 한겨레출판사.
박명규. 2009. "남북관계와 비대칭적 분단국가체제론." 『통일과 평화』 1(1): 3 – 28.
박홍주. 2000. "노동시장의 관점에서 본 군가산점제." 『여성과 사회』 11: 115 – 132.
배은경. 2000. "군가산점 논란의 지형과 쟁점." 『여성과 사회』 11: 92 – 114.
양현아. 2008. "병역법 제3조 제1항 등에 관한 헌법소원을 통해 본 '남성만의' 병역의무제도." 『여성연구』 75: 135 – 172.
이삼성. 2016. "전후 동아시아 국제질서의 구성과 중국: '동아시아 대분단체제'의 형성과정에서 중국의 구성적 역할." 『한국정치학회보』 50(5): 163 – 189.
이영자. 2005. "한국의 군대 생활과 남성 주체 형성." 『현상과 인식』 96: 81 – 108.
이임하. 2004. 『여성, 전쟁을 넘어 일어서다: 한국전쟁과 젠더』. 서해문집.
임지현 외. 2002. 『우리 안의 파시즘』. 삼인.
임지현. 1999. 『민족주의는 반역이다: 신화와 허무의 민족주의 담론을 넘어서』. 소나무.
장경섭. 2009. 『가족·생애·정치경제: 압축적 근대성의 미시적 기초』. 창비.
정근식. 2001. "편자 서문." 동아시아 평화인권 한국위원회. 『동아시아와 근대의 폭력 1: 전쟁, 냉전과 마이너리티』. 삼인.
정근식. 2006. "병영문화와 군대인권: 육군의 인권개선 추진실태를 중심으로." 『한국사회과학』 28(1·2): 109 – 142.
정근식. 2008. "책머리에." 정근식·전경수·이지원 편. 『기지의 섬, 오키나와: 현실과 운동』. 논형.
정근식. 2014. "동아시아의 냉전·분단체제의 형성과 해체: 지구적 냉전하의 동아시아를 새롭게 상상하기." 임형택 편. 『한국학의 학술사적 전망 2: 근현대편』. 소명출판.
정근식. 2016. "동아시아 '냉전의 섬'에서의 평화 사상과 연대." 『아시아리뷰』 5(2). 211 – 232.
정근식. 2018. "냉전·분단 경관과 평화: 군사분계선 표지책과 철책을 중심으로." 『황해문화』: 153 – 182.
정영신. 2012. "동아시아의 안보분업구조와 반(反)기지운동에 관한 연구." 서울대학교 일반대학원 박사학위논문.
정진성. 2001. "군가산점제에 대한 여성주의 관점에서의 재고." 『한국여성학』 17(1): 5 – 33.

정희진. 2005. 『페미니즘의 도전: 한국 사회 일상의 성정치학』. 교양인.

조주현. 2003. "군가산점제 논쟁과 젠더 정치: 가능성 접근법의 관점에서." 『한국여성학』 19(1): 181–208.

조희연. 2010. 『동원된 근대화: 박정희 개발동원체제의 정치사회적 이중성』. 후마니타스.

한홍구 외. 2005. 『군대내 인권상황 실태조사 및 개선방안 연구』. 국가인권위원회.

Connell. R. W. 1995. *Masculinities*. Cambridge. UK: Polity Press.

Elshtain. Jean Bethke. 1987. *Women and War*. New York: Basic Books.

Enloe. Cynthia. 1983. *Does Khaki Become You?: The Militarization of Women's Lives*. London: Pluto Press.

Foucault. Michel. 오생근 옮김. 2003. 『감시와 처벌』. 나남.

Frevert. Ute. 2004. *A Nation in Barracks: Modern Germany. Military Conscription and Civil Society*. Oxford: New York: Berg.

Kim. Elaine & 최정무. 박은미 옮김. 2002. 『위험한 여성: 젠더와 한국의 민족주의』. 삼인.

Kwon. Heonik. 2010. *The Other Cold War*. Columbia University Press.

Moon. Seungsook. 이현정 옮김. 2007. 『군사주의에 갇힌 근대: 국민 만들기, 시민 되기, 그리고 성의 정치』. 또하나의문화.

Reardon. Betty. 1985. *Sexism and the War System*. New York: Teachers College Press.

Ruddic. Sara. 한국여성철학회 옮김. 2005. "전쟁과 평화." 『여성주의 철학. 2』. 서광사.

Stiehm. Judith. 1982. "The Protected, The Protector, The Defender." *Women's Studies's International Forum* 5(3/4): 367–376.

Tickner. J. Ann. 황영주·주경미·오미경 옮김. 2001. 『여성과 국제정치』. 부산외국어대학교 출판부.

Young. Iris Marion. 2003. "The Logic of Masculinist Protection: Reflections on The Current Security State." *Signs* 29(1), 1–26.

3-3

'역사적 평화'와 동아시아 평화 연구의 방법론 모색

정영신(가톨릭대학교 사회학과 조교수)

1 동아시아 평화 연구라는 문제

'평화'를 연구한다는 것은 어떤 것인가? '평화'를 어떻게 연구할 것인가? 평화 연구의 과정에서 쉽게 부딪히는 질문이면서 또한 쉽게 답하기 어려운 질문들이다.

평화학 또는 평화연구는 이 같은 본질적인 질문으로부터 출발한 측면이 크다. 20세기 전반기까지 평화연구는 전쟁연구나 안보연구와 크게 다르게 인식되지 않았고, 평화는 곧 '전쟁의 부재 상태'로 이해되었다. 보울딩(K. E. Boulding)이나 라포포트(A. Rapoport) 등이 주도한 초기의 평화연구는 미소의 전쟁 가능성에 초점을 맞추었다. 하지만 전지구적인 냉전체제의 등장과 함께, 국가와 국가 사이에서 정규군의 무장충돌로 이해되는 근대적인 전쟁이 발발하지 않음에도 불구하고, 그것을 평화라고 부르기 힘든 상태가 지속되었다. 다스굽타(S. Dasgupta)와 같은 평화학자들은 냉전체제 하에서 인도나 제3세계처럼 전쟁이 없지만 평화도 없는 상태를 비평화(peacelessness)로 개념화했다. 독일의 평화학자였던 젱하스(D. Senghaas)는 한 걸음 더 나아가 평화가 다양한 문명화 요소들의 성공적이고 안정적인 정치·사회적 정착의 결과라고 보고, 평화를 문명화 요소들의 끊임없는 복합적 구성이자 (재)형성 과정의 문제로 파악했다(서보혁·정욱식, 2016). 평화에 대한 성찰은, 잘 알려진 것처럼, 갈퉁(J. Galtung)에 의해 체계적으로 전개된다. 그는 평화를 '전쟁의 부재'로 이해해 온 경향을 비판하고 평화를 폭력의 삼각형, 즉 직접적 폭력, 구조적 폭력, 문화적 폭력에 대한 비판과 연결하였다. 이를 통해 전쟁을 포함한 직접적 또는 물리적 폭력이 없는 상태인 소극적 평화(negative peace)와 구분하여, 구조적 폭력 및 문화적 폭력까지 없어진 상태로서 '적극적 평화(positive peace)' 개념을 제시하기에 이른다. 적극적 평화는 공포로부터의 자유, 궁핍으로부터의 자유, 경제성장과 발전, 착취의 근절, 평등, 정의, 행위의 자유, 다원주의, 역동성과 같은 긍정적 가치를 실현하는 '과정'으로서 자리매김된다(갈퉁, 2000).

하지만 평화의 개념을 정교화한다고 해서 평화연구의 방법론이 자동적으로 도출되는 것은 아니다. 폭력 비판을 통해 평화연구를 수행하기 위해서는 폭력의 작동방식과 그 형태들을 구분하고 분석하는 과정이 필요하다. 갈퉁의 평화연구 이전에 기존 사회과학에서는 폭력을 '제도화된 행위 유형으로부터의 일탈'로 파악하면서, 폭력을 비합법적이거나 공인되지 않은 무력의 사용으로만 규정했다. 갈퉁은 폭력을 생존, 복지, 정체성, 자유 등 '인간의 기본적인 욕구에 대한 침해이며 모독'으로 규정하고, 폭력의 삼각형에 대한 비판을 강조한다. 폭력이 적극적 평화나 소극적 평화에 대한 침해로 이해되는 것이다. 그런데 본격적인 폭력 비판을 위해서는 전쟁과 평화에 대한 본질주의적 접근에서 벗어나 역사적 또는 구성주의적 접근을 취할 필요가 있다. 본질주의적 접근은 전쟁과 평화는 그 자체로 고유한 내용을 가지며 따라서 보편적인 규정이 가능하다고 보는 입장이다. 종교학이나 철학에서 평화 개념의 규정이나 평화의 추구 방식이 여기에 속한다고 할 수 있다. 반면, 역사적 접근은 전쟁과 평화는 역사의 전개에 따라 그 형태와 내용을 달리한다고 보는 입장이다.

전쟁, 폭력, 평화에 대한 역사적 연구는 우선 근대(성)과 폭력에 관한 사회학적 논의들에서 찾아볼 수 있다(신진욱, 2004). 바우만(Z. Bauman)은 『현대성과 홀로코스트』에서 나치즘, 파시즘이나 소수집단에 대한 폭력에 주목하면서 그것이 근대의 실패가 아니라 근대성의 산물이라는 점을 강조한다. 근대 이후 기능적 분업의 진전과 상호의존체계의 발달에 의해 초래된 파편화된 인간의 탄생이 주체의 도덕적 판단 능력을 잠식함으로써 이 같은 폭력이 초래되었다는 것이다(Bauman, 1989). 또한 기든스(A. Giddens)는 『민족국가와 폭력』에서 근대사회의 형성 과정에서 군사제도와 전쟁기술의 비약적 발달이 지대한 영향을 끼쳤다는 점을 강조한다. 근대 유럽의 지속적인 전쟁은 행정 조직과 국가재정의 재조직을 초래했고, 이러한 국가 기구의 재조직은 다시 국가의 전쟁 수행 능력을 비약적으로 발전시켰다는 것이다. 따라서 근대적 국민국가의 정치적·행정적 차원들은 군사 영역에서의 기술적·행정적 발전 경향과 분리될 수 없다(Giddens, 1987). 찰스 틸리(C. Tilly)는 『유럽 국민국가의 계보-990~1992년』에서 중세 유럽에서는 제국, 도시국가, 도시 연합, 지주 네트워크, 교회, 해적 연맹, 전사집단 등 다양한 유형의 통치체들이 경쟁하였지만, 근대 이후 모든 주권체들이 국민국가 형태로 수렴한 이유를 질문한다. 자본의 축적·집중을 통해 성장한 도시와 강제(또는 강압)의 축적과 집중을 통해 성장한 국가가 경합하는 가운데, 전쟁과 전쟁 준비에 있어서 자원을 가장 효율적으로 배분하고 투입할 수 있는 국민국가 형태로의 수렴이 일어났다는 것이다(Tilly, 1993). 마이클 만(Michael Mann)은 유럽 사회가 결정화되는 과정에서 사회적 권력의 네 가지 원천(이데올로기적, 경제적, 군사적 정치적)이 결합되는 방식에 따라 국가의 발전 경로가 상이했음에 주목한다. 특히 그는 사회적 권력의 군사적 원천, 즉 군사주의가 자본주의나 산업주의로부터 도출될 수 없는 독자성을 지니고 있으며, 20세기에 와서 군사주의의 위험성은 팽창적인 산업사회의 보편적인 속성이 되었음을 주장한다(Mann, 1986; 1993). 이러한 연구들은 근대적인 국민국가, 근대사회의 발전 과정을 군사화나 군사주의와 연결시키고, 전쟁 형태의 변화나 전쟁 양상의 변화가 초래한 영향을 역사적으로 탐구함으로써 전쟁과 평화에 관한 역사적 분석을 진척시켰다.

그럼에도 불구하고 전쟁과 평화에 관한 기존의 역사적 분석들은 유럽의 근대사회와 국민국가의 발전 과정을 일반화했다는 점에서 한계를 지니고 있다. 그것은 중심부와 연결된 주변부에 대한 설명 논리의 부재라는 점에서도 중요하다. 또한 유럽적 범위에서 분석을 진행하고 있지만, 국가와 같은 주권체들의 행위에 초점을 맞춘다는 점에서 지역적(local) 단위들의 행위성에 대한 분석이 공백으로 남아 있다는 점도 지적할 수 있다. 이것은 곧 동아시아에서 평화 연구를 어떻게 수행할 것인가와 직결되는 문제들이라고 할 수 있다. 이런 맥락에서 정근식 선생의 근대의 폭력과 지역사회의 재편에 관한 연구들은 동아시아의 주변부 지역들에서 전개된 전쟁과 폭력의 흔적과 유산을 발굴하고 평화의 자원으로 전환하기 위한 노력이었다고 할 수 있을 것이다.

2   동아시아 냉전·분단체제와 주변의 폭력 연구

한국에서 평화 연구는 평화운동의 발전 및 민주화와 세계화의 진전에 힘입은 바 크다. 우선, 한국에서 조직적이고 독립적인 평화운동이 시작된 것은 1990년대 이후였다. 민주화, 노동, 환경, 인권, 여성, 복지 등 다른 분야 사회운동의 역사가 패 긴 반면, 반전, 반핵, 군축 등을 주제로 삼는 평화운동의 역사는 비교적 짧은 것으로 평가되고 있다(구갑우, 2007; 서보혁·정욱식, 2016). 그리고 2003년 미국의 이라크 침략과 한국군 파병에 대한 반대운동은 평화주의를 이념으로 하는 평화운동 조직들이 결성되는 계기가 되었다. 이런 평화운동의 확산은 평화운동에 대한 연구나 평화운동이 제기하는 쟁점들에 대한 연구를 촉진하기도 했다. 둘째, 탈냉전과 더불어 세계화가 진전되면서 냉전 시기에 전쟁과 평화연구를 주도해 온 국제정치학계에서도 기존의 전쟁 연구와 구별되는 평화연구의 모색이 이루어지는데, 대표적인 작업으로는 『21세기 평화학』(하영선 편, 2002)을 거론할 수 있다. 이 책은 '제1부 평화의 개념과 의미', '제2부 세계화시대의 평화', '제3부 21세기 한반도의 평화와 동아시아'로 구성되어 있다. 제1부에서는 전통사상과 종교 및 철학 등에서 이루어진 평화 개념에 대한 연구가 제시되고 있고, 제2부에서는 세계화 시대에 평화의 새로운 위협으로 제기되는 환경, 난민, 분쟁의 역학에 대한 논의, 평화와 안보를 둘러싼 정치경제의 변화와 새로운 거버넌스의 가능성에 대한 분석을 제공하고 있다. 제3부에서는 한반도 평화를 위한 군사, 정치경제, 사회문화, 거버넌스, 평화교육 영역에서의 도전과 과제를 다루고 있다. 이 구성은 당시 평화연구의 영역이 어떻게 구성되어 있었는가를 잘 보여주는데 전통적인 평화 개념 연구, 주류적인 국제정치학의 분석, 한반도의 특수한 평화 구축 과제를 결합시키는 이런 경향은 현재까지도 평화연구의 주류를 이루고 있다.

한국에서 전쟁과 평화에 대한 역사적·사회학적 연구의 출현과 발전에는 '동아시아'와 '주변의 시각'이라는 두 가지 전환이 중요한 역할을 담당했다. 1990년대 초, 탈냉전 이후 자본주의의 승리라는 역사관의 침투와 일본의 지역 패권주의의 부상, 그리고 이에 힘입은 남한의 대북통일공세 속에서 비판적 담론으로 동아시아론이 부상하기 시작했다(최원식, 1993). 또한 상상된 지정학적 공간으로서 동아시아에 대한 문제제기와 더불어 국민국가의 역사로 환원되지 않는 변방·주변에 대한 관심이 확산되었다(전형준·정문길·최원식·백영서 편, 2000; 2004). 그리고 전후 동아시아 현대사의 재해석과 관련하여, 탈냉전 이후에도 동아시아적 냉전이 지속되고 있는 지역적 특수성을 어떻게 이해할 것인가의 문제는 역사적·사회학적 분석을 촉발하고 확장하는 문제제기였다고 할 수 있다. 특히 제주도와 광주를 포함한 한반도, 타이완, 오키나와에서 경험한 전쟁과 국가폭력의 문제가 지닌 역사적 경험의 유사성과 연관성이 주목을 받았다. 탈냉전과 민주화 이후에 제주 4.3사건, 대만의 2.28사건, 오키나와전쟁의 경험을 평화와 인권의 시각에서 재해석하려는 운동과 연구가 지속되었고, 연구자들 사이의 교류와 상호방문, 공동작업이 크게 늘어났다. 서승, 정근식 등이 중심이 된 이 과정의 성과물은 세 권의 책(제주4·3연구소 엮음, 1999; 동아시아평화와인권한국위원회 엮음, 2001a; 2001b)으로 편집되어 나왔다. 정근식 선생은 이런 작업들에 대해, 국민국가 형성기의 '냉전적 적 만들기'의 결과로 형성된 집단 오명을 극복하기 위해 '한국에서 동아시아로'라는 규모의 변화와 '좌/우'라는 이분법적 이념 지평의 재구성이 필요했고, 이를 위한 전략적 개념이 '동아시아의 평화와 인권'이었다고 밝히고 있다(정근식, 2016: 212).

정근식 선생의 '동아시아의 평화와 인권'에 대한 연구는 두 가지 방향으로 전개되었다고 할 수 있다. 하나는 동아시아의 여러 국가와 지방들 전체를 조망할 수 있는 새로운 시각으로서 동아시아 냉전·분단체제에 관한 논의를 진전시키면서 동아시아 냉전·분단체제의 형성에 결정적으로 기여한 '냉전의 섬'들에 대한 연구를 진행한 것이다. 다른 하나는 '냉전의 섬'들을 포함하여, 탈냉전 이후에도 동아시아 분단체제에서 '예외지대'로서 역할을 하고 있는 여러 지역들이 처하고 있는 문제와 과제들에 대한 연구라고 할 수 있다. 전자에 대한 본격적인 연구 자체가 탈냉전 이후에도 동아시아에서 지속되고 있는 긴장과 대립에 대한 인식에서 비롯되었다는 측면에서 보자면, 두 가지 문제는 서로 연결되어 있다고 할 수 있다.

탈냉전 이후 한 세대가 지난 시점에서 돌아보면, 탈냉전 직후에는 동아시아에도 대립과 긴장이 완화될 듯 보였고 낙관적인 전망이 지배하고 있었다고 생각된다. 1989년 5월 중소관계 정상화, 1989년 12월 미소 몰타정상회의에서 냉전 종식 선언, 1990년 9월 한소 수교, 1991년 9월 남북한 유엔 동시가입, 1992년 8월 한중 수교로 이어진 일련의 과정은 전지구적인 냉전의 해체가 동아시아의 대립과 긴장을 완화하고 한반도에도 평화체제가 수립될 것이라는 전망을 낳았다. 하지만 이러한 낙관은 곧 비관적 전망으로 대체되었다. 1993년부터 북미 사이의 핵 개발을 둘러싼 공방이 이어졌고, 1994년 남북정상회담 국면이 파탄나면서 남북 간의 적대관계 역시 매우 견고함을 보여주었다. 일본과의 역사 해석을 둘러싼 대립이 지속되었고, 여러 나라들 사이의 영토 분쟁 역시 새로운 국면을 맞이하였다. 이러한 일련의 상황은 전후 동아시아 질서의 고유한 성격에 대한 관심을 촉발시켰고, 다른 한편으로 적대와 대립이 응축된 결절점으로서 한반도 분단체제에 대한 관심을 불러일으켰다.

동아시아 냉전·분단체제론은 분단체제론의 문제의식을 동아시아의 역사적 평화에 대한 분석을 통해 재해석한 것이라고 해도 좋을 것이다. 1980년대 후반에 한국사회성격논쟁에 참여하면서 사회구성체론의 분석 단위 문제를 제기했던 백낙청은 세계체제의 하위 체제로서 세계체제의 영향력과 남북한 체제의 동학을 매개하는 역할을 수행하며, 한반도 차원에서 일정한 자기재생산 능력을 갖춘 하나의 체제로서 '분단체제'의 문제를 제기했다. 즉, 분단체제는 남북한의 지배자와 남북한 민중들 사이의 대립을 주요 모순으로 삼고 있으며, 남북한 각각의 지배층은 적대적이면서 상호의존적인 성향을 보여왔다는 것이다(백낙청, 1994; 1998). 분단체제론과 관련하여 남북한 사회가 체제라고 규정할 만큼의 상호의존성을 가지고 있느냐는 개념상의 문제, 여러 모순들을 분단모순으로 환원한다는 설명 논리의 문제, 남북정상회담이나 시민운동의 현실 개입과 관련된 정세개입의 문제 등이 논쟁의 대상이 되었다(손호철, 1994a; 1994b; 이수훈, 2001). 정세적인 측면에서도 "세계 자본주의의 물결과 신자유주의 개혁의 엄청난 파도 속에서 이제 북한 혹은 분단이라는 것이 우리의 직접적인 삶을 좌우하는 변수로서의 비중이 약화되어 가기 때문"에 분단체제론이 사회과학계에서 본격적으로 수용될 수 없었다(김동춘, 1998). 따라서 이후 분단체제론은 분단구조론이나 '비대칭적 분단국체제론'처럼 남북한의 특수한 관계를 해명하는데 중점을 두는 연구들로 수렴되었고(이종석, 1995; 박명림, 1997; 박명규, 2009), 분단체제론 자체는 해소되는 경향을 보였다. 그런데 분단체제론을 둘러싼 논쟁 속에서 분단체제 개념은 세계체제의 하위체제라는 규정과 남북관계의 특수성이라는 규정 사이에서 동요했다. 이후의 진전된 연구 성과들을 통해 남북관계의 특수성을 해명하는 성과를 낳기도 했지만, 분단체제론이 본래 지향하고 있던 또 다른 측면, 즉 세계와 국가를 연결하는 중범위 분석틀의 제안이라는 문제의식은 사장되거나 협소화되는 결과를 낳았다(정영신, 2012b).

한반도 분단체제론에서 동아시아 냉전·분단체제로의 관점 이동은 한반도 평화의 과제를 동아시아적 시각에서 포착하려는 동아시아론에 힘입은 바 크다. 최원식은 탈냉전 이후에도 지속되는 동아시아의 대립과 적대관계에 대한 관심으로부터 출발하여 평화체제로의 이행에서 한반도문제가 가지는 중요성을 인정하면서도, 추상적 문명론으로 편향되지 않으면서 탈냉전의 질서재편에 대응하는 방법으로 동아시아적 시각의 필요성을 제안한 바 있다(최원식, 1993). 그리고 "한반도(남과 북), 중국(그리고 타이완·홍콩·마카오), 일본(그리고 오끼나와)을 하나의 사유단위 또는 분석단위로 설정함으로써 민족주의와 국제주의(또는 세계주의)를 횡단하는 중도(中道)로서 '비판적 지역주의'를 실험"하는 작업이 필요하다는 것이다(최원식, 2009: 55).

분단체제론을 동아시아 수준에서 사고한 성과로는 박명림과 이삼성의 작업을 거론할 수 있다. 박명림은 유럽과 동아시아의 차이를 유럽에서는 지역 냉전(regional cold war)이 존재하지 않았다는 점에서 찾는다. 한국 분단의 복합적 현실을 이해하기 위해서는 세계, 지역, 민족의 3층 분단, 3층 냉전구조에 대한 이해가 필요하다는 것이다. 특히 1945년 시점에는 한반도의 지정학적 요인만 중요했다면, 한국전쟁은 중미대결과 일중대결이라는 지역적 대립의 요소를 결정적으로 강화했다. 박명림은 이러한 전후의 동아시아체제를 '1953년 정전협정체제' 또는 '53년체제'라고 명명한다(박명림, 2004). 그러나 '53년체제론'은 동아시아 지역질서의 독자성보다는 한반도 분단체제의 복합성에 초점이 맞춰져 있다(정영신, 2012b). 반면, 이삼성은 세계질서뿐만 아니라 지역질서에서도 역사적, 문화적, 정치적 요인들에 의해 형성되는 갈등과 동맹의 구도가 중요하다고 본다. 이에 따르면, 유럽과 동아시아 전후 질서의 차이는 유럽에서는 과거의 적대국들이 미국의 질서 속에서 하나로 통합된 반면, 동아시아 질서는 전쟁으로 인한 역사심리적 분단이 응결되고 확대·재생산된 점에서 출발한다. 이삼성은 이 과정에서 출현한 동아시아 지역질서를 '대분단체제'로 명명한다(이삼성, 2006). 지역 내 차상위 강대국들(중국과 일본)의 갈등이 미소 간 갈등과 결합되었고, 한반도의 남북분단과 중국과 대만 사이의 분단이라는 두 개의 작은 분단체제를 거느리게 되었으며, 이와 같은 복합적 분단구조들은 미소 간 냉전으로 환원되지 않는 독자적인 실체로 존재했다는 것이다. 이 같은 시각에서 보자면, 탈냉전은 동아시아 고유의 분단구조들이 유지된 채 최상위의 미소 간 대립구조만 해체된 것으로서, 소련을 중심으로 한 동맹관계의 해체와 미국을 중심으로 한 서방 동맹체제의 강화는 동아시아에서 오히려 하위의 분단체제들을 더욱 강화하는 결과를 초래했고, 소련을 대신한 중국의 역할을 부각했다고 할 수 있다.

정근식 선생의 동아시아 냉전·분단체제론은 비판적 지역주의에 관한 최원식의 인문학적 문제제기와 분단구조의 다층적 성격에 관한 이삼성의 국제정치학적 논의를 종합하려는 시도였다고 생각된다. 유럽에서의 냉전이 독일의 분단을 축으로 성립했다면, 동아시아에서의 냉전은 한국의 대칭적 분단, 중국의 비대칭적 분단, 일본과 오키나와의 잠재적 분단, 베트남의 분단 등을 구성요소로 성립했다. 동아시아에서의 냉전이 각 지역과 잠재적 민족국가 내부의 분단을 핵심 구성요소로 하고 있다는 점에서, 그리고 그들이 서로 연관되어 있다는 점에서 이를 동아시아 냉전·분단체제라고 부를 수 있다는 것이다(정근식, 2014; 2016). 동아시아 냉전·분단체제는 1945년 초의 얄타회담과 미군의 원폭투하, 소련군 참전에 배태되었고, 이에 따른 전후 구상이 그 바탕을 이룬다. 그리고 미·소 분열과 중국 내전, 그리고 한국전쟁이라는 연속 전쟁을 거치면서 동아시아 냉전·분단체제는 단지 제2차 세계대전의 결과가 아닌 새로운 질서로서의 냉전체제를 만들어냈고, 규범적일뿐만 아니라 현실적인 것으로 전환되었다(정근식, 2016: 218).

동아시아 냉전·분단체제론은 동아시아의 지역 질서를 해명하기 위한 이론으로서의 의미도 지니고 있지만, 동아시아 지역 전체를 조망하고 분석하기 위한 연구방법론의 의미가 더 크다. 이것은 동아시아 냉전·분단체제에 대한 관점이 그것을 형성하는 결절점의 역할을 담당했던 '냉전의 섬'들에 대한 연구 과정에서 정립되었다는 점에서도 알 수 있다. 동아시아 냉전·분단체제론은 '냉전의 섬' 연구를 위한 나침반이었으며, '냉전의 섬'은 연구의 현장이자 유동하는 이론적 전망의 정박점이 되었다. '냉전의 섬'이라는 용어는 찰머스 존슨(Chalmers Johnson)이 오키나와를 냉전의 섬으로 명명하면서 알려지기 시작했고(Johnson, 1999), 이후에 마이클 스조니(Michael Szonyi)는 금문도의 근현대사를 연구하면서 금문도를 '냉전의 섬'으로 불렀다(Szonyi, 2008).

오키나와가 한국에서 대중적으로 알려지기 시작한 것은 미군기지에 반대하는 평화운동의 발전 과정에서였다. 1990년대 탈냉전과 민주화에 힘입어 한국의 여러 기지도시에서는 반(反)기지평화운동이 고양되기 시작했고, 이 과정에서 주일미군기지의 4분의 3이 밀집해 있으면서도 오랫동안 미군기지에 대항하는 투쟁을 벌여온 오키나와의 경험이 알려지기 시작했다. 이후 한국과 오키나와의 연대운동은 점진적으로 확대되었고, 평택 미군기지 확장저지투쟁의 과정에서 비약적으로 발전하였다(정영신, 2012a). 그리고 이와 비슷한 시기에, 앞에서 언급한 동아시아의 평화와 인권을 위한 제주, 광주, 타이완, 오키나와의 연구자들이 교류와 연대활동을 벌이기 시작했다(제주4·3연구소 엮음, 1999; 동아시아평화와인권한국위원회 엮음, 2001a; 2001b). 하지만 이 시기에 이루어진 교류는 각 지역의 연구자들이 자신들의 경험을 발표하고 교류하는 것이었지, 교차연구나 공동연구에 기반을 둔 것은 아니었다.

2004년 하반기부터 2006년 하반기까지 정근식 선생이 주도하는 '오키나와 미군기지의 정치사회학'이라는 연구 프로젝트가 시작되었다. 이 연구는 오키나와에 대한 본격적인 학제적 연구이면서 동아시아의 '역사적 평화'에 대한 본격적 연구라는 점에서도 의미가 크다. 여기에는 사회학, 인류학, 국제정치학, 일본학, 역사학, 행정학, 여성학 등 다양한 분과학문의 신진 연구자들이 참여했고, 필자 역시 이제는 소장 연구자로 활발히 활동하고 있는 여러 동료들과 함께 이 연구사업에 참여하였다. 그리고 그 결과물은 『기지의 섬, 오키나와: 현실과 운동』과 『경계의 섬, 오키나와: 기억과 정체성』이라는 두 권의 책으로 출간되었다(정근식·전경수·이지원 편저, 2008; 정근식·주은우·김백영 편저, 2008). 이후 이 프로젝트에 참여했던 신진 연구자들은 프로젝트가 끝난 뒤에도 오키나와 연구를 지속하면서 그 결과물을 『오키나와로 가는 길』(소화, 2014)이라는 제목으로 엮어 냈고, 필자 역시 오키나와에 대한 본격적인 입문서를 번역할 필요성을 느껴 『오키나와 현대사』(논형, 2008)와 『저항하는 섬, 오끼나와』(창비, 2014)를 번역하게 되었다. '오키나와 미군기지의 정치사회학'이라는 집단연구는 오키나와에 대한 본격적인 연구자들을 길러낸 성과뿐만 아니라, 동아시아 냉전과 평화 그리고 동아시아 주변부에 대한 연구방법론의 측면에서도 중요한 성과를 남겼다. 연구 참여자들은 초기부터 '방법으로서의 오키나와'라는 시각을 공유하고 있었다. 오키나와 프로젝트가 시작된 2000년대 초반은 9.11 테러 이후 미국이 벌이는 전지구적인 대테러전쟁이 수행되던 시기였다. 군사기술혁명의 진전과 탈냉전 이후 미국의 동맹전략의 재편 등 여러 요인들이 작용한 결과, 전세계적인 미군재편(Global Posture Review)이 진행되던 시기였다. 한국에서도 미군기지의 반환·통폐합·확장이 예정되어 있었고, 특히 평택에서 거대한 첨단군사기지의 확장이 진행되던 시기였다. 우리는 미군기지를 둘러싼 군사, 안보, 경제, 문화, 저항, 운동 등을 종합적으로 연구할 필요성을 느꼈지만, 평택미군기지를 둘러싼 정세는 매우 급박하게 전개되고 있었으며 국내에서 미군기지에 관한 본격적인 연구를 진행하기에는 법·제도적 제약이 컸고 자료상의 한계 역시 명확했다. 그래서 "오키나와라는 창을 통해 우리를 본다"는 시각, 오키나와에 대한 심층 연구를 수행하되 비교사와 관계사라는 시각을 염두에 둔 연구를 추진했던 것이다. 이것은 전략적 개념으로서 '동아시아의 평화와 인권'을 사고했던 것과 일맥상통하는 것이라고 볼 수 있다.

　오키나와 연구 이후에 냉전의 섬에 대한 관심은 금문도 연구(정근식·김민환 편, 2016) 및 『냉전의 섬, 전선의 금문도』의 번역(김민환·정영신 역, 2020)으로 이어졌다. 또한 동아시아 냉전·분단체제 형성 과정에서 미국에게 전략적 요충지가 오키나와였다면, 소련에게는 뤼순과 다롄이 그런 역할을 맡고 있었다는 인식에서, 다롄에 대한 학제적 연구가 추진되었다(정근식·신혜선 편, 2016). 오키나와 연구에 비해, 금문도와 다롄 연구는 훨씬 더 탈냉전적 상황에 초점을 맞추었다. 이 연구들은, 냉전 구조가 무너진 이후 늘어난 초국적 이동과 흐름 속에서 남겨진 냉전 유산을 활용하려는 발전의 열망이 분출하거나 유산의 해석과 이용을 둘러싼 갈등이 새롭게 고조하는 등 냉전의 섬과 예외지대가 처한 복합적인 모습을 보여준다. 양안관계의 시금석인 금문도에 관광과 평화의 물결이 찾아왔을 때 연평도에는 포격전이 일어났던 것처럼, 냉전·분단체제의 섬과 열점들은 상이한 운명을 맞이하고 있기도 하다. 그럼에도 불구하고 냉전의 섬이자 예외지대로 기능했던 공간들이 여전히 탈냉전·분단체제의 미래를 가늠하는 나침반의 역할을 수행하고 있다는 점을 기억할 필요가 있을 것이다.

3 동아시아 평화의 비교관계사 연구: 『포위된 평화, 굴절된 전쟁기억』의 성과

　동아시아 냉전·분단체제의 지역들, 특히 체제 형성에 결정적인 요충지가 되었던 오키나와와 금문도와 같은 '냉전의 섬'들이나 냉전·분단체제의 모순이 폭발했던 금문도, 백령도, 연평도 등의 '열점'들은 체제 변동의 영향을 직접적으로 받은 곳이다. 하지만 그 효과는 매우 다르게 나타났다. 동아시아 냉전·분단체제의 1차 해빙기였던 1968~72년의 시기에 오키나와는 일본으로 복귀했고 오키나와와 일본의 분리는 극복되었다. 하지만 오키나와의 미군기지는 여전히 체제 유지의 중요한 군사적 기둥으로 기능하고 있다. 금문도를 보자면, 2차 해빙기였던 1988~92년 이후 양안관계는 크게 개선되었고 2001년의 '소3통'과 2008년의 '3통'을 통해 금문도는 양안관계 탈냉전의 수혜를 보았다. 같은 시기, 개선될 기미가 보였던 남북관계는 크게 악화되었고 연평도 해전을 거치면서 연평도를 비롯한 서해는 분쟁과 적대의 현장이 되었다. 오키나와, 금문도, 연평도, 뤼순과 다롄 등 정근식 선생이 연구해 온 지역들은 국제관계 변동의 중심축을 형성하거나 이동과 교류의 거점으로서 새로운 가능성을 보여주는 공간, 즉 동아시아의 전쟁과 평화연구에서 흥미로운 대상이 되는 공간들이었다.

그런데 동아시아 냉전·분단체제 형성과 작동에 핵심적인 역할을 담당했지만, 국경이나 분계선에 위치하지 않고 후방의 중심부에 위치한 곳이 있다. 바로 세계적인 '평화도시'로 불리는 히로시마(広島)다. 히로시마 시를 둘러싼 히로시마 만(灣)과 군항도시 쿠레 연구는 '냉전의 섬' 연구를 계승하면서도, 정근식 선생의 평화연구 시각과 방법론의 확장과 발전을 잘 보여주는 사례라고 할 수 있다. 그 성과물인 『포위된 평화, 굴절된 전쟁기억』은 히로시마의 평화에 대한 의문과, 그것을 잘 보여주는 한 장의 지도로부터 출발한다.

1945년 8월 6일 오전 8시 15분. 히로시마 시에 원자폭탄이 투하되었고, 도시 건물의 약 70%가 파괴되었으며 약 20만 명이 목숨을 잃었다. 이 역사적인 피폭 경험을 배경으로 히로시마 시는 전후 일본의 대표적인 '평화도시'로 자리잡았고, 세계 평화운동의 메카 중 하나로 기능해 왔다. 이것은 피폭에 의한 참상으로 고통받았던 히로시마의 당연하고 자연스러운 귀결이었을지 모른다. 하지만 히로시마 시는 평화도시가 되기 위해서 원자폭탄 피해 경험을 '절대화'하고 '유일화'하는 전략적 선택한다. 즉, 원자폭탄의 투하는 인류사에서 '원시시대'나 '국가의 시대'에 비견될만한 '핵의 시대'를 열었으며, 일본은 '유일 피폭국'으로서 세계평화의 구축에서 특별한 지위를 차지한다는 언설이 일본의 국민적 기억으로 자리잡게 된 것이다(권혁태, 2009). 그러나 히로시마가 자신의 피폭 경험을 강조하고 절대화할수록, 동아시아의 여러 나라들에서 일본의 식민지배와 전쟁책임에 관한 문제가 제기된다. 특히 일본이 히로시마의 경험을 바탕으로 '피해자 민족주의'를 강화할수록 이 같은 경향은 강해진다. 결국, 전체 피폭자 중에서 약 10%가 재일 조선인이었으며, 피폭자를 민족이나 국적별로 보면 거의 20개국에 달한다는 사실은 잘 드러나지 않게 된다. 또한 히로시마와 나가사키의 '절대적' 비극에 비해 다른 유형의 전쟁 피해들은 부차화되는 '고통의 위계' 문제도 드러나게 된다(권혁태, 2010). 거기에 더해 반핵(反核)의 가치를 절대화하는 '평화의 위계' 문제도 존재한다.

평화헌법에 기반을 둔 전후 일본의 형성에 결정적인 상징자원을 제공했던 '히로시마의 평화'가 안고 있는 한계 또는 비틀림의 문제는 국내외의 많은 학자들이 제기해 온 문제이기도 하다(권혁태, 2010; Yoneyama, 1999). 『포위된 평화, 굴절된 전쟁 기억 – 히로시마 만(灣)의 군항도시 구레 연구』는 히로시마에 대한 기존 연구들에 바탕을 둔 것이면서도, 전후 동아시아 냉전·분단체제가 만들어 낸 '역사적 평화'에 대한 연구라고 할 수 있다. 이 연구의 출발점이면서, 평화의 문제를 사고하는 우리의 시각에 새로움과 충격을 더한 것은 한 장의 지도였다. 그 지도는 히로시마와 쿠레에서 활동하는 한 평화운동가가 작성한 것으로, 히로시마 주변 지역, 즉 히로시마 만(灣)에 산재한 군사기지를 보여주는 지도였다. 그 지도는 즉각적으로 '평화도시 히로시마'가 군사기지와 '군사도시'에 포위되어 있다는 직관을 주었다. 히로시마의 바로 남쪽에는 요코스카, 사세보와 더불어 일본의 대표적인 군항인 쿠레(呉)가 있고, 히로시마의 남서쪽에는 주일미군 해병대의 항공기지인 이와쿠니(岩国)가 존재한다. 그 외에도 히로시마 만에는 수많은 탄약고와 훈련장이 존재하고 있다.

한 장의 지도로부터 출발하여 완성된 『포위된 평화, 굴절된 전쟁 기억』은 몇 가지 측면에서 동아시아 평화 연구사에서 중요한 성과를 남겼다.

첫째, 이 연구는 두 가지 측면에서 지역 평화 연구를 위한 중요한 방법론적 전환을 모색했다. 하나는 점(點) 또는 섬으로 전재해 온 히로시마가 아니라 면(面)으로서의 히로시마(의 평화)를 다루려 했다는 것이다. 히로시마의 평화를 말하기 위하여 히로시마 내부의 정치와 운동이 아니라 히로시마 만과 쿠레를 연구하고, 히로시마를 포함하여 히로시마 만을 구성하는 지역들의 관계성과 배치를 탐구하겠다는 것이었다. 또 다른 방법론적 모색은 평화도시 히로시마와 군항도시 쿠레라는 쌍을 평화도시 나가사키와 군항도시 사세보의 쌍과 비교한다는 '이중비교'의 전략이었다. 쿠레와 사세보는 19세기 말부터 개발되어 온 일본의 대표적인 군항으로 일본의 대외침략의 출전기지 역할을 담당했으며, 전쟁 기간에는 미군의 공습을 받았던 경험을 가지고 있다. 그리고 전후에는 군수산업 기술을 활용한 제조업과 조선산업을 통해 전후 부흥을 경험했다는 공통점을 가지고 있다. 또한 일본의 대표적인 평화도시인 히로시마와 나가사키에 인접해 있다는 점도 흥미로운 공통점이다. 자신의 피폭 경험을 절대적인 것으로 인식하고, 전세계를 향해 반핵-평화의 메시지를 발신해 온 히로시마와 나가사키는 어떻게 자신의 바로 옆자리에 주일미군과 자위대의 대표적인 군사기지를 용인하고 공존할 수 있었을까? 평화(도시)의 관계성과 배치를 '이중비교'를 통해 연구함으로써 동아시아 냉전·분단체제의 후방이, 그리고 그곳에서의 '역사적 평화'가 어떻게 구성되었는지를 살펴보는 것이 『포위된 평화』의 주요 연구 목적이었다고 할 수 있다.

결과적으로, 이중비교의 구상은 제대로 실현되지 못했다. 이를 위해서는 네 지역에 대한 장기간의 현장 연구가 필요했지만, 충분한 시간과 여건이 마련되지 못했다. 또 하나의 이유는 쿠레 연구의 과정에서 평화연구의 대상으로서 쿠레가 지니는 흥미로운 문제들이 발견되었고, 이를 더 심층적으로 탐구할 필요성이 있었기 때문이다. 이것은 『포위된 평화』의 두 번째와 세 번째 성과와 연결된다.

둘째, 이 연구는 평화의 문제를 전지구적-국가적-지방적 정치경제구조의 변동과 연결하여 분석했다. 히로시마만의 군사도시로는 히로시마, 쿠레, 이와쿠니가 있지만, 이 가운데 히로시마와 쿠레는 전전과 전쟁 기간에 일본의 대표적인 군사도시로 성장했다는 공통점이 있다. 히로시마가 일본군 육군의 대표적인 군사도시였다면, 쿠레는 요코스카, 사세보, 마이즈루와 더불어 일본 해군의 대표적인 군항도시였다. 특히 쿠레는 일본의 군사화 과정에서 대표적인 산업도시로 성장했다. 1930년에 19,204명이었던 공원(工員)의 수는 1944년에 97,241명으로 늘어날 만큼 쿠레의 기계공업과 조선산업은 급속하게 팽창했고, '경기는 쿠레로부터'라는 말이 회자될 정도였다. 이러한 쿠레의 발전은 일본의 군국주의화와 동아시아 침략전쟁과 직접적으로 연결되어 있었다.

경제의 문제는 전후에도 전쟁과 평화의 문제와 지속적으로 연결된다. 전후 쿠레시는 산업시설이 파괴되면서 실업도시로 고통을 받는다. 군사화에 복무했던 산업시설들을 활용할 필요가 있었는데, 다만 그 목적을 평화의 이념과 결부할 필요가 있었다. 쿠레시는 요코스카, 사세보 등과 함께 평화도시 히로시마를 건설하는 법적 근거가 되었던 '히로시마평화기념도시건설법'을 모방하여 '구군항시전환법' 제정을 추진한다. 이 법은 "구 군항시를 평화산업항만도지로 전환하는 것"을 목적으로 하며 이를 통해 "평화일본 실현의 이상 달성에 기여"하는 것을 목표로 했다(정근식 외, 2015: 63). 그러나 이 구상은 실현되지 못하는데, 구군항시전환법이 1950년 6월 28일에 일본국 법률 제220호로 성립하지만, 3일 전에 발발한 한국전쟁으로 인해 쿠레시는 다시 군항으로 기능하게 되었기 때문이다. 그리고 쿠레의 군항 기능은 미일동맹에 의해 지금도 유지되고 있다. 전지구적인 냉전의 심화, 한반도에서 벌어진 전쟁, 미일동맹이 쿠레시의 미래에 직접적으로 영향을 미쳤던 것이다. 이후 쿠레시는 기계공업과 조선업을 다시 발전시키고 이를 통해 한때 일본 고도성장의 일익을 담당했으나, 1980－90년대에는 한국 조선업의 발전에 따라, 2천년대 이후에는 중국 조선업의 발전에 따라 쿠레 조선업이 쇠퇴하면서 도시는 전반적인 침체에 직면했다. 그리고 이러한 경기변동은 쿠레의 평화에 중요한 영향을 미친다.

셋째, 이 연구는 평화의 문제를 전쟁 경험 및 기억의 정치와 입체적으로 연결하였다. 쿠레와 히로시마 만의 평화를 살펴보기 위해 주목해야 할 다른 요소는 전쟁 경험과 기억·기념의 문제다. 전쟁 말기에 히로시마와 쿠레는 각각 원자폭탄과 미군 공습의 피해를 받았다. 쿠레에서도 원자폭탄의 버섯구름이 보였고 피폭자들이 나왔지만, 쿠레의 독자적인 전쟁 경험은 주로 연합군의 공습 피해로부터 구성되었고, 이를 기념하는 기념물들이 쿠레 시내의 여러 곳에 건설되어 있다. 피폭의 경험과 공습 피해의 경험은 이 지역 평화운동의 주요한 원천이기도 하다. 그런데 실은 두 지역에는 전쟁 경험의 또 다른 측면을 보여주는 장소가 있다. 히로시마에 존재하는 육군묘지와 쿠레에 존재하는 해군묘지가 바로 그곳이다. 히로시마의 육군묘지는 1872년에 건설되어 서남전쟁부터 청일전쟁, 러일전쟁, 시베리아출병, 노몬한사건, 태평양전쟁에서 전사한 46도도부현 출신 4천5백여 명의 묘가 존재한다. 이 육군묘지는 일본의 침략전쟁에 히로시마가 어떻게 관여해 왔는지를 보여주면서 동시에 그러한 역사가 피폭 경험에 의해 비주류화되어 있다는 점을 잘 보여준다. 반면, 1890년에 일본 해군이 건설한 쿠레의 해군묘지에는 쿠레에서 건조되거나 출항했다가 침몰한 전함의 위령비가 모여 있다. 이 해군묘지에서는 매년 위령제가 진행되며, 여기에는 해상자위대 관료들이 참여하여 '해군의 영광'을 기념하고 있으며 시장을 비롯한 지역 유지들도 참여하고 있다.

전후의 히로시마가 피폭 경험을 상기하면서 '반핵'평화운동의 메카로 독보적인 지위를 차지하는 동안, 쿠레는 한편으로는 '유일피폭국'이라는 국가 수준에서의 평화 담론에 동조해 오면서도 쿠레의 지역 수준에서 공습의 경험을 통해 평화의 의미를 구성해 왔다. 이러한 피해자 담론에서 평화란 '전쟁의 참상을 거부하는 것'으로 의미화된다. 전쟁은 그 자체로 비참한 것이지만, 스스로가 그 과정에 적극적으로 참여해 온 가해성의 문제는 전면화되지 않는다. 다른 한편으로 지역 수준에서는 군항의 역사로부터 이어져 온 군국주의적·군사주의적 담론이 지속적으로 재생되어 왔다. '힘을 통한 평화'를 추구하는 이 담론은 쿠레 지역에서는 해군묘지를 배경으로 재생산되었고, 국가 수준에서는 야스쿠니로 대표되는 극우파의 담론과 연결된다.

1980년대 후반으로 가면 이러한 구도에 중대한 변화가 나타난다. 한국 조선업의 발전에 뒤이어 쿠레 조선업과 경제 전반이 침체하면서, 지역 정치인들에게는 쿠레의 침체를 타파할 타개책이 필요했다. 이때 재-발견된 것이 바로 '전함 야마토'의 기억이었고, 쿠레가 '전함 야마토의 고향'이라는 점이었다. 전함 야마토는 중일전쟁이 개시된 1937년에 기공되어 1941년 12월 16일에 완성된, 당대 일본 해군 최대의 전함이었다. 전함 야마토는 쿠레 진수부에 적을 두고 일본 해군 연합함대의 기함으로 활동했지만 별다른 전과를 거두지 못하고, 전쟁 말기인 1945년 4월 7일 오키나와로 향하다가 미 공군의 폭격으로 침몰했다. 그리고 3,332명의 승무원 가운데 3천여 명이 몰살했다. 그런데 이 전함 야마토에 관한 이야기는 군사기밀에 속하는 것이었기 때문에 일반인들에게는 거의 알려지지 않았다. 전함 야마토의 이야기가 부상한 것은 1974년에 방영된 텔레비전 애니메이션 '우주전함 야마토'의 공전의 히트에 힘입은 바 크다. '우주전함 야마토'의 스토리는 지구가 방사능을 발사하는 외계인들에 의해 황폐화되고 지구인이 멸종의 위기에 직면한 시점에, 주인공들이 전함 야마토를 발견하고 이를 우주전함 야마토로 개조하여 방사능으로 오염된 지구를 정화시킬 도구를 찾아 화성으로 가는 여정으로 구성되어 있다. 결국 우주전함 야마토는 외계인의 전함을 파괴하기 위해 스스로를 희생하는 영웅적인 최후를 보여준다. 이처럼 우주전함 야마토를 경유하여 전함 야마토의 기억이 재생되는 과정은 결국 쿠레에서 일명 '야마토 뮤지엄', 정식 명칭으로는 쿠레해사역사과학관의 건립으로 나타났다.

넷째, 『포위된 평화』는 일본 평화운동의 복합적인 한계와 가능성에 주목한다. 먼저, 히로시마의 평화운동은 쿠레에서 진행된 전함 야마토의 군사주의적 부활에 전혀 대응하지 못했다. 히로시마 평화운동은 히로시마 만의 지역적인 평화의 과제보다는 반핵이라는 '보편적 과제'에 대응하는 것을 사명으로 여겼던 것이다. 그것은 '반핵은 반핵, 반기지는 반기지'라는 짧은 언어에 잘 나타나 있다. 반면 히로시마 만을 배경으로 반핵뿐만 아니라 지역에 소재한 미군기지와 자위대 기지의 확장이나 군사활동에 반대하는 평화운동 역시 존재한다. 히로시마, 쿠레, 이와쿠니의 평화운동을 연결한다는 의미에서 '피스링크'라고 불리는 이들은 히로시마 만 전역의 군사화에 반대하면서, 반핵운동과 반기지운동을 연결하려 한다. 또한 이들은 히로시마와 쿠레가 경험한 피폭과 공습의 경험으로부터 출발하여, 그것을 일본의 아시아침략과도 연결하고 있다.

'피스링크'의 존재는 지역 수준에서 역사적 평화의 형성에 역동성을 부여한다. 위에서 언급한 해사역사과학관의 건립 과정에는 세 가지 구상이 경쟁하고 있었다. 초기에 박물관의 건립을 주도한 지식인과 일부 관료들은 쿠레가 공창(工廠)이었다는 역사적 사실로부터 전전의 쿠레를 '장인의 마을'로 규정하고 공창을 중심으로 한 주민생활과 쿠레의 기술적 능력을 강조하는 기획을 구상했다. 그러나 1993년 쿠레 시장에 당선되어 3회 연임하면서 2005년까지 재임했던 오가사와라 신야전 시장은 경제계나 교육계와 협력하여, 전전의 쿠레가 조선산업의 중심지일 뿐만 아니라 전함 야마토의 고향이라는 점을 부각하는 기획을 제기했다. 전후 일본에서 야마토의 이야기가 터부시되었다고 비판하면서 야마토를 생산한 쿠레의 긍지를 되살린다는 입장에서 '야마토 뮤지엄'을 구상했던 것이다. 결국 후자의 기획을 중심으로 전자의 기획을 결합하는 방식으로 야마토 뮤지엄이 건립되었고, 이곳은 해사역사과학관과 '야마토 뮤지엄'이라는 두 개의 이름을 갖게 되었다. 그런데 이 건립과정에서 피스링크를 비롯한 평화운동가들은 전전의 쿠레를 군도(軍都)로 규정하고 시민들의 전시 생활과 피해를 중심으로 한 전시를 요구했으며, 일본의 전쟁책임을 명확히 하면서 쿠레의 현재를 군사기지와의 공존을 통해 설명하려 했다. 세 번째 기획은 주류적인 논의를 변경하는데 실패했으며 여전히 소수에 머무르고 있다. 『포위된 평화』는 이 소수 평화운동의 발견을 매우 중요하게 평가하고 있다. 그것은 전쟁과 평화의 복잡한 갈림길 속에서 일본사회가 스스로의 해답을 찾아가려는 내적인 움직임이 존재하며, 동아시아의 평화와 인권을 향한 연대를 위해 누구와 손을 잡을 수 있는가에 대해서도 시사하는 바가 크기 때문이다.

4 동아시아 평화연구의 진전을 위하여

사회학 내에서 '평화'라는 주제는 여전히 명확한 시민권을 얻었다고 말하기 어렵다. 그것은 전쟁, 폭력, 평화에 관한 연구가 존재하지 않는다는 의미가 아니라, 평화연구의 명확한 대상이나 연구방법론에 관한 논의가 진전되지 않았다는 점에서 그러하다. 1960년대부터 발전한 평화학의 평화연구는 평화 개념의 폭을 넓힘으로써 평화연구의 영역을 확장했지만, 평화연구의 방법론적 진전이 이루어졌다고 보기는 힘들다. 1980년대에 나온 역사사회학의 여러 연구는 근대와 폭력의 관계를 문제화하면서 근대사회의 형성 과정에 내재된 전쟁과 폭력의 흔적들을 추적하고 비판하는데 초점을 맞추었다. 이 연구들은 평화학의 발전 과정에서 나온 '적극적 평화' 개념의 발견과 뚜렷하게 연결되지는 않지만, 사회과학적인 전쟁과 평화연구에 역사적 시각의 중요성을 부각했다고 할 수 있다. 즉, 평화 개념과 연구방법론의 측면에서 본질주의적 평화 개념보다는 '역사적 평화' 개념에 근거했다는 것이다. '역사적 평화'의 시각은 근대의 형성으로 표현되는 사회변동의 과정에서 전쟁과 평화의 역사적 형태들을 구분하고 그것을 근대의 정치경제적 구조와 제도, 문화, 기억의 정치 및 평화운동의 형성과 연결하는 전략이라고 할 수 있다.

주로 유럽과 북미를 중심으로 이루어진 평화연구의 진전은 근대 유럽의 국가 형성 과정을 배경으로 하면서 국가 단위의 연구 전략을 택했다는 특징을 보여준다. 탈냉전 이후 동아시아에서 신냉전의 출현, 냉전·분단체제 하에서 억압되었던 주변과 지역적 소수자의 목소리의 분출, 국가 중심적 역사해석에 대한 비판 그리고 동아시아 여러 지역들의 교류와 만남은 평화와 인권 연구에 새로운 동력을 부여했다. 정근식 선생의 평화와 인권 연구는 이러한 맥락 속에서 발전해왔으며, 필자와 같은 소장 및 신진 연구자들에게 큰 자극이 되어 왔다. 동아시아 평화 연구의 방법론 모색이라는 점에서, 정근식 선생의 연구 작업들은 동아시아 냉전·분단체제라는 거시적 전망에 기초를 두고 있다. 그러나 이런 전망의 의미가 거시 역사에 대한 정교한 분석을 통해 초국가적 체계론을 발전시키는데 있다고 말하기는 어렵다. 오히려 오키나와나 금문도, 히로시마와 쿠레처럼 체계 전체를 작동시키는 모순의 결절점들에 대한 맥락적 분석을 진전시키는 방법론으로 기능해 왔다는 점에 주목해야 한다.

그런 점에서 『포위된 평화, 굴절된 전쟁기억』은 지역(local) 수준에서 역사적 평화에 대한 사회과학적 분석의 전형을 보여주는 성과물이라고 할 수 있다. 비록 처음 구상대로 진행되지는 않았지만 평화도시 히로시마와 군항도시 쿠레를 연결하여 나가사키-사세보와의 '이중 비교'를 기획한 것은 여전히 여러 상상을 자아낸다. 그리고 '점'으로 존재하는 히로시마의 평화에 주목하면서 '포위된 평화'를 만들어낸 히로시마 만의 군사화에 주목하고, 히로시마를 포위한 군사도시 쿠레의 '굴절된 전쟁기억'의 형성 및 이에 저항하는 피스링크의 평화가 지니는 가능성을 포착한 점은 역사적 평화 연구의 커다란 진전이라고 평가할만하다. 또한 일본 히로시마 만의 군항도시와 평화도시의 관계사에 관한 연구는 국가와의 관계에서 지역이 국가적 이데올로기나 안보체제의 능동적인 생산자가 될 수 있음을 보여줌과 동시에, 동아시아 냉전·분단체제에서 평화와 안보의 지역적 연결망들이 매우 불균등하게 배치되어 있음을 보여준다. '역사적 평화'가 지니는 맥락들에 충분히 주의를 기울이면서도 그 역동성과 관계사를 충분히 드러내는『포위된 평화, 굴절된 전쟁기억』, 그리고 오키나와 금문도 연구는 정근식 선생의 동아시아 평화와 인권 연구가 평화연구의 시각과 방법론이라는 측면에서 후학들의 든든한 디딤돌이 된다는 것을 잘 보여준다.

참고문헌

갈퉁, 요한. 2000. 『평화적 수단에 의한 평화』. 이재봉 외 역. 들녘.

구갑우. 2007. 『비판적 평화연구와 한반도』. 휴머니타스.

권혁태. 2009. "히로시마/나가사키의 기억과 '유일 피폭국'의 언설." 서울대학교 일본연구소. 『일본비평』 1. 그린비.

권혁태. 2010. 『일본의 불안을 읽는다: 일본 트라우마의 비밀을 푸는 사회심리 코드』. 교양인.

김동춘. 1998. "주제서평 – 분단체제론." 『통일시론』 1.

동아시아평화와인권한국위원회 엮음. 2001a. 『동아시아와 근대의 폭력 1』. 삼인.

동아시아평화와인권한국위원회 엮음. 2001b. 『동아시아와 근대의 폭력 2』. 삼인.

박명규. 2009. "남북관계와 비대칭적 분단국체제론." 『통일과평화』 1, 창간호.

박명림. 1997. "분단질서의 구조와 변화: 적대와 의존의 대쌍관계동학, 1945–1995." 『국가전략』 3(1), 1997년 봄·여름호, 세종연구소.

박명림. 2004. "한국분단의 특수성과 두 한국 – 지역냉전, 적대적 의존, 그리고 토크빌 효과." 『역사문제연구』 13.

백낙청. 1994. 『분단체제 변혁의 공부길』. 창작과비평사.

백낙청. 1998. 『흔들리는 분단체제』. 창작과비평사.

서보혁·정욱식. 2016. 『평화학과 평화운동』. 모시는사람들.

손호철. 1994a. "'분단체제론'의 비판적 고찰: 백낙청 교수의 논의를 중심으로." 『창작과비평』 84.

손호철. 1994b. "'분단체제론' 재고." 『창작과비평』 86.

신진욱. 2004. "근대와 폭력. 다원적 복합성과 역사적 불확정성의 사회이론." 『한국사회학』 38(4).

오준방·정근식. 2014. "금문도 냉전생태의 형성과 해체: 지뢰전시관 형성의 경로를 따라서." 『사회와역사』 104.

이삼성. 2006. "동아시아 국제질서의 성격에 관한 일고: '대분단체제'로 본 동아시아." 『한국과 국제정치』, 22(4).

이수훈. 2001. "백낙청 교수의 [통일작업과 개혁작업]에 대한 논평." 창비 게시판(http://www.changbi.com/last_bbs/search.asp), 8356, 8392, 8449번.

이종석. 1995. 『현대북한의 이해: 사상 체제 지도자』. 역사비평사.

이지원·정영신·김민환·주은우·진필수. 2014. 『오키나와로 가는 길』. 소화.

전형준·정문길·최원식·백영서. 2000. 『발견으로서의 동아시아』. 문학과지성사.

전형준·정문길·최원식·백영서. 2004. 『주변에서 본 동아시아』. 문학과지성사.

정근식. 2014. "동아시아 냉전·분단체제의 형성과 해체: 지구적 냉전 하의 동아시아를 새롭게 상상하기." 임형택·정근식 외. 『한국학의 학술사적 전망2』. 소명출판.

정근식. 2015. "냉전과 소련군기념비: 중국과 북한에서의 형성, 변화, 영향." 『아시아리뷰』 5(1).

정근식. 2016. "동아시아 '냉전의 섬'에서의 평화 사상과 연대." 『아시아리뷰』 5(2).

정근식 편. 2016. 『전쟁 기억과 기념의 문화정치: 남북한과 미국, 중국의 전쟁기념관 연구』. 진인진.

정근식·강성현. 2016. 『한국전쟁 사진의 역사사회학: 미국사진부대의 활동을 중심으로』. 서울대출판문화원.

정근식·김민환 편. 2016. 『냉전의 섬 금문도의 재탄생』. 진인진.

정근식·신혜선 편. 2016. 『다롄 연구 – 초국적 이동과 지배, 교류의 유산을 찾아서』. 진인진.

정근식·오준방. 2016. "동아시아에서의 탈냉전과 전장 관광의 지속가능성: 진먼을 중심으로." 『아시아리뷰』 6(1).

정근식·전경수·이지원 편저. 2008. 『기지의 섬, 오키나와: 오키나와 미군기지의 정치사회학 제1권 현실과 운동』. 논형.

정근식·주은우·김백영 편저. 2008. 『경계의 섬, 오키나와: 오키나와 미군기지의 정치사회학 제2권 기억과 정체성』. 논형.

정근식·헬렌 리·김민환·정영신. 2015. 『포위된 평화, 굴절된 전쟁 기억: 히로시마 만(灣)의 군항도시 구레 연구』. 제이앤씨.

정영신. 2012a. "동아시아 안보분업구조와 반기지운동에 관한 연구." 서울대학교 사회학과 박사학위논문.

정영신. 2012b. "동아시아 분단체제와 안보분업구조의 형성." 『사회와역사』 94.

제주4.3연구소 엮음. 『동아시아의 평화와 인권』. 역사비평사.

최원식. 1993. "탈냉전시대와 동아시아적 시각의 모색." 『창작과비평』 79.

토다 키요시. 2004. 『환경학과 평화학』. 녹색평론사.

하영선 편. 2002. 『21세기 평화학』. 풀빛.

후지메 유키. 2013. 『히로시마만의 군사화와 성폭력: 여성사에서 본 이와쿠니 미군사기지』. 논형.

Bauman, Zygmunt. 1989. *Modernity and the Holocaust*. Cambridge, UK: Polity Press.

Giddens, Anthony. 1987. *The Nation-State and Violence*. Berkeley: University of California Press.

Johnson, Chalmers A., ed. 1999. *Okinawa: Cold War Island*. Cardiff, CA: Japan Policy Research Institute.

Mann, Michael. 1986. *The Sources of Social Power. Vol.1*. Cambridge: Cambridge University Press.

Mann, Michael. 1993. *The Sources of Social Power. Vol.2*. Cambridge: Cambridge Uniersity Press.

Szonyi, Michael. 2008. *Cold War Island: Quemoy on the Front Line*. Cambridge: Cambridge University Press(김민환·정영신 역. 2020. 『냉전의 섬, 전선의 금문도』. 진인진.).

Tilly, Charles. 1993. *Coercion, Capital and European States*. Blackwell Pub.

Yoneyama, Lisa. 1999. *Hiroshima Traces: Time, Space, and the Dialectics of Memory*. California: University of California Press.

4부

국가폭력, 민주주의, 사회적 배제와 규율 연구의 어려움

사회운동론/정치사회학

4-1

사건으로서의 5·18[1]과
사회학적 연구방법론의 모색[2]

최정기(전남대학교 사회학과 교수)

1 5·18: 동시대사 연구의 어려움

　　동시대사에 대한 연구, 특히 국가폭력(State terror) 및 그에 대한 저항운동의 연구가 어렵다는 것은 그 사건과 어떤 형태로든 연루되어 있는 연구자가 연구 진행 과정에서 객관성과 과학성을 확보하기 힘들다는 의미일 것이다. 그 어려움을 잘 보여주는 연구가 맑스(K. Marx)의 프랑스 혁명에 관한 세 개의 연구(『프랑스에서의 계급투쟁』, 『루이 보나빠르뜨의 브뤼메르 18일』, 『프랑스 내전』)이다. 맑스가 동시대 사건들을

---

[1]　1980년 광주에서 발생한 국가폭력 및 그에 대한 저항이라는 일련의 사건(최정기, 2001: 404-405)을 가리킨다. 5·18은 행정적으로는 5·18민주화운동으로, 사회운동 진영에서는 5·18민중항쟁으로 불러왔지만, 그에 대한 연구방법의 모색과정을 주제로 하는 이 글의 특성상 여기서는 5·18로 호칭하겠다.

[2]　이 글을 작성하기 위하여 필자는 그동안 썼던 논문들(최정기, 1997; 2009; 2016; 2018; 2022)을 부분적으로 발췌·인용하였다. 이들 부분에 대해 인용 표시를 하지는 않았다.

연구하기 위해 선택한 방법은 이원적인 접근방법이었다. 즉 한편으로는 구체적인 행위를 추적하는 사건사적 접근방법을 택하면서, 다른 한편으로는 장기적이고 구조적인 사회변화를 검토하는 것이었다(Marx, 허교진 옮김, 1987). 이 방법에 대한 평가는 입장에 따라 다를 것이다.

　1980년대 이후 한국에서 5·18을 연구한다는 것은, 특히 필자와 같이 그 시기에 광주에서 대학을 다녔던 사람에게는 맑스가 마주쳤던 어려움을 그대로 만날 가능성이 컸다. 필자에게 5·18은 객관적인 사건으로 다가오지 않는다. 그것은 내 삶에 엄청난 충격을 준 사건이었다. 이러한 사정은, 정도의 차이는 있지만, 필자와 비슷한 연령층의 다른 지역 출신 연구자들에게도 마찬가지일 것이다. 그들은 1980년 당시 대학생이었거나 감수성이 예민했던 중·고등학생들이었으며, 또는 30대의 젊은 연구자들이었다. 이들에게도 5·18은 자신의 삶과 직·간접적으로 연관된 사건이었으며, 그런 만큼 엄청난 부담으로 다가오는 사건이었다.

　필자가 사회학적 연구대상으로서 5·18과 처음으로 대면했던 것은 1987년 말이었다. 당시 5·18의 진상을 정리하고 알리는 활동[3]을 하던 천주교 광주대교구의 정의평화위원회에서 대학원 학생이었던 필자에게 5·18 관련 시민의식조사를 의뢰한 것이다. 당시 필자는 대략 7개월 정도의 조사 및 보고서 작성기간을 거쳐 보고서를 작성하였는데, 그 결과가 『광주시민사회의식조사 – 광주민중항쟁을 중심으로 –』(천주교광주대교구정의평화위원회편, 1988)이다. 이 보고서는 필자가 처음으로 5·18 관련 자료들을 수집·정리하고, 검토하였다는 점에서 개인적으로 의미가 있다. 또 한 가지 그 보고서는 정근식 교수가 처음으로 5·18과 대면한 결과이기도 하다. 정근식 교수는, 비록 조사팀을 직접 맡은 것은 아니지만, 필자가 조사를 기획하고, 또 보고서를 집필하는 과정에 깊숙이 개입하였다. 한 가지 예를 들면, 600자 원고지 60매 분량의 보고서를 작성하면서 필자는 모든 원고지에 빨강색으로 적혀 있는 정근식 교수의 수정 요구로 다섯 번의 퇴고를 거쳐야만 했다. 이 과정을 통해 보고서가 보다 짜임새 있게 되었던 것은 물론이다.

3　이에 대해서는 2장에서 구체적으로 논의할 예정이다.

시민의식조사 보고서가 완료된 직후인 1988년 5·18에 대한 본격적인 연구를 목적으로 하는 '한국현대사사료연구소'(소장 송기숙 교수)가 설립되었는데, 필자는 정근식 교수의 추천으로 이 연구소에 연구원으로 참여하였다. 그때 이후 지금까지 필자는 5·18이라는 사건을 사회과학적으로 조명하는데 관심의 끈을 놓지 않고 있었다. 그리고 이 과정에서 정근식 교수는 다양한 방식으로 필자에게 영향을 미쳤다. 정근식 교수가 5·18과 5·18 기념사업을 주제로 논문을 쓴 것은 최초 「1980년 광주민중항쟁의 사회경제적 배경」(『광주민중항쟁 연구』, 풀빛, 1990)을 시작으로 「5·18민주화운동과 임을 위한 행진곡」(『한국현대사와 민주주의』, 경인문화사, 2015)에 이르기까지 9편 정도이다. 정근식 교수가 5·18 및 5·18 기념사업 연구에 미친 영향에 비해 상대적으로 논문 편수가 적다는 것도 놀랍지만, 단 9편의 논문으로 그 정도의 영향력을 유지하고 있다는 것도 놀라운 일이다. 이 글에서는 먼저 2장에서 5·18연구가 시작된 1980년대 말의 상황을 검토한 다음, 3장에서는 5·18이라는 동시대의 사건에 사회학적으로 접근하기 위하여 정근식 교수와 필자가 함께 고민했던 발자취를 살펴보고자 한다.

2 패배와 동시에 시작된 5·18 기억전쟁

역사적 사건으로서 5·18이 갖는 특징 중 하나는 1980년 5월 27일 새벽, 신군부 반란세력이 동원한 군에 의해 시민군이 패배하는 바로 그 순간부터 기억전쟁이 시작되었다는 것이다. 물론 당시에는 기억전쟁이라는 개념 자체가 없었다. 하지만 최후의 전투 직전에 윤상원이 고등학생들을 도청에서 내보내면서 '역사의 증인'이 되라고 한 말(박호재·임낙평, 2007: 406)은 당시 항쟁에 참여했던 사람들의 공통된 인식이었으며, 오늘날의 개념으로는 기억전쟁을 가리키는 말이었다. 1980년 5월에 기억전쟁과 관련된 현상은 의외로 많다. 항쟁기간 동안에 궐기대회를 주도했던 사람들은 27일 새벽, 계엄군이 진입하던 순간에도 궐기대회 기간 동안에 생산되었던 유인물들을 들고 나왔다. 언론사의 사진기자들은 군의 감시를 피해 국가폭력의 현장이나 항쟁 장면들을 찍은 필름들을 감추었다.[4] 그것은 이들이 유인물이나 필름들이 역사적 평가를 위한 중요한 자료들이라고 생각했기 때문이었다.

한편 항쟁 직후에서 1980년대 초반에 이르는 시기의 광주·전남지역은 5·18로 인해 만들어진 희생과 고통, 분노 등의 감정이 정리되지 않은 상태였다. 또한 제5공화국은 5·18에 대한 언급 자체를 매우 강력하게 탄압하고 있었다. 따라서 이 시기의 5·18은 학술연구의 대상이 아니라 분노의 원천이었으며, 외부에 알려야 할 숨겨진 진실이었던 것이다. 그럼에도 불구하고 이 시기에 5·18 학술연구의 토대를 이루는 네 가지 성과가 만들어졌다.

그 첫째는 광주지역의 사회운동 세력들이 힘을 모아 항쟁의 전 과정을 일지 형식으로 정리하고, 황석영이 감수한 『죽음을 넘어 시대의 어둠을 넘어』(1984/2017)의 출간이었다. 그것은 그동안 광주시민들의 체험 속에서만 존재하면서 타 지역 사람들에게는 소문으로만 오고가던 계엄군의 폭력과 시민들의 저항에 관한 이야기를 매우 사실적으로 정리하였다는 점에서 향후 학술연구의 토대가 되었다.

두 번째에서 네 번째의 성과는 5·18에 대한 언급 자체를 탄압하던 정부에 맞서서 천주교 광주대교구에서 1985년 이후 전개한 일련의 진상규명 활동들이었다. 먼저 천주교 광주대교구 정의평화위원회에서는 곳곳에 숨겨져 있거나 흩어져 있던 5·18 관련 유인물들을 모아서 『5·18 광주의거 자료집』(1985)을 출간하였다. 이들 자료들은 향후 학술연구를 위한 기본 자료였다. 다음으로 5·18 당시 사망한 사람들의 처참한 시신을 찍은 사진들을 모아서 『5월 그날이 다시 오면 – 광주항쟁 사진 자료집』(1987)이라는 사진첩을 만들었다. 이를 통해 1980년 광주에서 벌어진 일을 없었던 일로 하려했던 제5공화국의 의도에 정면으로 도전한 것이다. 마지막으로는 독일 사진기자 힌츠페터(Jürgen Hinzpeter)가 촬영한 영상자료를 모태로 해서 1980년 5월 당시 광주의 모습을 생생하게 담은 비디오 테이프를 제작·상영(1987)한 것이다.

천주교 광주대교구 정의평화위원회가 주도한 이들 일련의 행위는 한편으로는

---

4   이들 유인물들은 현재 5·18기록관에 소장되어 있으며, 필름들은 5·18관련 사진자료로 남아있다.

시민들의 분노를 불러일으켜서 6월 항쟁의 불씨를 제공하였지만, 다른 한편으로는 시민들 사이에서 진실규명 및 학술연구의 필요성에 대한 공감대를 형성하는 계기가 되었다. 이러한 성과들이 모여서 다음 시기의 5·18연구를 추동하는 힘으로 작용하였다고 할 수 있다.

3 5·18연구와 방법론의 모색

1) 구술채록방법론의 체계화과정

1988년 5월 23일 한국현대사사료연구소(이하 현사연)가 5·18에 관한 학술연구기관을 표방하면서 개설되었다. 정근식 교수와 필자도 여기에 참여하였고, 그것이 5·18연구방법에 대해 본격적으로 고민하게 되는 출발점이었다. 연구소의 개설 목적은 "가해당사자 측인 정부당국의 일방적인 발표와 피해당사자 측의 체험적인 '말'들이 대부분이었던 광주항쟁 자료를 보다 광범위하게 수집·집성함으로써 5·18이 지닌 현대사적 의의를 연구·정립시켜 나간다는 것"(한겨레, 1988년 5월 21일)이었다. 그런데 그때까지 우리 사회에서는 국가폭력 및 그 폭력에 저항하는 항쟁에 대하여 진상을 규명하거나, 연구해 본 경험이 거의 없었다. 그렇게 볼 때 5·18에 대한 자료 수집 및 연구라는 현사연의 목표는 그 자체가 하나의 새로운 시도이며, 어려운 도전이었다. 특히 피해자 등 관련자들의 증언을 기록해서 자료로 사용한다는 것, 즉 훗날 구술사 혹은 구술채록이라고 하는 조사방법 자체가 당시로써는 낯설었던 시도였다.

아감벤(Giorgio Agamben)은 아우슈비츠의 사례를 들면서 국가폭력 사건의 증언불가능성에 대해 이야기하고 있다. 그는 수용소에서 가장 육체적·정신적 충격이 심한 상태인 '걸어 다니는 시체'를 수용소의 은어인 '이슬람교도[5]'로 부르면서,

---

[5] 생명은 아직 있지만 신체적 기능이 극도로 저하되어 떨고 있는 모습이 멀리서보면 아랍인들이 기도하고 있는 것처럼 보인다는 이유로 이렇게 불렀다고 한다(Agamben, 2012: 64).

이들은 주위의 모든 관계들로부터 스스로 차단되고 모든 일에 무관심해진 상태라는 점에서 인간과 비인간의 경계라고 주장한다. 그렇다면 이들은 자신의 고통과 처참함을 증언할 수 있는가? 아감벤은 이들 '이슬람교도'들은 이미 비인간으로 앎과 봄이 불가능하다고 주장한다(Agamben, 2012: 80-82). 또한 '온전한 증인들'이나 의미있는 증언이 가능한 사람들은 이미 자신들을 관찰하고 기억하고 비교하고 표현할 능력을 상실했다(위의 책: 90-91)고도 한다. 즉 가장 처참한 상태에 있는 사람들이나 비교적 온전한 사람 모두 증언하기에는 한계가 있다는 것이다. 5·18에서도 가장 처참한 현장에 있었던 사람들은 이미 증언을 할 수 없는 경우가 대부분이며, 그것을 목격했을 때에도 '인간의 언어'로는 표현 불가능하다고 말하는 경우가 많았다.

그렇다면 5·18이나 아우슈비츠 같은 사건은 어떻게 역사에 기록하고, 어떻게 연구해야 하는가? 현사연의 선택은 관련자들의 목격담을 수집하는 것이었다. 공식문서만으로 조사하고 연구하는 것이 매우 불충분한 상황에서, 증언이 갖고 있는 근본적인 한계가 있는 것도 사실이지만, 그래도 수많은 증언의 채록이 연구의 시작이라고 생각한 것이다. 목격·체험담을 수집하는 방법은 한편으로는 사회과학적인 질적 조사방법을 감안하여 개별 변수들을 기록하는 개인카드를 활용하고, 다른 한편으로는 송기숙의 소설 자료수집 방식을 차용하여 증언의 채록이라는 조사방법을 채택하였다. 송기숙은 『자랏골의 비가』, 『암태도』 등 역사적 사건을 모티브 삼아 소설을 썼는데, 증언의 채록은 그가 역사적 사건과 관련된 자료를 수집하던 방식이었다. 그는 사건이 발생한 시기에 해당 지역을 직접 방문하여 그 사건을 기억하고 있는 사람들의 증언과 해당 지역의 특성을 종합하는 등 스스로 그 사건을 추체험하면서 소설을 썼다. 이 조사방식을 5·18과 관련된 목격·체험담의 수집에도 적용하였던 것이다. 당시 연구소에서 논의를 거쳐 마련한 채록항목들(그림 1)은 개인사 부분과 가족사 부분, 사건사 부분, 그리고 현재의 느낌으로 나누어져 비교적 상세한 질문을 포괄하고 있다.

증언의 채록은 한편으로는 사회과학의 면접 기법을 채택하여 채록요령에 있는 사항들로 만든 개인별 카드를 작성하게 하고, 다른 한편으로는 증언자의 자유

1. 개인사 부분
   - 신상: 이름, 성별, 생년월일, 본적, 주소, 연락처, 직업, 학·경력, 기술 여부, 병역관계 등
   - 5·18 당시의 주소, 직업, 가입단체와 그 직위 등
   - 친구관계: 이름, 직업, 연락처 등
   - 자신의 생활사(직업의 변천, 직위와 직급의 변천, 5·18단체 가입 여부 등)
2. 가족사 부분
   - 가족관계: 이름, 나이, 본인과의 관계, 학력, 경력, 직업 등
   - 가족의 재산관계의 변천사, 특히 부동산의 취득 및 처분관계를 중심으로 조사
   - 이농관계: 이농 당시의 재산정도, 재산의 처분방법, 이농의 이유 등
   - 도시로 이주한 후 재산관계의 변천과정, 직업 변천과정 등
   - 생계문제: 지금까지 생계를 꾸려온 방식
3. 사건사 부분
   a. 참여 정도 확인(예: 목격, 참여, 주도적 관련자로서 사건에 관계 등)
   b. 목격자의 경우
      - 목격지점의 확인
      - 목격 사실만을 객관적으로 진술하도록 함
      - 목격의 정도를 확인
      - 목격자가 정확히 어느 지점에서 무엇을 목격했는가를 확인함
   c. 참여자의 경우
      - 참여의 정도 확인
      - 참여자가 누구와, 무엇을 하였는가?(자신과 타인의 행동, 들은 것과 목격한 것 구별)
      - 참여의 동기 및 이유 확인
      - 참여자가 조직체의 일원인 경우, 그 조직체의 성격, 참여자의 지위, 조직원 명당 확인
      - 참여자의 목격담도 채록, 다른 참여자에 대한 소개 부탁
   d. 주도적 관련자의 경우
      - 주도적 관련자란 연행, 구속, 부상당한 경험이 있는 사람, 혹은 유족을 말함
      - 관련관계를 자세히 조사
      - 연루자의 경우에는 심경 변화가 심하여 당시와 현재의 생각이 혼용됨으로 주의 요망
4. 현재의 느낌
   - 5·18광주민중항쟁 이후 조사대상자가 어떻게 살아왔는가?
   - 5·18 이후 5·18을 어떻게 생각하는가?
   - 현재는 5·18을 어떻게 생각하는가?

그림 1 구술채록 질문 항목들

* 한국현대사사료연구소, 1988년 6월 15일, 「현대사 사료연구1」 참조.

로운 구술을 녹음했다가 원고지에 옮겨 적는 방식으로 진행되었다. 그리고 작성된 원고는 연구위원 및 연구원들이 검토한 후 재조사를 요청하거나 수정하였다. 정근식 교수는 여러 연구위원 중 한 명이었지만, 구술채록 작업을 실질적으로 총괄하면서 적극적으로 참여하였고, 필자는 연구원으로 그 작업에 참여하였다. 이러한 작업의 결과가 『광주오월민중항쟁사료전집』(한국현대사사료연구소, 풀빛, 1990)이다. 그런데 이 작업이 진행될 때만 해도 조사에 참여한 사람들은 이러한 조사방식의 의미를 잘 알지 못했다. 그러다가 5·18에 대한 증언 채록이 어느 정도 마무리되고, 조사과정을 정리하는 학습에서 비로소 구술사(oral history) 혹은 구술채록이라는 개념을 알게 되었다. 그리고 의도한 것은 아니었지만, 현사연에서 했던 5·18 증언 채록 작업이 이후 한국의 학계에서 구술사 및 구술채록 방법이 널리 퍼지는 계기가 되었다.

2) 미국 사회운동론의 참조와 네트웍 및 도덕적 정당성의 문제

현사연의 설립은 한편으로는 5·18 관련 자료들의 수집 및 정리가 활성화된 계기였지만, 다른 한편으로는 5·18연구의 시작을 알리는 것이었다. 현사연에서 주도한 이 시기 연구의 특징은 지역 외부의 진보적인 저명인사들을 통해 5·18에 대한 긍정적인 이미지 부여를 시도하는 것이었다. 그 시초는 1989년 광주민중항쟁 9주년을 기념하여 현사연이 주최한 학술대회 '5·18 광주민중항쟁과 한국민족민주운동'이었다. 여기서는 당시 학계의 중견 및 원로라고 할 수 있던 김세균(정치학, 서울대교수)과 강만길(한국사, 고려대교수), 박현채(재야경제학자, 이후 조선대교수)가 발표자로 나서서 5·18에 대해 민족사적 의미를 부여하였다. 이러한 경향은 10주년을 기념하여 역시 현사연에서 주최한 학술대회 '광주5월민중항쟁'에서도 마찬가지였다. 이때는 지역에서도 정근식(사회학, 전남대교수), 오수성(심리학, 전남대교수) 등이 발표자로 나서고 있지만, 여전히 이수인(정치학, 영남대교수), 김진균(사회학, 서울대교수), 김홍명(정치학, 서강대교수 이후 조선대로 옮김), 김세균, 장을병(성균관대교수), 고은(시인) 등이 발표자로 나서서 분야별로 5·18에 대한 학술적 접근을 시도하고 있다.

그러나 이들의 연구는 선언적인 의미를 갖는 것이었고, 진정한 의미에서

5·18에 대한 사회과학적 분석은 지역 외부에서 시작되었다. 즉 서울 지역의 몇몇 연구자를 중심으로 유물론적 맑시즘이라고 하는 사회과학적 접근을 이용하여 5·18을 인과적으로 설명하려 한 것이다. 이러한 움직임의 대표적인 성과들로는 계급론적인 패러다임의 연구성과들(정해구 외, 1990; 손호철, 1995)을 들 수 있다. 이들의 연구 성과는 5·18이 지닌 의미의 재해석을 가능케 하고 1980년대 사회운동의 진전에 커다란 영향을 미쳤다는 점에서 긍정적이었다. 또 이러한 연구를 통해 시민들이 겪었던 희생과 고통이 학문적 담론으로 재구성되었으며, 광주만의 특수한 경험이 보편적인 경험으로 나아갈 수 있는 토대가 마련되었다. 그러나 정근식 교수는 맑시즘의 계급론적 패러다임을 통해 5·18에 접근하는 것이 갖는 한계를 비교적 크게 인식하고 있었다. 당시 정근식 교수와 함께 한 학술세미나팀은 그 한계를 다음과 같이 정리하고 있었다.

첫째, 이들 연구들은 추상수준이 높은 구조와 참여자들의 행동을 직접 연결시킨다는 한계가 있다. 즉 장기적인 구조 분석을 통해 곧바로 중·단기적인 국면 및 행동을 설명하는 한계를 보이고 있는 것이다. 나아가 5·18과 같은 단기간의 비조직적인 대중봉기를 여타 사회운동과 동일한 방식으로 설명하는 것이 타당한가라는 의문이 제기될 수 있다.

둘째, '왜 광주에서만 폭력적인 저항이 발생했는가'에 대한 답을 할 수 없다. 5·18은 두 사건의 결합으로 설명해야 한다. 즉 국가권력의 담지자인 군인에 의해 민간인 테러 및 살상이 발생한 사건과 시민에 의해 그에 대한 저항이 발생한 사건이 결합하여 5·18이라는 역사적 사건을 구성하고 있는 것이다. 그러나 기존의 연구들은 학살의 측면을 무시하는 경향이 있었다. 항쟁이 발발한 원인이나 시민들이 참여한 이유를 설명하기 위해서는 반드시 군인들에 의해 행해진 폭력을 전제해야만 하는데, 기존의 연구들은, 의도적이든 그렇지 않든 간에, 그 점을 소홀히 하는 경향이 있었다.

셋째, 5·18은 무차별적인 폭력과 살상을 행하는 계엄군에 대항하여 시민들이 비조직적이고 자발적으로 무장투쟁을 전개한 사건이다. 따라서 참여자가 갖는 심리적 부담도 역시 죽음을 각오해야 할 만큼 컸을 것이다. 그렇다면 평상시에는 상상할 수도 없는 이러한 참여가 어떻게 가능한가? 이에 대하여 기존의 연구는 명쾌한 답을 제공하지 못하고 있었다.

이러한 한계를 절감하고 있던 시기에 정근식 교수는 1년 동안 하버드 엔칭연구소에 방문학자로 나가게 되었다. 그리고 거기서 그는 미국의 사회운동론 수업을 청강하면서, 5·18에 대한 새로운 접근방법을 모색하였다. 미국에서 귀국한 뒤 정근식 선생은 대학원에 미국의 사회운동론을 소개하는 강의를 개설하였으며, 필자도 그 강의를 들었다. 그리고 그 강의는 자연스럽게 미국의 사회운동론을 어떻게 5·18 연구에 접목시킬 것인가로 모아졌다. 강의와 비공식적인 만남 등을 통해 정근식 선생과 필자 등은 국가폭력과 대중의 저항 사이에, 그리고 구조적 요인과 대중의 저항 사이에는 매개 변수가 필요하다고 판단하였다. 과도한 국가폭력으로 공포가 지배적인 상황에서 대중들의 저항 혹은 굴종을 매개하는 요인이 있다고 생각한 것이다. 즉 어떤 조건하에서 사람들은 폭력의 행사에 저항하거나 굴복하는 것일까? 또 폭력적인 저항이 발생하였을 때, 대중들의 참여 및 동원은 어떻게 이루어지는가? 등의 질문이 생긴 것이다.

그 결과 당시 미국의 사회운동론을 검토하면서 필자는 5·18에서의 참여 및 동원과정에 영향을 미친 요소들을 다음과 같이 세 가지로 정리하였다. 첫째, 국가폭력의 피해 주민들 사이에 동원 가능한 네트워크이 존재하는가이다. 둘째, 도덕적 정당성의 문제이다. 즉 폭력을 가하는 집단이나 폭력의 대상이 되는 사회집단이 스스로에게 도덕적 정당성을 부여하고 있는가, 그렇지 않는가의 문제이다. 셋째, 대중의 자생적 저항을 촉발하는 구체적인 계기들이 만들어지는가의 여부이다.[6] 이들 계기들은 조직적인 형태일 수도 있지만, 비조직적인 형태일 수도 있다. 필자는 정근식 선생이 2000년에 쓴 두 편의 논문, 「부마항쟁과 79-80레짐」과 「부활광

---

6 자원동원론에서 대중의 불만은 항상적인 요소이며, 사회운동의 성공여부는 그러한 불만의 조직화를 담당하는 기획자(entrepreneur)가 중요하다고 주장하는 것은, 이러한 계기를 만들어내는 운동조직의 중요성을 강조하는 것으로 볼 수 있다. 그러나 본 연구에서는 연구대상이 갖는 특성으로 볼 때 오히려 비조직적인 형태의 계기들이 훨씬 중요하다고 판단하였다.

주? – 과거, 현재, 미래」도 비슷한 문제의식 속에서 고민한 결과였다고 믿는다. 또 필자가 쓴 두 편의 졸고, 「광주민중항쟁의 지역적 확산과정과 주민참여기제」(1997)와 「국가폭력과 대중들의 자생적 저항」(2002)도 같은 문제의식 속에서 고민한 결과였다.

3) 3단계 항쟁론 및 최후 항쟁의 강조

정근식 선생과 필자 등이 미국에서의 사회운동론 논의를 검토하면서 계급론 패러다임을 통해 5·18을 설명하는 것의 한계를 넘어서려고 할 때, 학계에서도 유사한 시도가 이루어지고 있었다. 1997년부터 1999년 사이에 한국을 대표하는 사회과학 학술단체들인, 한국정치학회, 한국사회학회, 학술단체협의회가 각각 5·18을 주제로 학술대회를 개최하였고, 각 학회의 중견학자들이 5·18관련 논문들을 발표했던 것이다.[7] 이때 발표된 논문 중 대표적인 연구로는 한상진(1998)과 최정운(1998; 1999)을 들 수 있다. 이들은 모두 당시 광주지역에서 행해졌던 극심한 국가폭력 하에서 형성된 투쟁 자체에 적극적인 의미를 부여하면서, 그것들을 인간의 존엄성에 대한 '승인투쟁(Struggle for Recognition)' 혹은 '절대공동체(absolute community)'로 개념화하고 있다. 그런데 10년 가까이 1,500명[8] 정도의 5·18 관련 증언을 정리하고, 자료들을 검토해온 정근식 선생과 필자는 이들의 연구를 높게 평가하면서도 동의하기 어려운 부분이 있었다. 이에 대해 현재까지 강한 영향력을 갖고 있는 최정운의 연구(1999)를 중심으로 정근식 선생의 비판과 그 비판을 계승한 연구에 대해 살펴보겠다.

최정운은 5·18민중항쟁을, 극심한 폭력 하에서 형성된 투쟁 자체에 적극적

---

[7] 1997년에는 한국정치학회가, 1998년에는 한국사회학회가, 그리고 1999년에는 학술단체협의회가 학술대회를 개최하였다. 이 학술대회들은 광주광역시에서 경비를 대면서 요청한 것이기도 했지만, 다양한 관점에서 5·18 관련 논문들이 쏟아져 나온 계기이기도 했다.

[8] 『광주오월민중항쟁사료전집』(한국현대사사료연구소, 풀빛, 1990)은 499명의 증언을 모아놓은 것이지만, 조사를 완료한 수는 1500명 정도였다.

인 의미를 부여하여 그것을 '절대공동체'로 개념화한다(최정운, 1999). 즉 18일부터 21일까지 광주지역에서는 공수부대의 비인간적인 폭력에 맞서는 과정에서 시민들 사이의 차이가 무화되며, "각각의 시민들이 다수의 동료들을 만나 하나로 융합되고, 그곳에서 인간의 존엄성에 의혹이 없는 새로운 자신을 발견하는 변화"를 경험하는 절대공동체를 이루어냈다는 것이다. 이러한 인식의 연장선상에서 최정운은 20일부터 형성된 절대공동체로 인해 21일 도청 앞 광장에서 있었던 군의 집단사격에 맞서서 "시민들이 총을 잡은 것은 자연스러운 일"이었다고 주장한다(전게서: 151). 어떻게 시민들의 무장투쟁이 가능했는가라는 질문에 절대공동체로 답한 것이다.

그런데 이와 함께 그는 총을 들고, 무장한 행위가 '절대공동체'의 균열을 가져왔다고 주장한다. 그에 따르면, 총을 잡은 시민들이 '시민군'으로 태어나는 순간, 많은 사람들은 한편으로는 승리를 기대하면서도 동시에 공포를 느꼈다는 것이다. 그 결과 무장한 시민들과 그들을 바라보는 시민들은 서로가 다른 삶을 사는 집단, 다른 계급에 속해 있다는 것을 느꼈다고 주장한다. 즉 절대공동체에 금이 가기 시작했다는 것이다(전게서: 154). 나아가 최정운은 시민들이 무장한 행위가 정치적으로는 별다른 효과를 갖지 못했다고 평가 절하한다. 무엇보다도 그는 시민군들이 즉자적인 저항을 하였지만, 항쟁의 방향에 대해서는 영향력을 거의 행사하지 못했다고 생각한다(전게서: 184).

그런데 최정운의 절대공동체론은 5월 18일 이후 21일까지 광주지역에서 벌어진, 현실적으로 이해하기 어려운, 시민들의 죽음을 초월한 항쟁을 이해하는데 초점이 맞추어져 있다. 그 결과 21일 군이 광주지역에서 퇴각한 이후는 절대공동체가 와해되는 과정으로 설명된다. 또 절대공동체론은 항쟁 초기에 대한 탁월한 설명에도 불구하고 5·18민중항쟁을 지나치게 특수한 것으로 설정한다는 점, 당시 왜 광주에서만 절대공동체의 형성이 가능했는지 설명하지 못한다는 점, 21일 이후의 항쟁에 대해서는 설명력이 떨어진다는 점 등에서 한계가 있다. 이러한 논의구조 때문에 그는 절대공동체로 인해 시민들의 무장이 자연스러운 현상이라고 주장하면서도 시민군의 정치적인 행위는 평가절하 하고 있는 것이다.

정근식(2000b)은 이러한 한계를 지적하면서, 5·18로 통칭되는 10일간의 항쟁 기간을 저항(18-21일), 공동체의 형성(22-26일), 무력진압과 시민군의 자기희생(26일 밤-27일 새벽)이라는 세 개의 국면으로 구별하고, 항쟁의 완성이라는 측면에서 마지막 국면의 중요성을 강조한다. 즉 최정운과 한상진의 주장이 무자비한 폭력에 저항하는, 이해하기 어려운 항쟁의 첫 단계에 초점이 맞추어져 있다면, 정근식 선생은 항쟁의 의미가 완성되고 그것이 다음 시기의 사회운동으로 이어지는 계기가 되었다는 점에서 항쟁의 마지막 단계를 강조하고 있는 것이다. 물론 정근식 선생은 항쟁의 발발원인이나 주민들의 동원 및 참여과정에 대해서는 구체적으로 언급하지 않고 있지만, 항쟁의 마지막 단계를 강조하는 그의 입장은 후속 연구들에 큰 영향을 미쳤다.

정근식 선생의 3단계 항쟁론 및 최후 항쟁의 강조는 향후 필자의 5·18 사건 연구의 근간을 이룬다. 필자가 그동안 사건으로서의 5·18을 다룬 논문들(최정기, 2002; 2020; 2021; 2022)은 모두 5·18을 세 개의 기간으로 나눈 다음, 항쟁의 마지막 단계를 강조하고 있다. 다만 정근식 선생이 항쟁의 마지막 단계를 '무력진압과 시민군의 자기희생'이라는 제목 하에 26일 밤에서 27일 새벽 사이의 시기로 설정하는데 비해, 필자는 25일 항쟁지도부의 결성부터 27일 새벽 사이의 시기를 항쟁의 마지막 단계로 설정한다는 점에서 정도의 차이는 있다.

4 맺음말

1995~96년 무렵으로 기억하는데, 필자가 정근식 선생에게 관심 영역을 두 세 개로 좁혀서 대작을 남기는 것이 좋지 않겠냐는 말을 한 적이 있었다. 정근식 선생이 매우 넓은 영역에 걸쳐서 학문적 관심을 보이는 것보다는 확실한 자기 영역을 정했으면 하는 마음에서 한 말이었다. 즉답을 하지 않던 정근식 선생이 며칠 후에 여러 사람들이 모인 자리에서 공공연하게 "이 나이에 하지 않으면 언제 해"라면서 그 질문에 대해 부정적인 답을 한 적이 있었다. 그러다보니 정근식 선생의 학문적

이력을 보면 매우 다양한 영역에 엄청난 업적을 쌓아왔다는 것을 알 수 있다. 지금도 광주·전남지역을 대상으로 사회과학적인 연구를 하려는 사람들은 그 분야가 무엇이든 간에 정근식 선생이 했던 연구결과를 마주쳐야 하고, 그것을 뛰어넘어야 한다는 우스갯소리를 한다. 현재의 업적을 보면, 정근식 선생이 필자의 조언을 거부한 것이 잘 한 것이라고 할 수 있는 것 같다.

1980년대 말부터 시작된 5·18연구는 5·18과 관련된 다양한 사회현상들의 변화 속에서 크게 보면 1980년의 5·18 사건에 대한 연구와 1980년 이후의 5월 운동에 대한 연구로 분화하였다. 그리고 5·18 관련자들에 대한 보상과 기념사업이 진행되는 과정에서 5월 운동에 대한 연구는 기억과 기념에 대한 연구가 주를 이루게 되었다. 이러한 분화과정에서 필자는 비교적 5·18 사건에 대한 연구에 치중한 반면, 정근식 선생은 모든 분야를 아우르는 모습을 보여주고 있다. 앞에서 언급한 '3단계 항쟁론 및 최후 항쟁의 강조'가 5·18 사건에 대한 연구에 미친 영향이라면, 5·18과 관련된 기념 및 의례에 대한 연구에서도 그는 선구자적 위치를 점하고 있다. 최근 5·18 기념 및 기억에 대한 연구에서 '당사자주의'라는 표현이 자주 등장하는데, 그 출발도 역시 정근식 선생의 「청산과 복원으로서의 5월 운동」(2001)이다.

정근식 선생이 이렇게 다양한 분야에서 학문적 영향력을 갖고 있는 이유가 무엇일까? 그 이유는 여러 가지가 있겠지만, 비교적 젊었던 시절부터 정근식 선생을 옆에서 지켜봤던 필자가 보기에 두 가지를 꼽을 수 있을 것 같다. 하나는 정근식 선생이 엄청난 호기심을 갖고 있다는 것이다. 그는 마주치는 모든 현상에 관심을 갖고 재미있어 한다. 그러다보니 매우 다양한 영역에서 학문적인 성과를 내고 있는 것이다. 다른 하나는 그가 기존 이론들을 공부하고 참고하지만, 가능한 한 구체적인 현실 속에서 질문을 찾고 답한다는 것이다. 1980년대 이후 한국의 학계는 외부에서 수입된 이론들의 영향력이 매우 컸다. 그것은 한국의 학계에 매우 긍정적인 영향을 미쳤지만, 달리 보면 수입 이론들의 유행에 휩쓸리는 측면이 있었고, 학자들의 자유로운 상상력을 가로막는 요인이기도 했다. 그런 점에서 정근식 선생은 상대적으로 이론보다는 구체적인 현실에 발을 딛고, 현실적인 접근을 하고 있다. 그 점에서 그의 연구가 후학들에게 학문적 영향력을 발휘하는 것 같다.

앞으로 정근식 선생의 학문적 여정이 어떻게 진행될 지는 아무도 모른다. 심지어 정근식 선생 자신도 모를 것이다. 얼마 전 사적인 자리에서 만났을 때, 그는 여전히 학문적 활동에 대해 강한 의욕을 보이고 있었다. 정년퇴임을 눈앞에 두고도 나이를 무시하고 사는 그의 모습이 필자는 매우 반가웠고, 또 그 모습이 필자의 삶을 되돌아보게 하는 계기가 되기도 했다. 하지만 필자는 이 글을 빌어서 다시 한 번 1995~96년에 했던 말과 유사한 말을 하고자 한다.

"이제 선생님도 삶의 여정에서 한 숨 쉬면서, 호기심도 줄이고, 후세에 고전으로 남을 명저를 남겨주시길 기대하겠습니다."

참고문헌

자료

송기숙. 1988. 「메모노트」.

천주교광주대교구정의평화위원회. 1985. 『5·18 광주의거 자료집』.

천주교광주대교구정의평화위원회. 1987. 『5월 그 날이 다시오면 - 광주항쟁 사진 자료집 - 』.

한국현대사사료연구소(1988년 6월 15일). 「현대사 사료연구1」.

한국현대사사료연구소(1988년 9월 24일). 「현대사 사료연구2」.

한국현대사사료연구소(1990년 5월 15일). 「현대사 사료연구3」.

한국현대사사료연구소. 1990. 『광주오월민중항쟁사료전집』. 풀빛.

논문 및 저서

김정한. 2013. 『1980 대중 봉기의 민주주의』. 소명출판.

김태종. 2021. "5·18자치공간과 '민주시민'의 탄생: 5·18시민궐기대회 기록을 중심으로." 『민주주의와 인권』 21(2). 전남대학교 5·18연구소. 37-73.

박호재·임낙평. 1991/2007. 『윤상원 평전』. 풀빛.

손호철. 1995. "80년 5·18항쟁: 민중항쟁인가 시민항쟁인가?." 『해방 50년의 한국정치』. 새길.

이진경·조원광. 2009. "단절의 혁명. 무명의 혁명 - 코뮌주의의 관점에서 - ." 조희연·정호기 엮음. 『5·18민중항쟁에 대한 새로운 성찰적 시선』. 한울. 131-166.

이진경. 2012. 『대중과 흐름: 대중과 계급의 정치사회학』. 그린비.

정근식·민형배. 2000. "영상기록으로 본 왜곡과 진실." 『역사비평』 51. 267-291.

정근식. 1990. "1980년 광주민중항쟁의 사회경제적 배경." 『광주민중항쟁 연구』. 풀빛.

정근식. 1999. "광주민중항쟁과 5월운동." 제주 4·3연구소 편. 『동아시아의 평화와 인권』. 역사비평사. 303-315.

정근식. 2000a. "부마항쟁과 79-80레짐." 『지역사회학』 2. 한울. 248-284.

정근식. 2000b. "부활광주? - 과거. 현재. 미래." 『문학과 사회』 50. 문학과 지성사. 702-721.

정근식. 2001. "청산과 복원으로서의 5월 운동." 『5·18민중항쟁사』. 광주광역시5·18사료편찬위원회. 653-679.

정근식. 2005. "항쟁기억의 의례적 재현." 『민주주의와 인권』 5(1). 전남대 5·18연구소. 5-33.

정근식. 2007. "광주민중항쟁에서의 저항의 상징 다시 읽기: 시민적 공화주의를 중심으로." 민주화운동기념사업회. 『기억과 전망』 16. 143-182.

정근식. 2015. "임을 위한 행진곡 연구." 『역사비평』 80. 역사비평사. 252-277.

정해구 외. 1990. 『광주민중항쟁연구』. 사계절.

최정기·유경남. 2016. 『민주장정 100년. 광주·전남지역사회운동사: 5·18민중항쟁』. 광주광역시·전라남도.

최정기. 1997. "광주민중항쟁의 지역적 확산과정과 주민참여기제." 나간채 엮음. 『광주민중항쟁과 5월운동 연구』. 전남대학교 5·18연구소. 51-86.

최정기. 2001. "5·18과 양민학살." 『5·18민중항쟁사』. 광주광역시5·18사료편찬위원회. 404-440.

최정기. 2002. "국가폭력과 대중들의 자생적 저항." 『기억과 전망』 1(창간호). 민주화운동기념사업회. 197-217.

최정기. 2009. "지역에서의 5·18연구: 연구사 및 연구내용에 대한 비판적 검토를 중심으로." 『지역사회연구』 17(3). 한국지역사회학회. 59-74쪽.

최정기. 2016. "5·18연구소 20년과 5·18연구: 연구성과에 대한 비판적 검토를 중심으로." 『민주주의와 인권』 16(4). 전남대학교 5·18연구소. 5-32.

최정기. 2018. "5·18 국가폭력 및 항쟁과 구술조사 – 증언 불가능성에 대한 도전: 『광주5월민중항쟁사료전집』에 대한 비판적 성찰." 전남대 5·18연구소. 『민주주의와 인권』 18권 2호. 79-107쪽.

최정기. 2020. "민주화프레임과 학생운동네트웍. 그리고 5·18민중항쟁 – 1980년 전남대 학생운동 사례를 중심으로." 『사회와 역사』 127. 한국사회사학회. 185-218.

최정기. 2021. "5·18국가폭력으로 인한 죽음과 민중항쟁 – 5·18 당시 장례준비 의식의 의미를 중심으로." 『사회와 역사』 131. 한국사회사학회. 217-252.

최정기. 2022. "5·18민중항쟁에서 시민군의 조직과 활동이 갖는 의미 – 시민군의 무장원인 및 역사적 의미를 중심으로." 『5·18. 역사와 기억의 불화』 학술대회 발표집. 서강대 트랜스내셔널인문학연구소·전남대 5·18연구소·튀빙겐대 한국학연구소. 39-68.

최정운. 1998. "폭력과 사랑의 변증법: 5·18민중항쟁과 절대공동체의 등장." 한국사회학회 편. 『세계화 시대의 인권과 사회운동 – 광주민주화운동의 재조명』. 나남출판. 57-80.

최정운. 1999. 『오월의 사회과학』. 풀빛.

한상진. 1998. "광주민주화운동에서 본 국민주권과 승인투쟁." 한국사회학회 편. 『세계화 시대의 인권과 사회운동 – 광주민주화운동의 재조명』. 나남출판. 269-327.

황석영·이재의·전용호 기록/광주민주화운동기념사업회 엮음(1984/2017). 『죽음을 넘어 시대의 어둠을 넘어』. 창비.

Agamben. Giorgio. 정문영 역. 2012. 『아우슈비츠의 남은 자들 – 문서고와 증인』. 새물결.

Marx. Karl. 허교진 옮김. 1987. 『프랑스 혁명사 3부작』. 소나무.

4-2

정치적 대의와 '정치+사회'의 경계에서 연구하기

최종숙(민주화운동기념사업회 선임연구원)

1 들어가며

6월항쟁, 정당, 세대, 청년, 젠더, 시민운동, 촛불항쟁, 태극기집회, 민주주의, 소수자, 여성운동… 그동안 내가 관심을 두어 왔던 연구 주제들이다. 그리 예리하지 않은 사람들이라도 단번에 '참 다양하게도 다뤘구나' 하는 점을 눈치챌 것이다. 연구자들마다 특징이 있겠지만 나는 이처럼 폭넓은 주제에 관심을 갖고 관심사가 생길 때마다 관련 논문을 한두 편씩 쓰는 방식으로 연구를 진행해 왔다. 논문 한두 편 썼다고 그 분야의 전문가가 되는 것은 아니기 때문에 나에게 있어서 각각의 주제는 바둑에서 아직 집으로 발전하지 못한 포석처럼 외따로 놓여 있는 느낌이다.

이런 나이기에 이 글을 쓰면서 처음으로 나는 나의 연구궤적을 되돌아보는 시간을 가졌다. '평생'의 화두까지는 아니더라도 나에게도 오랜 시간 나름의 일관성을 갖고 추구해 온 연구주제가 있는지 확인하고 싶었기 때문이다. 다행히도 답변을 찾기까지 그리 오랜 시간이 걸리지는 않았다. 우선 어떤 주제를 잡더라도 나는 정치사회학 즉 '정치'와 '사회'가 만나는 접점에서 문제의식을 발전시켜 왔다는 자각이 들었다. 그것이 세대나 젠더와 같이 조금은 동떨어져 보이는 주제인 경우에도 그러했던 것 같다.

그리고 곧, 20대 중반 석사과정생이었던 나뿐만 아니라 필드논문을 준비하던 30대의 나, 그리고 지금의 나까지도 여전히 설레게 하는 개념 하나가 떠올랐다. 바로 '정치적 대의'(political representation)라는 개념이다. 항쟁과 지도부, 대표와 유권자, 사회운동과 정당 등 그 대상은 달랐지만 나는 그동안 이 개념의 언저리에서 여러 연구들을 진행해 왔음을 깨달을 수 있었다. 나는 어쩌다가 이 개념에 관심을 갖게 되었을까? 그리고 이 개념을 통해 내가 탐구하고자 했던 핵심질문은 무엇인가?

2 1990년대 학생운동 주변부에서

시간을 조금 거슬러 올라가 나의 학부시절 이야기부터 시작하는 것이 적절할 듯 하다. 학부시절 나는 학생운동 주변부에 머물렀던 '얼치기' 운동권이었다. '얼치기'라고 해서 운동에 대한 당시 나의 열정이 모두 허위였다는 것은 아니다. 대다수 고등학생들과 마찬가지로 입시 위주의 주입식 교육에 충실했던 나는 대학에 들어온 후 선배들이 권하는 책들과 학회 세미나 등을 통해 가치관의 큰 변화를 겪었다. 80~90년대 대학생들이 거치는 익숙한 루트를 통해 운동권이 된 나는 사회와 나 자신의 해방을 위해 무언가 기여하고 싶은 마음으로 충만해 있었다.

그러나 활동가로서 나는 그리 치열하지 못했고 평생 운동을 할 정도의 용기도 없었으며 실제로도 그리 오랫동안 운동권에 머물러 있지 않았다. 그것은 일차적으로 나 자신에게 문제가 있었겠지만 내가 운동에 참여했던 1990년대의 시대적 특성 탓도 있다고 본다.

내가 운동에 한발을 내디뎠던 1990년대 중반은 학생운동에게 그리 우호적인 분위기는 아니었다. 동구권은 무너졌고 김일성은 서거했으며 우리는 소비와 패션을 향유하는 '신세대'로 불렸던, 모두가 한목소리로 '세상은 변했다'를 외치던 시기였다. 그러나 90년대 학생운동은 학생의 권익신장을 목표로 삼는 '학생'운동에 머물러 있기보다는 여전히 사회 전반의 변화를 목표로 삼는 변혁운동의 선봉대가 되고자 했다. 게다가 세상은 변했다는 주장을 비웃기라도 하듯 학생운동은 여전한 동원력을 과시했는데, 100만 청년학도의 조직인 한총련이 막 출범했고 하루 걸러 집회, 시위가 잡혔으며 그때마다 거리로 나가면 수만 명의 학우대중을 손쉽게 만날 수 있었다. 80년대식 엔엘-피디 갈등이 여전했고 학생정치조직도 나름 활발했던 시기다.

그럼에도 당시를 떠올려보면 '승리'의 기억보다는 '패배'의 기억들이 더 선명하다. 1995년 전두환, 노태우 구속에 힘을 보탰던 우리는 그러나 1996년을 맞아 노수석의 사망, 그해 여름 연세대 '사태'를 맞았고 1997년 한총련 '사태'의 비극... 90년대 중반만 해도 건재해 보였던 학생운동은 90년대 후반을 지나며 급속도로 쇠락해 갔다. 나는 엔엘-피디운동권 어디에도 속해 있지 않았지만 '열심히 해도 세상은 변하지 않는다'라는 패배의식에 사로잡힌 채 운동을 그만두었고 IMF 외환위기로 노동시장이 얼어붙는 와중에 쫓기듯 대학원에 진학했다.

3 사회변화에서 개인의 비중, 지도부의 비중

운동을 접고 대학원에 진학했지만 운동의 이념이 틀렸다고 생각한 적은 없다. 무엇보다도 기울어진 운동장 혹은 피라미드 계층구조에서 쪽수는 가장 많지만 권력은 없는, 따라서 소수의 지배권력에 의해 억압받고 살아가는 약자의 편에 서야 한다는 생각은 지금까지도 변함이 없다. 따라서 이왕 공부를 시작한 김에 좀더 나은 사회를 위해 기여하는 연구를 하자고 마음먹었다.

대학원에는 훌륭한 교수님들, 선배들, 동료들이 있었다. 수업시간을 넘어 술자리에서도 계속되는 대화와 토론은 대학원 생활에 활력을 불어넣어 주었고 공부도 그럭저럭 할 만하다고 느꼈다. 그렇지만 대학원 생활이 평온하다고 느낄 때마다 운동을 그만둔 것이 비겁하게 느껴지곤 했다. 사회에 기여하는 공부를 하겠다고 했지만 결국 도피성일 뿐이라는 자괴감이 들었다. 그와 더불어 운동을 그만둘

때부터 나를 괴롭히던 패배의식이 되살아나곤 했다. 내가 더 열심히 했으면 세상이 바뀌었을까? 그래봤자 세상은 나의 의도와는 별개로 굴러갔을 것이다!

그런데 지금도 있는지는 모르겠으나 당시 서울대 사회학과 대학원에 '논문지도'라는 수업이 있었다. 이 수업은 석사과정 4학기 동안 1번 수강할 수 있는 수업이었다. 커리큘럼이 따로 정해져 있지는 않았고 담당 교수와 학생이 자유롭게 과제를 정해서 진행하는 형식이었다. 나는 석사 3학기에 이 수업을 신청했는데 마침 이재열 선생께서 수업을 맡아서 진행해 주셨다.

수업 첫째 날로 기억한다. 아직 석사논문 주제를 정하지 못했다는 나의 말에 이재열 선생은 요즘 관심사를 자유롭게 이야기해보라고 하셨다. 그래서 그때까지 그 누구에게도 해 본 적 없던 이 이야기를 했더니 선생님께서 그것은 '개인과 사회' 혹은 '행위와 구조'라는 사회학의 오랜 논쟁으로 풀어볼 수 있다고 짚어주셨다. 개인이 사회를 변화시킬 수 있을까 혹은 행위는 구조의 담지자일 뿐인가. 나의 관심사가 사회학이라는 학문 틀 속에서 다뤄질 수 있다는 점이 신선한 충격으로 다가왔다. 이재열 선생은 이 주제는 석사과정생이 이론적으로 접근하기는 어려우므로 사례를 하나 잡아서 다뤄보라고 조언해 주셨다.

이재열 선생의 조언을 듣고 머릿속에 6월항쟁이 떠올랐다. 6월항쟁은 아래로부터 집단저항을 통해 군부독재를 무너뜨리고 사회의 질서를 바꿔버린 대사건이다. 무엇보다도 당시 대학생들을 성공한 사회운동세대인 386세대로 만든 사건이기도 하다. 학부때부터 들어온 '87년 6월항쟁'이었지만 성공한 항쟁이라는 것 말고 제대로 아는 게 없다는 생각이 들었다. 6월항쟁 연구를 통해 성공한 항쟁은 어떻게 가능한지 또 그 성공에 개인들의 몫은 어느 정도인지 살펴볼 수 있겠다는 생각이 들었다. 그러자 그때까지 막연하게만 느껴졌던 석사논문을 써 볼 수 있겠구나 하는 생각을 했다.

석사논문 지도교수는 임현진 선생이었다. 6월항쟁으로 주제를 정하긴 했지만 항쟁의 첫 시점을 언제로 잡아야 할지 고민하고 있을 때 임현진 선생께서는 연구시기를 1987년 1월부터 1987년 6월까지로 좁혀볼 것을 제안해 주셨다. 선생님의 제안대로 연구시기를 좁히니 이 시기를 현미경적 관점으로 세밀하게 리뷰할 수 있었다.

　당시에는 자료를 어떻게 찾고 정리해야 하는지도 잘 몰랐던 것 같다. 석사과정때 들었던 강의에서 인연을 맺게 된 한신대 윤상철 선생님은 신문기사나 연감을 일별로 리뷰해 볼 것을 추천하셨다. 요즘에는 네이버나 카인즈에서 예전 신문기사를 온라인으로 서비스하고 있지만 2000년대 초반만 하더라도 도서관에 직접 가서 일일이 찾아보거나 마이크로 필름으로만 볼 수 있었다. 신문기사를 일별로 살피는 것은 힘이 드는 일이었지만 논문집필을 위해 반드시 했어야만 할 작업이었다. 그 안에서 시대를 해석하고 상대방의 전략을 고려하여 치열하게 행동해 나가는 저항주체들을 만날 수 있었기 때문이다. 결국 항쟁은 개개인의 행동과 의도가 만들어내는 것이다!

　물론 개인의 행동과 의도는 항쟁의 일부일 뿐이다. 6월항쟁의 발생국면이라고 불리는 1987년 1월부터 1987년 6월까지는 드라마틱한 변곡점들이 너무나도 많다. 영화보다 더 영화같은 전개이기에 2017년 실제 영화화되기도 했다. 6월항쟁 발생 얼마 전까지도 저항주체들이 항쟁이 이렇게 대규모로 일어날 것을 알지 못했다는 점은 잘 알려져 있다. 주체의 의도나 선택으로 설명할 수 없는 '우연'적 요소들이 항쟁발생에 깊숙이 관여해 있는 것이다.

　그러나 결국 항쟁은 개개인의 행동과 의도가 출발점이다. 개인이 모든 상황을 통제할 수는 없지만 개인이 준비되어 있는 만큼 우연적 요소들도 더 잘 활용할 수 있다. 내일 무슨 일이 일어날지 모르면서도 오늘 최선을 다하고 보는 다양한 인간군상들, 그러나 그들의 행동이 씨앗이 되어 내일의 사건이 준비되는 것을 보면서 나는 점차 패배의식이 극복되는 것을 느꼈다.

　그런데 나는 석사논문을 쓰는 과정에서 흥미를 유발하는 새로운 주제 하나를 접하게 되었다. 나의 석사논문 제목은 "6월항쟁의 발생국면에서 국민운동본부의 역할에 대한 연구"(2001)이다. 6월항쟁에 대한 것이기도 하지만 6월항쟁의 지도부인 '민주헌법쟁취국민운동본부'(국민운동본부)에 대한 것이기도 하다. 애초의 연구관심은 나 개인이 사회변화에 영향을 미칠 수 있는지, 따라서 '개인'과 사회의 관계에 가까웠다. 그렇지만 모든 개인과 단체를 다 살펴볼 수는 없기에 항쟁 지도부인 국민운동본부를 연구주제로 선택하게 된 것인데 그렇게 항쟁의 지도부를 연구하다보니 사회의 위치에 따라 개인의 영향력이 달라진다는 것을 알게 되었고 점차 나의 관심은 지도부에 대한 것으로 옮겨가기 시작했다.

항쟁 지도부는 항쟁 결과물로 만들어지는 것인가, 아니면 항쟁 지도부가 항쟁을 발생시키는가? 항쟁 발생에서 지도부의 역할 혹은 비중은 무엇인가? 나아가서 항쟁의 성격 혹은 한계에 지도부의 지분은 어느 정도인가? 아쉽게도 당시 나는 이 주제를 어떤 개념으로 살펴야 하는지 알지 못했고 그것을 본격적으로 탐구하기에는 연구역량이 미흡했다.

4 정치적 대의와 민주주의론

석사논문을 쓰면서 패배의식은 어느 정도 극복했다. 그렇지만 나는 석사논문을 쓰면서 충분히 공부하지 않았음을 고백한다. 그러다보니 석사논문이 그 누구에게도 읽어보라고 추천하기 어려운 '졸작'이 되었음을 인정한다. 또 박사과정을 마치고 돈을 벌기 위해 상당한 시간 연구라는 본업으로부터 멀리 떨어져 있어야 했다. 그때 벌어둔 돈으로 박사논문 쓰는 기간 논문집필에만 집중할 수 있었지만 박사논문을 쓰기 위해 다시 공부를 시작했을 때 무(無)에서 시작하는 고통을 느껴야 했다.

새롭게 공부를 시작하면서 나는 박사논문 주제로 2004년 민주노동당이 원내에 진입한 만큼 노동자 혹은 민중운동의 정치세력화 과정에 대해서 다뤄보자고 마음먹었다. 민주화 이후 지속적으로 시도되었던 노동계급의 정치세력화는 90년대 실패를 거듭한 끝에 민주노동당을 결성하고 결국 2004년 원내진입에 성공함으로써 1차적인 결실을 맺게 된다. 노동자, 민중운동의 염원이 실현되고 그 첫발을 내딛었다는 점에서 그 성공의 원인과 과정, 앞으로의 과제를 다룬다면 운동(사회)에 기여할 수 있겠다는 생각도 들었다.

나의 박사논문 지도교수는 정근식 선생이다. 처음 선생님을 뵈었을 때 근엄한 선생님들이 많았던 서울대 사회학과에서는 좀처럼 만나기 힘든 명랑만화 속 캐릭터 같은 분이라는 느낌을 받았다. 연구실로 찾아뵐 때마다 방안 가득 점점 쌓여가던 책더미 사이에 자리를 잡고 앉아 선생님과 차도 마시고 이야기를 나누던 기억이 난다. 상대방을 편하게 해 주는 분이지만 나에게는 지도교수였고 그만큼 어려운 분이었다. 무엇보다도 학문적인 이야기를 할 때 선생님의 말씀은 암호처럼 다가왔다. 무슨 의미일까 곱씹고 곱씹었던 기억이다.

내가 박사논문을 준비하던 시절만 하더라도 박사논문 프로포절을 제출하기 전에 필드논문 2편을 제출해야 하는 과제가 있었다. 노동운동과 민주노동당 연구를 염두에 두고 있었던 만큼 첫 번째 필드논문을 사회운동과 정당이 맺는 관계를 중심으로 작성하면 괜찮겠다 싶었다. 이러한 요지의 장문의 이메일을 문제제기 글과 함께 정근식 선생께 보냈더니 선생님으로부터 '정치적 대의'(political representation)라는 개념을 중심으로 먼저 리서치를 해 보라는 짧고 간단한 내용의 답장이 도착했다.

처음에는 정당과 사회운동의 관계를 정리하겠다는데 정치적 대의라니 그 연관성이 너무나도 멀게 느껴졌다. 그렇지만 이왕 제안해 주신 것이니 일단 관련 논문들을 읽어보자는 생각을 했다. 그런데 논문 몇 편 읽기도 전에 왜 이 개념인지 금방 알아챌 수 있었다. 석사논문 쓰고 돈 벌고 하면서 잊고 있었던 바로 그 주제, 항쟁에서 지도부의 역할과 관련한 바로 그 주제가 떠올랐던 것이다. 특히 Pitkin(1972)의 단행본 *The Concept of Representation*을 발견했을 때는 나와 이렇게도 연구관심이 비슷한 사람이 있구나 하는 생각에 심장이 뛰었다. 정당, 사회운동 그 자체에 대한 연구도 하고 싶었지만 그 이전에 우선 정치적 대의라는 개념에 대해 연구해 보고 싶다는 강렬한 욕망이 생겨났다.

정치적 대의는 유권자에 대한 대표의 역할을 다룬 개념이다. 지역구 선거를 통해 선출되는 의원의 역할이 무엇인지를 둘러싸고 생겨난 개념이지만 '대중과 지도부'라는 관계가 형성되는 어떤 경우에도 적용될 수 있다고 본다. 대표의 역할은 크게 독립론과 위임론으로 나눌 수 있다. 독립론이 대표가 유권자의 요구와 무관하게 결정을 내릴 수 있다는 입장이라면 위임론은 대표가 유권자의 요구를 그대로 반영해야 한다는 입장이다.

오늘날 대표의 역할이 유권자로부터 완전히 독립되어 있다고 보는 사람은 없을 것이다. 만일 그런 대표가 있다면 그(녀)는 이미 독재자나 다름없을 것이다. 그러나 위임론도 문제는 있다. 대부분의 유권자들은 다양하게 분열되어 있고 서로 각축하는 이해관계를 지니게 마련이다. 이들의 의견이 수렴되지 못할 때 대표는 누구를 대의할 것인가? 유권자들의 의견이 합치되어 있는 경우에도 그것이 항상 옳은 것은 아니다. 모든 유권자들이 인종차별을 지지한다면 그것을 그대로 대의하는 것이 과연 올바른가? 그렇기에 대표에게 일정정도 자율성이 허용될 필요가 있다. 그렇다면 대표가 갖는 자율성의 정당성은 어디에서 나오는가?

정치적 대의는 민주주의론과 떨어져서 존재하지 않는다. 근대의 초입 대의민주주의가 가장 정당한 통치체제로 자리잡은 이래로 화두는 어떤 대의제가 보다 바람직한가에 두어져 왔기 때문이다. 자연스럽게 나는 민주주의론도 공부하게 되었는데 2000년대 이후 한국사회에 참여, 심의, 전자, 환경민주주의 등 다양한 민주주의론이 도입되어 각축하고 있음을 알게 되었다. 그런데 한국사회에서 새로운 민주주의론을 다루는 연구자들은 대의민주주의에 상당히 비판적이며 새로운 민주주의론을 대의민주주의에 대한 대체제로 보는 경향이 있음을 발견했다. 한국의 의회와 정당이 제 역할을 다 하지 못하고 이들에 대한 시민들의 불만이 높은 상황에서 어쩌면 당연한 것이었을지도 모른다.

그러나 현대사회의 규모와 복잡성 등을 고려하면 대의제는 불가피하다. 그렇기에 대안민주주의론 역시 어떤 형태로든 대의제를 수용할 수밖에 없다. 나는 민주주의론의 기원과 새로운 민주주의론의 출현을 역사적으로 추적해 보고 대의제에 대한 각 민주주의론의 관점은 무엇이었는지 살펴볼 필요성을 느꼈다. 그리고 그 과정에서 슘페터로부터 시작된 엘리트 민주주의론, 그 대안으로서 참여민주주의론, 그리고 심의민주주의론 등 한 시기를 풍미했던 세 가지 민주주의론을 찾아낼 수 있었다. 그리고 이들이 정치적 대의에 대해 서로 다른 관점에 입각해 있다는 점도 발견할 수 있었다.

1950년대까지만 하더라도 지배적인 민주주의론이었던 엘리트 민주주의론은 대표가 반복적인 선거를 통해 선출되고 임기를 갖는다는 점을 제외하면 유권자와 상당히 독립적으로 활동할 수 있는 것으로 보고 있었다. 이에 대한 반동으로 1960년대 민권운동이나 반전운동, 신사회운동이 활성화된 상황에서 등장한 것이 참여민주주의론이다. 참여민주주의론은 그 명칭에서 드러나듯 직접민주주의에 가깝다. 그렇지만 대의제를 거부하지는 않는데 단 대표의 역할을 위임론에 가깝게 해석했다. 즉 불가피하게 대표가 필요하다면 대표는 유권자의 입장을 '그대로' 반영해야 한다는 것이다.

참여민주주의론의 뒤를 이어 1980년대 등장한 것이 심의민주주의론이다. 심의민주주의론은 참여민주주의론에 대한 성찰로부터 비롯되었다. 즉 유권자의 입장을 그대로 반영하는 것이 늘 올바른 정치적 대의 나아가서 올바른 민주주의가 아니라고 본다. 오히려 유권자 역시 결정을 내리기 전에 충분한 숙의deliberation가 필요하다. 유권자를 대의하는 대표들 역시 의회공간에서 공동으로 숙의해야 하며 필요하다면 애초의 결정을 변경할 자유를 보장받아야 한다. 이때 대표가 다른 대표들과의 숙의과정에서 애초의 결정을 변경했다면 자신이 대의하는 유권자에게 그 이유를 해명해야 할 의무가 있다. 따라서 심의민주주의론에서 보는 대표의 역할은 위임론보다는 독립론에 가깝다.

나의 첫 번째 필드논문은 이렇게 역사적으로 등장한 민주주의론 속에서 정치적 대의의 의미가 어떻게 변화했는지를 살펴보는 형식으로 작성되었다. 정치적 대의라는 개념을 통해 대표와 유권자, 지도부와 대중의 관계에 대해 이론적으로 깊이있게 탐구해 보고 올바른 대의에 대해서도 구상해 볼 수 있었다. 참여민주주의론과 심의민주주의론이라는 두 '대안'민주주의론에 대해서도 공부할 수 있었던 매우 뜻깊은 시간이었다.

나의 첫 번째 필드논문 제목은 "현대민주주의론의 정치사회학"이다. '정치사회학'이라는 명칭은 정근식 선생이 넣어주셨다. 다소 황송하긴 했지만 이 제목을 받았을 때 정치사회학 연구자로서 첫발을 내 딛은 느낌이었다.

5 민주노동당의 분당과 민주주의 이론의 적용

첫 번째 필드를 마무리할 때쯤 민주노동당의 분당이 이루어졌다! 민주노동당을 박사논문 주제로까지 생각하고 있었던 나로서는 충격적인 사건이었다. 물론 당시 나는 민주노동당 당원이면서 서울시당 대의원도 했었기 때문에 민주노동당이 원내진입 직후부터 위기에 봉착해 있음을 감지하고는 있었다. 그럼에도 분당은 큰 충격이었다.

민주노동당 분당을 다룬 기사들은 종북주의와 함께 패권주의, 비판의 자유 부재, 소수파 포용의 부재 등 당내민주주의 문제를 분당의 원인으로 꼽고 있었다. 기사들을 읽으면서 그동안 공부한 민주주의론을 민주노동당에 적용해 보고 싶다는 생각이 불쑥 솟아올랐다. 당시 필드논문 2편 가운데 한 편은 학술지 논문 게재로 대체할 수 있었다. 정근식 선생께 의논을 드렸더니 한번 해 보라고 격려해 주셨다. 그렇게 해서 나온 논문이 "민주노동당의 당내 민주주의 분석: 원내진입시기에서 분당국면까지(2004.6~2008.3)"(2009)이다.

나는 민주노동당의 당내민주주의가 제대로 작동하지 않았고 그것이 분당의 원인이 되었을 것이라는 가설을 세웠다. 그리고 참여민주주의론과 심의민주주의론을 활용해 참여모델과 심의모델을 만들었다. 민주노동당의 당헌, 당규는 물론이고 모든 의사결정기관의 회의록과 민주노동당의 공론장으로서 당기관지인 『진보정치』, 『이론과실천』, 인터넷 홈페이지 당원게시판 등도 꼼꼼히 분석했다. 워낙 민감한 사안이라 자료를 보고 글을 쓰는 내내 남모를 긴장감을 느껴야 했다.

민주노동당의 의사결정과정, 공론장 등을 살펴보니 염려했던 것과 달리 민주노동당은 당내민주주의가 상당히 잘 이루어지고 있었음을 확인할 수 있었다. 물론 자주파와 평등파간의 정파연합당으로 결성되었음에도 불구하고 2004년 원내진입 이후 최고집행기관인 최고위원회를 다수파가 독식하고 있었던 것은 사실이다. 그러나 자주파와 평등파 사이에 이미 폭넓은 합의가 이루어져 있었고 대부분의 사안에 대해 공론장을 중심으로 한 활발한 토론을 경유하여 소수파를 포용하는 방식으로 결정이 내려지고 있었다.

문제는 북한이슈였다. 가장 민감한 사안이고 정파간 이견도 가장 큰 북한이슈가 불거질 때마다 당원게시판 등을 중심으로 강력한 찬반논란이 벌어졌지만 다수파는 합의의 노력을 기울이지 않았고 점차 의결기관에서의 표대결로 나아갔다. 나는 민주노동당을 분당으로 몰고 간 북한이슈에 적용된 의사결정방식 역시 '민주주의'적 방식이었다고 생각한다. 다만, 그것이 참여모델에만 입각해 있었다는 점에서 큰 결함이 있었다고 본다. 의결기관의 대표들은 자신이 대의하는 정파와 그 정파를 지지하는 당원들의 입장을 충실히 대의했다. 위임론에 입각해 있었던 것이다. 그러나 위임론이 항상 옳은 것은 아니다. 무엇보다도 정답이 있을 수 없는 사회쟁점에 대해 전체 당원마저도 다수파와 소수파로 의견이 갈라져 있는 상태에서 지도부가 당원의 입장을 그대로 의사결정에 반영하는 것은 소수파의 의견을 배제하겠다는 것을 의미할 뿐이다. 분당의 원인으로 '패권주의'에 대한 비판이 '종북주의'에 대한 비판과 함께 나오게 된 것도 일정부분 근거가 있었던 셈이다.

이처럼 의견이 확연히 갈라져 있는 경우 필요한 민주주의 방식은 심의모델이 되어야 한다. 지도부는 공론장의 논의를 활성화함으로써 양자가 모두 합의할 수 있는 제3의 대안을 찾아낼 필요가 있다. 그것이 어렵다면 당장의 결정을 미룰 정도의 자율성 혹은 지도력을 발휘할 필요가 있다. 나는 민주노동당의 당내 민주주의를 분석하면서 올바른 대의민주주의란 '참여'가 기본이 되어야 하지만 반드시 '심의'로 보완되어야 한다는 점을 확신할 수 있었다.

이 논문은 학술지에 실린 나의 첫 번째 논문이다. 처음이라서 그런지 과연 내가 학술지 논문심사를 통과할 수 있을지 걱정부터 앞섰다. 그래서 문제제기부터 초고, 완성본에 이르기까지 글이 일단락되었다고 느낄 때마다 정근식 선생께 보내드리고 코멘트를 받았다. 사실상 선생님 덕분에 학술지에 실릴 수 있는 완성도 있는 논문을 쓸 수 있었던 것 같아 늘 감사한 마음이다.

6 항쟁과 지도부 연구를 매듭짓다

　필드 과제를 마쳤을 때 나는 그 이전과는 다른 사람이 되어 있음을 느꼈다. 그만큼 힘은 들었지만 필드과정이 박사논문을 쓸 수 있을 정도의 공부와 훈련이 집중적으로 이루어지는 과정임을 체감할 수 있었다. 그런데 필드과제를 마쳤을 때 박사과정에 입학한지 이미 9년의 시간이 지나 있었다. 박사과정에 입학하고 10년+1학기 안에 논문을 마쳐야 하는 규정이 있었기 때문에 시간이 그리 많지 않음을 깨달았다. 그래서 나는 조금은 현실주의적 관점에서 논문이 될 수 있는 주제로 박사논문 주제를 잡고 논문을 썼다. 그러다 보니 민주주의, 정당과 사회운동을 중심으로 박사논문을 썼지만 정작 정치적 대의라는 주제를 깊이있게 다루지는 못했다는 생각이 든다.

　내가 다시 정치적 대의라는 주제로 돌아온 것은 민주화운동기념사업회에 입사한 이후다. 이 시기에 나는 6월항쟁을 다룬 논문을 두 편 썼다. 민주화운동기념사업회가 6.10항쟁 기념식을 주관하는 곳이기도 하지만 석사논문 쓸 때 문제의식만 있었지 제대로 연구하지 못했던 항쟁 지도부인 국민운동본부의 역할에 대해서 좀더 면밀히 살펴보자는 마음이 컸다.

　그런데 사료를 보면서 6월항쟁 발생에서 '개헌'이라는 프레임이 중요하다는 사실을 새롭게 발견했다. 김대중, 김영삼을 중심으로 하는 야당은 물론이고 반독재민주화운동세력들도 '개헌'이라는 프레임으로부터 멀어질수록 운동은 수세에 몰렸고 '개헌' 프레임을 수용할수록 운동은 확산되었다. "사회운동 프레임으로서 '개헌'과 6월항쟁"(2016)이라는 논문은 '개헌'이라는 프레임이 주인공이지만 그것을 통해 오히려 항쟁에서 지도부의 역할, 비중, 한계를 강조함 없이 드러낼 수 있었던 흥미로운 경험이었다.

　한편, 6월항쟁은 6.29선언을 이끌어냄으로써 성공한 항쟁이 되었지만 그해 말 대통령선거에서 군부독재에 뿌리를 둔 여당 후보가 대통령이 됨에 따라 절반의 성공이었다는 평가도 있다. 그렇다면 6월항쟁의 성공과 한계에 항쟁 지도부의 지분은 어느 정도인가? 이러한 질문을 다루는 두 번째 논문을 구상하고 있던 와중에 2016년 촛불항쟁이 발생했다. 2016년 촛불항쟁은 제2의 6월항쟁이라고 불리기는 했지만 지도부 구성이라든지 정당과 사회운동단체의 대응, 또 그에 따른 항쟁의 결과와 뒤이어 진행된 대선결과 등에서 6월항쟁과 다르게 보였다. 6월항쟁과 촛불항쟁을 비교분석하면 항쟁 지도부의 서로 다른 역할과 그 결과를 좀더 분명하게 드러낼 수 있겠다는 생각이 들었다. 그렇게 해서 나온 논문이 "1987년 6월항쟁과 2016년 촛불항쟁에서 정당과 사회운동조직의 역할"(2017)이다.

6월항쟁의 경우 김영삼·김대중의 야당이 반독재민주화운동세력과 함께 항쟁지도부인 국민운동본부를 구성한다. 그런데 이들 야당세력은 항쟁기간 동안 대정부협상을 주도하였고 그 과정에서 반독재민주화운동세력의 통제를 벗어날 정도로 주도권이 강화되었다. 이렇게 강화된 정당의 주도권은 양김의 분열을 그 누구도 통제하지 못하는 상황으로 이어졌고 결국은 민주진영 전체의 대선패배로 이어졌다.

반면 2016년 촛불항쟁의 지도부인 박근혜정권퇴진비상국민행동(퇴진행동)은 정당없이 시민단체들로만 이루어졌다. 촛불항쟁이 확산되면서 야당은 물론이고 여당의 일부도 참여하게 된 상황에서 퇴진행동 결성 초기에 특정 정당을 구성원으로 받아들이지 않았던 것은 신의 한 수였다고도 볼 수 있다. 정당들은 촛불항쟁의 핵심적인 요구였던 탄핵안을 가결시킴으로써 항쟁의 요구를 사후적으로 수용하는 '위임'의 역할에 머물렀다. 뒤이어 이어진 대선국면에서는 사실상 항쟁의 요구를 수용했던 정당 후보들간의 경쟁을 통해 정권교체에 이를 수 있었다.

7 나오며

정치적 대의라는 개념을 통해 나는 대표와 유권자, 혹은 지도부와 대중의 관계의 여러 유형들을 탐구해 온 것 같다. 그것은 결국 '정치'와 '사회'의 바람직한 관계와 관련된 질문이기도 하다. 이론적으로 나는 심의민주주의론에서 보는 대표의 역할이 가장 바람직하다고 생각한다. 대표가 유권자로부터 완전히 독립해 있는 독립론을 제외시킨다면 대표는 유권자의 입장을 그대로 반영하는 것이 아니라 다른 대표들과의 숙의를 통한 결정번복의 자유가 보장되어야 한다. 다만 대표가 유권자의 요구와 다른 결정을 내렸다면 유권자에게 그 이유를 해명하고 승인받아야 할 의무가 있다. 이러한 자율성의 영역에 지도력/리더십이 개입할 여지가 있다고 본다.

그러나 현실세계는 또 다른 영역이라고 생각된다. 대부분의 이슈에서 활발한 공론장을 통해 소수파를 포용하는 방식의 의사결정을 내리던 민주노동당은 정작 가장 중요한 북한이슈에서 다수파 입장을 강요한 끝에 분당에 이른 사례다. 가장 민감한 사안인 북한이슈에서 정작 심의모델을 적용하지 못했던 것은 그것이 이론처럼 쉽지 않았기 때문일 것이다.

항쟁의 지도부는 또 어떠한가? 6월항쟁 발생국면에서 김대중, 김영삼을 중심으로 하는 야당은 물론이고 반독재민주화운동세력들도 '개헌'이라는 프레임으로부터 멀어질수록 운동은 수세에 몰렸고 '개헌' 프레임을 수용할수록 운동은 확산되었다. 목표가 뚜렷한 대규모 전민항쟁의 경우에도 지도부의 영역이 존재하는 것이다. 그런데 이때 지도부의 역할은 항쟁의 요구를 잘 반영하는 위임적 형태가 바람직하다고 본다. 물론 항쟁의 지도부도 상대방과의 협상이 요구되고 그 과정에서 숙의가 필요하다. 그러나 항쟁의 상대방이란 결국 항쟁이 타도하고자 하는 지배집단이다. 그들과의 협상에서 결정번복은 결국 항쟁 목표의 약화 내지는 이탈이 될 수밖에 없다. 그렇지 않다면 13대 대선국면처럼 개인의 권력욕에 따른 결정번복일 것이다. 결국 언제 어떠한 형태의 대표-유권자의 관계 내지는 정치-사회의 관계가 바람직한지는 다양한 사례에 대한 분석을 통해 지속적으로 탐구되어야 할 것이다.

글의 서두에서도 언급했지만 나는 하나의 주제보다는 다양한 주제에 관심을 갖고 연구를 진행해 왔다. 그렇기에 하나의 주제에 오랜 시간 천착하여 연구를 진행하는 것이 낯설다고만 생각했다. 그렇지만 이런 나에게도 드문드문이기는 하지만 오랜 기간 하나의 연구주제를 다양하게 변용해가며 점진적으로 발전시켜 온 또 다른 나의 일면이 있었다. 이글을 준비하고 집필하는 과정은 바로 그 또 다른 나를 발견하는 여정이지 않았나 싶다. 힘은 들었지만 참으로 유익한 시간이었다.

마지막으로 나는 연구공동체의 중요성에 대해 말하고 싶다. 연구지망생이 어엿한 (초보)연구자가 되는 과정에는 주변의 이러저러한 도움이 필수적이다. 도움은 공식적인 과정을 통해 이루어지기도 하지만 대화나 잡담과 같은 비공식적인 형태를 통해서 이루어지기도 한다. 골방에 갇혀 홀로 공부하는 데 익숙했던 나 역시도 연구공동체의 손길이 없었다면 연구를 포기했을지 모른다. 연구자는 혼자의 힘으로 만들어지는 것이 아닌 것이다. 이글에서 나는 정근식 선생을 비롯한 몇몇 선생님들만을 언급했다. 그러나 나에게 도움의 손길을 내밀어 준 분들은 너무나도 많다. 그 모든 분들에게 이글을 바친다.

참고문헌

최종숙. 2001. "6월항쟁의 발생국면에서 국민운동본부의 역할에 대한 연구." 서울대학교 대학원 사회학과 석사학위논문.

최종숙. 2009. "민주노동당의 당내 민주주의 분석: 원내진입시기에서 분당국면까지 (2004.6~2008.3)." 『경제와사회』 제83호: 169-197.

최종숙. 2016. "사회운동 프레임으로서 '개헌'과 6월항쟁." 『사회와역사』 제112호: 385-420.

최종숙. 2018. "1987년 6월항쟁과 2016년 촛불항쟁에서 정당과 사회운동조직의 역할." 『사회와 역사』 제117호: 7-43.

Pitkin, Hanna Fenichel. 1972[1967]. *The Concept of Representation*. University of California.

4–3

사회적 타자에 대한 낙인과 차별, 배제에 대한 의료사회학적 접근

김재형(한국방송통신대학교 문화교양학과 조교수)

1 들어가는 글

이제는 거의 사라진 한센병은 한국 사회에서 오랫동안 무서운 질병으로 여겨졌다. 한번 한센병에 걸리면 완치되었다 하더라도 관계를 끊거나 피해야 할 무섭고 두려운 존재로 낙인찍혀 사회에서 배제되었기 때문이었다. 100년이 넘는 시간 동안 한센인은 심각한 낙인과 차별의 대상이었고, 사회적으로 완전히 배제되었다. 사회적으로 완벽하게 배제된 타자는 근대 사회에서 찾기가 쉽지 않다는 점에서 한센병, 한센병 환자, 그리고 한센인은 중요한 사회학적 연구 대상이 된다.[1] 한센병,

---

1 질병에 걸린 이는 환자라 부른다. 따라서 한센병에 걸린 이들은 한센병 환자라 부르지만, 특이한 점은 이들은 질병에 완치됐다 하더라도 환자라 불린다는 것이다. 최근 한센병에 걸린 이들과 한센병에서 완치된 이들을 모두 일컬어 한센인이라 부른다. 이 글에서는 상황에 따라 한센병에 걸린 이들을 한센병 환자라 칭하고, 환자와 완치자 모두를 일컬을 때는 한센인이라 부른다. 용어와 관련해서는 김재형, 2019.5.22, 「인권의 단어 '한센병'」, 『창비주간논평』을 참고할 것.

그리고 한센인의 역사는 수많은 사회학적 질문을 불러일으킨다. 언제부터 그리고 왜, 어떻게 한센병 환자에 대한 낙인과 차별이 만들어졌는가? 어떻게 이러한 낙인과 차별은 긴 세월 동안, 심지어 질병의 치료로 인해 완치가 가능해진 이후에도 이어지고 심지어 강력한 힘을 발휘하는가? 그러한 낙인과 차별을 한센인은 어떻게 경험했으며, 그리고 그것을 극복하기 위해 어떠한 노력을 했는가? 한센인들의 노력은 어떤 부분에서 성공했고, 또 어떤 부분에서 실패했는가? 이행기 정의의 영역에서 한센인의 경험은 어떠한 위치에 있으며, 어떻게 인식되고, 이 문제는 어떻게 해결되고 있는가? 한센병을 둘러싼 이 모든 이야기는 다른 소수자를 설명하는 데 있어 어떠한 함의가 있는가? 나는 이러한 사회학적 질문에 답하기 위해 나름의 사회학적 방법론들을 배우고 적용시키고, 또 나만의 방법론을 개발하고자 했다.

하지만 한센병과 한센인의 경험을 사회학적으로 연구하는 것은 쉽지 않다. 한센병은 만성감염병으로 질병으로서 여러 특징이 있으며, 이 질병은 의학적 지식과 제도로 구성되어 있다. 탈콧 파슨스(Talcott Parsons, 1951)는 의료사회학의 영역을 문화적, 제도적 영역으로 국한시키고, 의학 지식 그 자체에는 사회학자가 개입하지 않는 것이 좋겠다고 했지만, 사회구성론적 입장에서 한센병은 당대의 의학 지식으로 구성되어 있기에 한센인이 겪는 여러 경험들을 이해하고 분석하기 위해서는 그 지식을 파고드는 수밖에 없다. 여기서 사회학자로서 한센인 문제에 접근하는 데 첫 번째 어려움이 발생한다. 의학적 지식을 파고들지 않고 한센인을 둘러싼 제도와 그들이 경험 낙인과 차별에 접근할 수 있을 것인가? 의학적 지식을 파고든다면 어디까지 그리고 어떻게 파고들어 분석할 것인가? 두 번째 어려움은 소수자의 경험을 어떻게 연구하는가와 관련한 문제이다. 오랜 낙인과 차별로 한센인은 외부와의 접촉을 극히 꺼린다. 연구자의 노력으로 그 간극을 좁힌다 하더라도 한센인은 연구자에게 제한된 정보를 내놓으며, 연구자는 그러한 정보의 진위 여부를 판단하기 어려운 경우가 많다. 또한 한센인 공동체 내부에도 지역, 연령, 경제적 수준, 질병과 후유증의 정도에 따라 여러 집단들이 섞여 있기에 한정된 접촉만으로 그들의 경험을 온전히 이해하는 것은 한계가 있다.

질병과 환자를 연구한다는 것, 그리고 소수자에 대한 사회적 배제를 연구한다는 이중의 어려움을 극복하고 박사논문까지 이를 수 있었던 데에는 지도교수인 정근식 선생의 역할이 컸다. 정근식 선생은 한센인에 대한 의료사회학적 연구를 시작하고 발전시켰으며, 한국 사회에서 한센인 인권 문제를 해결하는 데 중요한 역할을 하기도 했다. 그렇기에 정근식 선생의 연구는 학술적인 접근과 사회적인 접근이 밀접히 맞물려 있으며, 이 둘을 모두 고려해야만 그의 한센인 연구를 이해할 수 있다. 그리고 나는 이러한 정근식 선생의 연구와 활동에 참여하고 지켜보며 연구자로서 성장해 나갔다. 이러한 과정에 처음 발을 내디딘 것은 2005년 석사과정에 입학하는지 얼마 안 되어 연구보조원으로 참여한 국가인권위원회의 '한센인 인권 실태조사'였다.

조사를 시작하기 이전에 소록도, 문둥이, 나병 등의 단어는 어렴풋이 들어보았지만 이 질병에 대해서 잘 몰랐다가, 이 조사를 통해 한센병/한센인 연구를 본격적으로 시작하게 되었다. 조사 기간 소록도뿐만 아니라 전국에 흩어져 있는 한센인 정착마을을 돌아다니며 한센인들이 그동안 경험했던 각종 인권침해에 대해 들을 수 있었다. 아주 먼 과거에 발생했을 것 같은 참혹한 이야기들이 얼마 전까지 발생했다는 얘기에 경악했던 기억이 난다. 당시 한국 사회에서 한센인들이 경험했던 인권침해 사건들은 크게 두 가지 차원에서 인식되었던 것 같다.

첫 번째 차원은 국가폭력 문제를 이해하고 해결하기 위한 이행기 정의와 관련한 것이었다. 당시 일제강점기 시기 조선총독부 등에 의해 발생한 사건이나, 권위주의 정부에 의해 발생했던 여러 인권침해 사건을 국가적으로 해결해야한다는 사회적 공감대가 형성되어 있었다. 이러한 공감대는 2005년 5월 '진실화해를위한과거사정리기본법(과거사정리법)'의 제정으로 이어졌다. 하지만 한센인 인권침해 사건은 일제강점기 강제동원이나 한국전쟁 전후 민간인 학살, 권위주의 정권에 의한 인권침해와는 다른 것으로 인식되었기에 과거사정리법에 근거한 진실화해위원회에서 다루어지지 않았다. 한센인 인권침해 사건은 일제에 의한 조선인 한센병 환자들에 대한 차별과 격리라는 데는 사회적 공감대를 얻었으나, 광복 이후 인권침해 사건은 국가의 책임을 언급했지만 상대적으로 그 가해자가 명확하지 않게 처리되어 넘어갔다.

두 번째 차원은 당시 관심이 커졌던 소수자에 대한 관심과 관련한 것이었다. 민주화 이후 형식적 민주주의가 정착되자 인권에 대한 관심이 사회적으로 확산되었다. 초창기 인권이란 권위주의 정권에 의해 탄압받은 민주화운동, 학생운동, 노동운동 관련자나 무고한 시민들과 관련한 것으로 여겨졌다가, 시간이 지나면서 사회 곳곳에 있던 이주민, 동성애자, 장애인 등 여러 소수자 또는 사회적 약자라 불리는 집단과 관련한 것으로 확장되었다. 2001년 국가인권위원회는 한국 사회에 발생한 여러 인권침해 사건을 해결하고 인권이 존중되는 사회를 만들기 위해 설치되었다. 국가인권위원회 역시 초창기 권위주의 시기 발생한 여러 인권침해 사건에 초점을 맞추다 점차 사회적 약자에 대해 관심을 확장했고, 그 결과 2005년 한센인 인권조사를 시작한 것이었다.

우리 사회에서 한센인의 경험은 독특한 위치에 있었다. 한편으로 한센인은 국가의 지나친 방역정책과 제도의 희생자이자, 동시에 사회적 낙인과 차별의 희생자였다. 하지만 당시에는 국가폭력의 희생자이자 사회적 낙인과 차별의 희생자를 동시에 적절히 범주화할 인식적 틀이 만들어지지 않았다. 그렇기에 한센인 문제는 이 두 범주의 중간에 어정쩡하게 위치됨으로써 문제가 제대로 해결되지 못한 한계를 맞았다. 한센인인권조사의 결과 2006년 국가인권위원회는 정부에 피해자에 대한 사과와 보상을 권고하게 되었고, 2007년에는 '한센인피해사건의 진상규명 및 피해자생활지원 등에 관한 법률'(이하 한센인사건법)'이 제정되었다. 이러한 한센인 조사와 일련의 사법적, 입법적 해결 과정에서 한센인권변호단과 함께 정근식 선생은 중심에 있었고 방향을 제시하는 중요한 역할을 담당했다. 그리고 나는 소수자 인권침해 문제를 조사하고 제도적으로 해결하는 과정에 참여하고 관찰하면서, 소수자와 사회운동, 제도적 해결 과정에 대한 연구적 관심을 갖게 되었다. 그리고 본격적으로 한센인 인권문제, 국가의 한센병 관리, 그리고 소수자 집단의 정체성 문제에 대해 연구를 시작했다.

2 질병과 권력

1989년 구쏘(Zachary Gussow)가 미국에서의 한센병 연구를 통해 중세 유럽에서 사라졌던 한센병이 제국주의 시대에 인종주의와 결합하여 재발견되었으며, 그 과정에서 흑인노예와 중국인 노동자의 질병에 걸린 몸이 비문명화된 유색인종의 몸을 상징하고 있다고 묘사한 이래, 한센인에 대한 낙인과 차별이 제국주의와 인종주의의 산물이라는 관점이 공유되기 시작했다. 정근식 선생은 이러한 연구의 흐름에 앞쪽에 있었다 할 수 있다(1997a; 1997b).[2] 국외 연구들(Arnold, 1993; Bashford & Hooker, 2001; Buckingham, 2002; Edmond, 2006; Moran, 2007; Leung, 2009; Loh, 2008; Inglis, 2013, Snelders, 2013)은 구쏘의 한센병에 대한 근대의 인종주의적, 제국주의적 시각에 대한 비판적 주제의식을 다양한 지역의 사례 연구를 통하여 발전시켰다.

이들 연구들은 유럽에서 사라진 것으로 믿어졌던 한센병이 제국주의 국가들이 식민지에서의 식민화 과정 중에 그곳에 살던 현지인들 그리고 플렌테이션 농업을 위하여 새롭게 유입된 흑인, 아시아인 노동자들의 신체를 통하여 재발견되었음을 지적하고 있다. 아시아, 아프리카 등지에서 풍토병으로 현지인들에게 친숙한 질병이었던 한센병은 그곳에 정착한 백인들에게 다른 열대병들과 마찬가지로 식민지와 그곳의 식민화된 몸들의 비문명적 열등함을 상징하는 것으로 이해됐다. 즉 한센병은 비문명성, 그리고 유색인종 신체의 열등함을 의미하는 제국주의적 그리고 인종주의적 상징이었던 것이다. 한센병에 대한 이러한 제국주의적, 인종주의적 시선은 아시아, 남미 그리고 아프리카의 식민지 엘리트들에게 그대로 혹은 강화되어 받아들여졌다. 정근식은 한국, 렁(Leung)은 중국, 성(Seong)은 말레이시아와 싱가폴, 그리고 Snelders는 수리남(Surinam)의 사례에서 제국주의/인종주의적 한센병 이미지가 어떻게 식민지/민족주의 엘리트들에게 이식되었는가를 보여주었다.

이러한 측면에서 한센병에 대한 우리 사회의 인식과 태도, 반응은 서구 백인의 제국주의/인종주의와 결합한 근대성과 관련된 것이지만, 한국 사례에 대한 연

---

[2] 정근식 선생의 한센병 연구에 대한 리스트는 이 책의 1부 1장 서호철의 글을 참고할 것.

구들은 인종주의보다는 주로 제국주의 의학에 초점이 맞춰져 있다. 즉 식민지 조선에서는 한센병에 대한 이미지가 서구선교사들에 의하여 먼저 수입되었지만, 이후에 제국주의 일본에서 강화된 이미지가 수입되어 한센병에 대한 낙인과 차별을 훨씬 더 강화시켰기 때문이다(최정기, 1994; 정근식, 1997a, 1997b; 조형근, 1997; 김재형, 2019a). 일본의 식민지 조선에서 한센병에 대한 관심은 먼저 이 지역의 전염병과 조선사회의 위생과 관련된 것이었다. 일본은 식민지의 일본인들과 일본군의 건강을 위하고, 조선인구의 관리 측면에서 전염병을 통제할 필요가 있었고, 이를 위하여 법적, 제도적 체계를 만들고 경찰력 및 행정력을 동원해 이를 실행에 나갔다(신동원, 1997; 김옥주, 1993; 藤野, 1993; 박윤재, 2005, 2012). 특히 한센병 환자에 대한 부정적 이미지는 미디어를 통해 우생학적 사고와 결합되어 대중에게 퍼져나갔고, 그 결과 대중은 한센병의 방치는 사회질서의 위협이라고 받아들이게 된 것이다(김재형·오하나, 2016; 서기재, 2017).

한센병의 사례를 통한 질병과 권력에 대한 연구는 사회적 타자에 대한 낙인과 차별이 질병이나 환자의 본래적 특성에 의해 발생한 것이 아니라, 제도적, 문화적 구조의 형성과 변화 과정에서 형성되었다는 것을 보여주었다. 하지만 권력에 대한 비판에 근거한 사회적 낙인과 차별에 대한 연구는 그러한 권력을 형성하고 정당화하는 의료지식에 대해 직접적으로 분석하지 못했다는 한계를 갖는다. 수잔 번스(Susan Burns, 2019)는 의료지식에 대한 분석 없는 권력에만 초점을 맞추는 한센병 연구에 대해 자신의 저서에서 비판적으로 묘사하고, 심지어 비난하는(derogatory) 연구라 폄훼했다. 수잔 번스의 이러한 접근은 여러 문제를 안고 있음에도 불구하고(KIM, 2021) 한센병과 환자가 어떻게 의료지식으로 구성되며, 그러한 의료지식은 어떻게 보건의료제도와 질병에 대한 문화를 형성하고 변화시키는지에 대한 연구가 필요하다는 점을 지적했다는 점에서 의미가 있다. 의료 지식에 대한 분석이 필요하다는 관점에는 낙인과 차별이 비합리적인 편견에 근거하고 있기도 하지만, 동시에 합리적인 지식에 의해 구성되며, 그렇기 때문에 장기간 지속되고 있다는 관점이 내재되어 있다.

3 의료지식과 사회의 상호작용에 관한 사회학적 연구

근대 생의학(biomedicine)에서 질병은 생물학적 실재(biological reality)라는 기본적인 가정에 근거하고 있다. 조금 더 정확히 말하면 질병에 대한 지식은 사회적이거나 심리적인 요인이 개입되지 않고, 생물학적 실재에 근거한 과학적 방법에 의하여 형성되는 것이다. 즉 질병에 대한 지식은 생물학적 실재에 대한 연구를 통한 발견(discovery)들이 축적되면서 만들어지는 것으로 이해됐다. 그러나 1970년대 발전한 사회구성주의(social constructionism)는 전통적으로 객관적이며 중립적인 것으로 인식되는 질병에 대한 의학지식은 사실은 그 형성과정 중에 다양한 사회적 요인들이 개입한다는 것을 밝혀내는데 기여했다(Bury, 1986). 하지만 이러한 구성주의가 간과한 점은 사회와 과학 또는 의학이 근대에 들어와 깊은 관계를 맺고 있으며 상호적으로 구성된다는 것이다. 단순하게 말하자면 사회적 요인이 지식의 형성에 영향을 준다는 사회구성주의적 시각은 그러한 사회적 요인이 과학과 의학 지식에 이미 상당부분 영향을 받고 있다는 사실과 그렇기 때문에 이 둘을 구분하기 어렵다는 것을 간과한다.

사회와 의학지식의 밀접한 관계는 의료사회학의 의료화(medicalization) 이론이 발전되면서 점차 분명히 드러났다. 의료화란 전통적으로 비의학적 문제들이 질병과 장애의 용어로 의학적 문제로 정의되고 치료되는 과정이라고 정의한다(Conrad, 2007). 의료화 연구의 대상은 1960년대에는 주로 일탈(devinace)에 초점이 맞춰져 있었다. 예를 들어 성적 취향에 불과한 동성애는 의학에 포착되면서 질병으로 인식되고 의학 내에서 해결되어야 할 문제가 되었다. 반면 1970년대에는 불안, 기분, 출산, 노화, 죽음 등 삶의 정상적인 과정들이 의료적 문제가 되는 현상이 의료화 연구의 대상이 되었다. 한편 의료화 과정에 처음에는 의료전문가에서 나중에는 사회운동, 환자집단 등 다양한 주체들이 개입하여 상호작용하는 것으로 이해되었다(Clarke et al. 2003). 의료화 논의가 이전의 사회구성주의와 다른 점은 사회적 요인이 의학지식의 형성에 개입한다는 이해를 뛰어 넘어 의료가 사회적 문제를 의료문제로 포섭함과 동시에 더 나아가면 사회가 사회문제를 의료적으로 해석하고 의료적으로 대응하는 새로운 규범을 형성하고 있다는 점을 지적한 것이다.

이러한 관점은 푸코(Michael Foucault)의 연구(Madness and Insanity, 1960a; The Birth of the Clinic, 1960b)에 많은 영향을 받은 것이었다. 푸코는 생명권력(bio-power)이라는 개념을 사용하여 근대의학이 통치기술로서 인구에 대한 지식의 생산을 요구하는 근대국민국가와의 관계 속에서 발전했다는 것을 보여줌과 동시에, 그러한 의학지식이 권력으로서 작동하면서 새로운 주체를 형성시켜 세상을 그러한 시선으로 바라보고 이해하도록 만들었다는 것을 포착하여 제시했다. 예를 들어 콘라드(Conrad, 2007)는 질병으로 인정되지 않던 성인 ADHD 환자들이 자신의 상태를 의료적으로 설명하면서 의료적 대응을 적극적으로 요구하는 과정을 보여주었다. 즉 의료화 논의는 이전의 사회구성주의에서 제시한 원인으로서 사회적요인과 결과로서 의학지식이라는 단순한 메커니즘에서 벗어나, 사회적 요인이 의학지식을 생산하고, 그러한 의학지식이 사회를 변화시키며, 다시 그러한 사회가 의학지식의 형성에 영향을 주는 순환론적 메커니즘을 제시한 것이다.

나는 이러한 관점에서 한센병에 대한 지식이 사회적으로 구성되며, 그리고 이렇게 구성된 지식이 사회에 영향을 미치고, 이렇게 변화한 사회가 다시 지식에 영향을 준다는 순환론적 메커니즘을 받아들여 한센인에 대한 낙인, 차별, 배제 등 사회적 대응을 분석하고자 했다. 한센병에 대한 지식을 본격적으로 연구하는 선행연구는 렁기채(Ki Che Leng, 2008)의 중국의 사례에 대한 연구가 거의 유일했다. 렁기채 선생은 중국의 한센병에 관한 지식이 어떻게 형성되었으며 변화해왔고 그러한 지식의 변화에 따라 질병과 환자에 대한 사회의 대응이 어떻게 변화했는지를 역사적으로 보여주었다. 이 연구는 내 연구에 많은 영향을 주었다. 한센병에 대한 선행연구는 전근대 사회에서 공동체 내부에 있던 한센병 환자가 근대에 들어와 사회적 타자가 되었음을 보여주었으나, 실제로 전통사회에서 어떻게 인식되었으며 어떠한 대접을 받았는지에 대한 구체적 연구는 없었다. 몇몇 한센병 의사들의 부정확한 정보에 근거해 전근대 사회의 한센병 환자에 대해 묘사했을 뿐이다. 그래서 나는 한센병에 대한 전근대 의학지식에 대해 살펴볼 필요가 있었다.

한센병에 대한 의학지식의 형성과 변화를 살펴보기 위해 의서에 등장하는 한센병을 지칭하는 병명에 주목했다. 전근대 한센병을 지칭하는 명칭은 너무 많다. 악풍(惡風), 대풍질(大風疾), 대풍라질(大風癩疾), 대풍(大風), 여풍(厲風), 대풍라(大風癩), 악풍(惡風), 나병(癩病), 대풍병(大風病), 나(癩), 대풍라창(大風癩瘡), 나풍(癩風), 대풍창(大風瘡), 대마풍(大麻風) 등 다양하다. 여기에 조선 남부에서는 이 병을 용병(龍病), 문둥(文同, 文童)이라고 부르기도 했다. 이러한 병명은 두 가지 요인에 의하여 만들어지는 것 같았다. 하나는 병인에 관한 것으로 대풍, 여풍과 같은 질병명이 여기에 속한다. 또 다른 하나는 이 질병의 증상에 관한 것으로 나(癩), 창(瘡), 마(麻)가 들어가는 병명, 그리고 용병(龍病)이 여기에 속한다. 즉 병명은 이 질병을 구성하는 지식의 발전에 따라 만들어지며 변화하는 것이며, 어떠한 병명이 우세해 지는 것은 그 병명을 지지하는 지식의 힘이 우세해지는 것이라고 할 수 있다. 이러한 이유에서 먼저 전근대 시기 한반도에서 이 질병을 지칭하는 병명들의 변화를 살펴보았다.

다음으로 병명과 더불어 이 질병을 구성하는 지식 중 병인론에 초점을 맞추었다. 즉 당시 이 질병이 전염된다는 생각이 전근대 시기 존재했는지를 살펴본 것이다. 질병의 전염에 대한 인식은 제도적 또는 사회적 대응과 관계되어 있다. 한센병의 또 하나의 특징인 신체의 과도한 변형은 그것을 보는 사람으로 하여금 "혐오"를 낳고, 그 질병에 걸린 사람에 대한 "낙인"을 생산한다. 그러나 그러한 낙인은 그 환자들을 집단적으로 배제하거나 격리로 이어지지는 않는다. 집단적인 배제와 격리라는 현상이 나타나기 위해서는 전염으로 인한 안전에 대한 위협이 나타나야 하는 것이다. 즉 질병으로 인한 개인적 비극이 아니라 사회적 배제, 격리 등의 현상은 전염에 대한 지식과 맞물려 있는 것이다.

이러한 연구목표를 달성하기 위하여 나는 다양한 자료를 활용하였다. 선행연구들을 참고함과 동시에 한센병과 관련된 중국, 조선, 그리고 서양의 한센병과 관련된 여러 의서, 의학논문들을 연구자료로 삼아 분석했다. 기존에 접근하기 어려웠던 근대 이전의 이러한 자료들은 각국의 전자화(digitalization) 프로젝트의 결과 이전보다 훨씬 쉽게 접근 가능해졌다. 특히 중국과 조선의 의서들에 접근이 가능해지면서, 한센병에 대한 조선의 지식이 중국 의학에 어떠한 영향을 받았는지에 대한 연구가 가능했고 그 결과 조선에서의 한센병 인식에 대한 이해가 더욱 분명해졌다. 여러 국가에 있는 자료의 접근가능성의 확장은 비교방법론을 가능하게 하여 한반도의 현상에 대한 이해를 더욱 용이하게 했다. 먼저 『향약집성방(鄕藥集成方)』, 『의방유취(醫方類聚)』, 『동의보감(東醫寶鑑)』을 중심으로 이 질병의 명칭이 어떻게 변화했는지 살펴보았고, 다음으로 병인에 대한 설명을 살펴보았다. 의서는 질병과 치료에 대한 설명의 근거를 매우 성실하게 인용하는데, 대부분 중국의 의서에 기대고 있다. 조선의 의서의 내용의 변화가 어떠한 의미가 있는지를 확인하기 위해 인용된 『황제내경(黃帝內經)』, 『성혜방(聖惠方)』, 『천금방(千金方)』, 『삼화자방(三和子方)』, 등 중국의 의서에서 한센병에 관한 부분을 모두 확인했고, 그것의 의미를 이해하기 위해 렁(Leng, 2008)의 연구에 기댔다. 그 결과 조선의 의서에서 한센병에 대한 지식은 초기에 대풍이라는 병인에 기대고 있다가, 동의보감에 오면 새로운 병인에 대한 지식이 등장했다는 것을 확인할 수 있었다.

다음으로 질병에 대한 지식이 환자에 대한 사회적 대응을 어떻게 바꾸었는지 확인하기 위해 국사편찬위원회에서 관리하는 디지털 아카이브인 『조선왕조실록』과 『승정원일기』에서 한센병과 관련한 기사를 모아 분석했다. 의학지식의 도입과 변화를 기준으로 사회적 대응의 변화를 살펴보고자 했던 분석 전략은 결과적으로 적절했다. 전근대 시대 환자에 대한 대응이 시간에 따라 변화하는 양상을 확인할 수 있었기 때문이다. 조선시대에는 의료지식인 한센병의 병인설인 대풍설에 근거해 조선사회가 한센병 환자에 대한 대응을 했기에 근대와 같은 낙인과 차별은 발생하지 않았던 것으로 보인다. 다만 제주에서 발생한 한센병 환자에 대한 대응은 본토에서의 그것과 차이가 있었다. 하지만 17세기 초에 편찬된 『동의보감(東醫寶鑑)』의 편찬 이후 조선 사회의 한센병 환자에 대한 대응은 완전히 변화하게 된 것을 확인했다. 동의보감은 병인론은 초기 단계의 유전설과 전염설이 미신과 함께 복합적으로 구성되어 있었다. 조선사회는 이러한 의학지식에 근거해 환자에 대한 대응을 했던 것이다(김재형, 2019a).

전근대 지식의 변화에 따른 사회의 대응의 변화에 대한 이러한 연구 방법은 일제강점기와 해방 이후 근대 시기에도 적용가능했다. 다만 일제강점기 이후의 연구는 자료가 이전보다 풍부하기 때문에 더욱 복잡한 상호작용의 관찰이 가능해지는 차이가 있다. 동시에 지식과 제도가 만들어 놓은 구조 속에서 특정한 방식으로 의료 문제를 대응하는 사회가 형성되고, 이 사회는 그러한 구조를 강화시키는 모습도 관찰되었다. 나는 졸고 「"부랑나환자" 문제를 둘러싼 조선총독부와 조선사회의 경쟁과 협력」에서 근대 방역제도가 도입이 되면서 한센병에 대한 식민지 조선의 인식과 대응이 변화하고, 이러한 사회의 변화는 다시 지식과 제도를 특정한 방식으로 강화시키고 있음을 보여주었다(김재형, 2019b). 전염병을 통제하려는 근대 방역 제도 중 하나인 격리 시설이 도입되면서, 조선 사회의 한센인에 대한 사회적 배제가 강화되고, 이러한 사회의 인식과 대응은 다시 격리 제도를 강화시켰다.

한편 의료 지식 중 하나인 치료에 대한 지식과 치료제 역시, 지식과 사회의 대응의 관계를 설명하는 데 매우 중요하다(김재형, 2019c). 질병이 어떻게 발생하는 지에 대한 병인론과 그 질병이 어떻게 확산하는 지에 대한 역학적 지식은 사회가 그 질병과 환자에 대한 대응을 결정하는 데 중요한 역할을 한다. 하지만 백신이나 치료제의 개발은 기존의 사회의 대응을 변화시킨다. 즉 질병과 환자에 대한 사회의 대응은 지식, 제도, 치료의 관계 속에서 고려되어야 한다. 나는 졸고인 「한센병 치료제의 발전과 한센인 강제격리정책의 변화」에서 한센병의 치료제의 발전이 한센병 방역 제도를 어떻게 변화시켰으며, 동시에 그러한 제도의 변화에도 불구하고 변하지 않고 유지되는 구조는 무엇인지 밝히려 시도했다. 더 나아가 근대적 지식이 가져온 질환과 건강 사이의 기준의 변화가 어떻게 낙인과 차별을 강화시키는지도 이 논문을 통해 증명하려 시도했다.

4 보건 제도와 낙인 및 차별의 형성과 지속

구조기능주의적 전통에서 질병은 그 자체로 정상적인 사회질서(social order)에 장애가 되는 "일탈(deviance)"이다(Parsons, 1951). 파슨스는 19세기 후반 20세기 초반의 생물학적 개념에 근거한 병인론의 관점에서 모든 질병은 심리학적이고 생물학적 수준으로 환원될 수 있으나, 사회학적 관점에서는 질병은 한 사람의 개인적이고 사회적 적응과 생물학적 체계로서의 유기체의 상태를 모두 포함하는 총체적 인간 개인의 정상적 기능을 방해하는 상태라고 정의했다(1951: 431). 이러한 관점에서 서구의 근대 의료라고 하는 체계 속에서 환자와 의사의 역할은 일탈로서의 질병을 억제함으로써 그대 서구사회의 합리성의 가치를 강화하고 근대적 사회 체계에 적절한 위계질서를 유지시키는 데 있다(1951: 429).

구조기능주의 전통에서 일탈로서의 질병에 대한 관심은 상징적상호주의적 전통으로 옮겨 오면서 관심의 초점이 낙인으로 변화한다. 파슨스에게 일탈로서 질병은 사회질서에 장애를 가져오는 것이지만, 그것은 우연적인 것이기 때문에 도덕적으로 비난할만한 것은 아니다. 오히려 비난은 환자역할을 이용해 꾀병으로 이익을 취하려는 행위에 가해진다. 그러나 고프만(Goffman, 1963)은 일탈로서의 질병에 있던 관심의 초점을, 특정한 질병이나 신체적 특징을 가지고 있는 사회의 구성원들이 어떻게 낙인화(stigmatization)되는지 그리고 그러한 낙인화의 경험이 어떠한 정체성을 구성해 내는지에 대한 관심으로 이동시켰다. 특히 고프만의 업적은 낙인을 구성하는 사회의 정상성이 낙인찍힌 소외된 사람들에게 내면화되는 과정 속에서 이들이 경험하는 심리적 고통과 왜곡되는 자아, 그리고 거기서 발생되는 다양한 전략들을 구체적으로 묘사했다는 데 있다. 하지만 그는 그러한 낙인이 어떠한 제도와 사회적 구조 속에서 또는 어떠한 권력 관계 속에서 발생하는지 정교한 분석을 발전시키지 못했다.

나는 비합리적 편견이나 잘못된 정보가 특정 환자 집단을 낙인화하고 차별한다는 통념을 거부하고, 합리적으로 보이는 의료 지식과 제도가 어떻게 낙인과 차별을 생산하는지 증명하고자 했다. 비합리적 편견이나 잘못된 정보가 낙인과 차별을 낳는다는 생각은 계몽 활동으로 사회 문제를 해결할 수 있다는 실천으로 나아간다. 하지만 한센인에 대한 낙인과 차별을 약화하려는 계몽 프로그램은 결과적으로 거의 아무런 힘을 발휘하지도 못했다. 중요한 것은 그러한 낙인과 차별을 생산하는 합리적으로 보이는 지식과 인식, 그리고 그러한 지식과 인식에 근거해 형성되고 유지되는 제도를 변화시킴으로써 낙인과 차별을 줄이는 데 있다. 나는 이러한 메커니즘을 보여주는 데 두 가지 전략이 있다고 생각한다. 하나는 지식과 제도, 문화를 포함하는 근대적 합리성이 구성되는 과정을 면밀하게 추적하면서, 그러한 합리성이 인종주의나 제국주의, 민족주의와 같은 비합리적이거나 사회적 요소와 어떻게 결합하는지를 보여주는 것이다. 또 다른 방법은 그러한 근대적 합리성의 기준이 극단으로 발전했을 때 인간성을 잃고 폭력성을 갖게 되는 과정을 보여주는 것이다.

합리적으로 보이는 의료지식이 실제로는 사회적인 것과 결합되어 있다는 것을 보여주는 선행연구는 많다. 하지만 인간과 사회를 이롭게 하는 합리적인 지식과 제도가 극단으로 나아갔을 때 오히려 폭력성을 띄는 것을 보여주는 연구는 많지 않다. 나는 전염을 막기 위해 병인을 통제하면 사회에서 전염병을 사라지게 하고 결국 인간과 사회의 건강과 복지를 향상시킬 수 있다는 절대적 명제가 실은 불가능한 꿈이며 욕망이자, 오히려 환자를 불행하게 만들고 있음을 한센병의 사례를 통해서 보여주고자 했다. 졸고인 「보건당국의 신체 및 사회에 대한 무균화 기획과 질병 낙인의 지속: 한센병 사례를 중심으로」에서 세균설이라는 근대 사회를 형성하는 데 있어서 핵심이 되는 지식과 이론이 다른 모든 것을 제치고 유일한 기준이 되었을 때 어떠한 사회문제를 만드는지를 보여주고자 했다(김재형, 2022).

근대 방역 제도는 19세기 중반부터 20세기 중반까지 가장 강력한 의료 패러다임이었던 세균설(germ theory)에 근거하고 있다. 세균설(germ theory)은 감염병이 기본적으로 하나의 숙주(host)로부터 다른 숙주로 박테리아 등 미생물이 전염됨으로써 발병한다는 단순한 메커니즘을 제시하는 병인론(etiology)이다. 세균설은 곧 감염병에 대한 다른 여러 병인론을 모두 기각시키고 가장 강력한 의료 패러다임(paradigm)으로 등극하였다. 세균설은 질병의 발생, 전파 메커니즘을 설명하는데 힘을 발휘했을 뿐만 아니라 질병의 치료방식과 공중보건제도의 형성에도 큰 영향력을 끼쳤다. 감염병에 대한 치료방법은 질병을 야기하는 체내의 세균을 제거하는 것에 집중되었으며, 세균을 죽이는 약제를 만드는데 노력이 집중되었다. 이 연구에서 먼저 한센병 통제 정책과 제도가 시기적으로 어떻게 변화했는지를 역사적으로 살펴보고, 동시에 궁극적으로 병인을 '절멸(extiction)'시킴으로써 질병을 통제하려는 기본 인식이 정책에 어떻게 남아 영향력을 발휘하는지, 그 결과 환자의 몸이 치료 이후 죽을 때까지 국가의 통제 대상으로 전락되는 과정을 한센병 지식과 제도의 변화, 환자 경험을 중심으로 살펴보았다.

다른 한편 세균설에 근거한 지식과 그것이 만든 제도, 사회의 인식과 태도를 환자가 어떻게 경험하는지를 보여주는 것도 중요하다. 환자 경험은 의료 사회학에서 의료 지식과 제도를 평가하는 데 중요한 기준이 된다. 졸고 「식민지기 한센병 환자를 둘러싼 죽음과 생존」에서 나는 근대적 합리성에 근거한 지식과 제도가 실제 한센병 환자에게 어떠한 영향을 미쳤으며, 그들은 구체적으로 어떠한 경험을 했고, 그 과정에서 어떠한 감정을 느끼고, 어떠한 행동들을 하게 되었는지를 보여주고자 했다(김재형, 2019d). 일반적으로 환자 경험은 환자의 말을 통해서 자료화된다. 하지만 역사적 연구일 경우 환자가 쓴 일기나 에세이, 소설, 시, 또는 구술 자료 등이 자료가 된다. 그러나 사회적으로 배제된 집단의 경우 자신의 경험을 글로 남기기를 꺼려하거나 애초에 글을 쓸 수 있는 기회조차 갖지 못할 수 있다. 일제강점기 하 한센병 환자들이 그러했는데, 나는 이러한 자료의 한계를 극복하기 위해 한센인과 관련한 신문기사를 수집했다. 다행히 일제강점기 한센병 환자는 사회적 주목을 받고 있었기에 이들의 경험을 기록한 신문기사를 상당히 많이 수집할 수 있었다.

5 나가는 글

돌이켜보면 나는 정근식 선생이 시작하고 큰 틀을 짜놓은 한센병 연구를 정교화하는 작업을 했던 것 같다. 그렇기에 내 연구는 정근식 선생의 선행연구에 많은 부분을 빚지고 있고 의존하고 있다. 그럼에도 불구하고 선행연구가 놓치고 있던 의료지식에 대해 본격적으로 의료사회학적인 연구를 했다는 점에서 내 연구는 의미가 있는 것 같다. 그리고 이러한 연구는 학술적 의미를 갖는 것뿐 아니라 현재도 진행 중에 있는 한센인과 그들 가족에 대한 낙인과 차별 문제를 해결하는 데 필요한 사회적 의미를 갖기도 한다. 더 나아가 사회적 기억(social memory)이라는 차원에서 한센인을 둘러싼 역사를 기억하고 보존하는 유산(heritage)화 작업에도 의미를 갖고 있으며, 동아시아 차원에서 이러한 작업을 진행 중에 있다.

다른 한편 내 연구는 보다 본격적으로 낙인과 차별의 메커니즘과 사회적 배제의 한 유형으로서 격리를 연구함으로써, 한국 사회의 다른 소수자 집단을 연구하는 데 있어 하나의 틀을 제공한 것 같다. 형제복지원 등 부랑인 격리시설에 관한 연구가 그러한 예이다. 나는 박사논문을 쓰는 과정에서 사회적 배제와 격리의 연구를 확장하기 위해 형제복지원 등 부랑인 수용시설에 관심을 가졌고, 대학원 동료들과 연구를 시작했다. 이 과정에서 한센인에 대한 낙인과 차별, 격리 연구는 중요한 통찰을 제공했다고 생각한다. 그리고 그 결과 『절멸과 갱생 사이』(2021)라는 형제복지원 연구서를 동료들과 함께 쓰고 출판할 수 있었다. 동시에 형제복지원 등 부랑인 수용소 연구는 한센인과 관련한 연구를 발전시키는 데 있어 도움을 주기도 했다. 전혀 다른 문제로 보이는 사례들을 하나의 관점에서 비교하고 그 사이에서 연관성을 찾아내는 것은 내가 배운 정근식 선생의 장점이다.

참고문헌

김옥주. 1993. "조선 말기 두창의 유행과 민간의 대응." 『의사학』. 2 (1).

김재형. 2019a. 『한센인의 격리제도와 낙인·차별에 관한 연구』. 서울대학교 사회학과 박사논문.

김재형. 2019b. ""부랑나환자" 문제를 둘러싼 조선총독부와 조선사회의 경쟁과 협력." 『민주주의와 인권』 19(1).

김재형. 2019c. "한센병 치료제의 발전과 한센인 강제격리정책의 변화." 『의료사회사연구』 3.

김재형. 2019d. "식민지기 한센병 환자를 둘러싼 죽음과 생존." 『의사학』 28(2).

김재형. 2021. 『질병, 낙인』, 돌베개.

김재형. 2022. "무균 사회의 욕망과 한센병 통제 제도의 변화와 지속: 한센병 사례를 중심으로." 사회와 역사 134.

김재형, 오하나. 2016. 한센인 수용시설에서의 단종·낙태 사건에 대한 역사적 연원과 사법적 해결. 민주주의와 인권 16(40).

김재형. 2019.5.22. "인권의 단어 '한센병'." 『창비주간논평』. 창작과비평.

박윤재. 2005. 『한국 근대의학의 기원』. 혜안.

박윤재. 2012. "조선총독부의 우두정책과 두창의 지속." 『의사학』 21(3).

서기재. 2017. "한센병을 둘러싼 제국의학의 근대사: 일본어 미디어를 통해 본 대중관리 전략." 『의사학』. 26(3).

서울대학교 사회학과 형제복지원연구팀. 2021. 『절멸과 갱생 사이: 형제복지원의 사회학』. 서울대학교출판문화원.

신동원. 1997. 『한국 근대 보건의료사』. 한울아카데미

정근식. 1997a. "한국에서의 근대적 나구료의 형성." 『보건과 사회과학 1』.

정근식. 1997b. "식민지적 근대와 신체의 정치." 『사회와 역사 57』.

조형근. 1997. "식민지체제와 의료적 규율화." 김진균·정근식 편저. 『근대주체와 식민지 규율권력』. 문화과학사. pp.170–221.

최정기. 1994. 『일제하 조선의 나환자 통제에 대한 일연구』. 전남대학교 석사학위논문.

Arnold, David. 1993. *Colonizing the Body: State Medicine and Epidemic Disease in Nineteenth Century*. University of California Press.

Bashford, Alison & Hooker, Claire. *Contagion*: *Historical and cultural studies*. London and New York: Routledge.

Buckingham, Jane. 2006. "Patient Welfare vs. the health of the Nation: Governmentality and Sterilisation of Leprosy Sufferers in Early Post-Colonial India", *Social History of Medicine*, 19(3), pp.483-499.

Burns, Susan. 2019. *Kingdom of the Sick*: *A Hisotry of Leprosy and Japan*. Unvieristy of Hawaii Press.

Bury, Michael R.. 1982. "Chronic illness as biographical disruption," *Sociology of Health and Illness* 4, pp. 167-182.

Clarke, Adele, Laura Mamo, Jennifer Ruth Fosket, Jennifer R. Fishman, Janet K. Shim. 2010. *Biomedicalization*: *Technosicenc, Health, and Illness in the U.S.*, Duke University Press.

Conrad, Peter. 2007. *The Medicalization of Society*: *On the Transformation of Human Conditions into Treatable Disorders*, Baltimore: The Johns Hopkins University Press.

Edmond, Rod. 2006. *Leprosy and Empire*: *A Medical and Cultural History*, Cambridge University Press.

Goffman, Erving. 1963. *Stigma*: *Notes on the Management of Spoiled Identity*, Simon & Schuster.

Gussow, Zachary., 1989. *Leprosy, Racism and Public Health*, Westview Press.

Inglis, Kerri A.. 2013. *Mai Lepera*. Honolulu: University of Hawaii Press.

Kim, Jae-Hyung. 2021. Kingdom of the Sick: A History of Leprosy and Japan, *Book Reviews, East Asian Science, Technology and Society*: *An International Journal*, 15(2) :266-269

Leung, Angela Ki Che. 2009. *Leprosy in China*: *A History*. New York: Columbia University Press.

Loh, Kah Seng. 2008. "'Our lives are bad but our luck is good': A Social History of Leprosy in Singapore", *Social History of Medicine* 21(2). pp. 291-309.

Foucault, Michael. 1964(1960a). *Madness and Civilization*, Pantheon Books.

Foucault, Michael, 1973(1960b), The Birth of the Clinic, Vintage.

Moran, Michaell. 2007. *Colonizing Leprosy: Imperialism and the Politics of Public Helath in the United States*, The University of North Carolina Press.

Parsons, Talcott. 1951. *The Social System*, The Free Press.

Snelders, Stephen. 2013. "Leprosy and Slavery in Suriname: Godfried Schilling and the Framing of a Racial Pathology in the Eighteenth Century", *Social History of Medicine* 26(3). pp. 432–450.

藤野豊, 1993, 『日本ファシズムと医療 ハンセン病をめぐる実証的研究』, 岩波書店.

4-4

후기 식민지 주체와 올림픽의 사회정치

박해남(서울대학교 아시아연구소 HK연구교수)

1 하나의 유령이

1840년대 파리, 오스망의 손길이 닿지 않아 좁고 굽은 골목길들이 가득했던 이곳에서는 산업화·도시화의 물결 속에서 비참한 삶을 감내해야 했던 레미제라블의 봉기가 다반사였다. 또한 이곳은 생시몽주의자들이, 푸리에주의자들이, 블랑키주의자들이, 오웬주의자 에티엔 카베가, 테오도르 데자미가, 루이 블랑이, 요제프 프루동이, 생시몽주의자들과 결별한 콩스탕탱 페쾨르와 피에르 르루가, 이른바 사회문제(la question sociale)를 넘어선 새로운 사회의 청사진을 제시했던 공간이었다. 빌헬름 바이틀링, 로렌츠 폰 슈타인, 미하엘 바쿠닌 등 유럽 각지에서 모인 이들이 이를 주의 깊게 관찰하던 시공간이었다. 1843년과 44년에 파리에 도착해 이러한 시공간을 함께했던 칼 마르크스와 엥겔스는 브뤼셀로 자리를 옮긴 후 쓴 『공산당 선언(1848)』에서 이렇게 말한다.

"하나의 유령이 유럽을 떠돌고 있다, 공산주의라는 유령이."

1990년대 한국이라는 시공간에도 하나의 유령이 지식인들 사이를 떠돌고 있었다. 파리의 지식인들이 그랬듯, 서울의 지식인들 역시 시대의 변화를 읽고 있었다. 형식적 민주화는 이뤄졌고, 올림픽은 열렸다. '마이카'와 '중산층'이라는 단어가 유행어처럼 번졌고, 이들의 주거공간인 아파트촌은 서울과 수도권을 넘어 전국적으로 확산되었다. 민중을 대신하여 시민을 새로운 변혁의 주도층이라 말하는 단체들이 이름을 내밀기 시작했다. 신세대와 X세대라 불리는 소비주의 세대가 가시화되고, 대중문화의 영향력은 전례 없이 커졌다. 한국은 사회주의 국가들과 수교를 맺었고, 동구권 사회주의 국가들은 체제를 전환했으며, 재중동포를 포함한 다양한 아시아인이 한국으로 들어와 일하고 거주하기 시작했다.

지식인들도 세계를 달리 해석하기 시작했다. 1970년대와 1980년대 사이 분단과 독재, 저발전과 빈곤이라는 상황 인식을 공유한 지식인들의 종속이론과 반봉건사회론, 국가독점 자본주의론은 1990년대 들어 점차로 그 영향력을 상실해갔다. 『IF』는 페미니즘, 『녹색평론』은 생태주의, 『당대비평』은 탈민족주의라는 새로운 과제를 제기했다. 『문화/과학』과 『리뷰』는 대중문화가 더 이상 이데올로기 장치가 아닌 헤게모니 투쟁의 장이자 저항적 실천의 장일 수 있음을 말하기 시작하였다. 레닌을 따라 혁명을 꿈꾸던 이들은 그람시를 따라 진지전을 준비하기 시작했다.

'근대'라는 개념은 이러한 흐름 속에서 1990년 중반부터 등장한 유령을 가시화한 것이었다. 근대를 대상화하고 문제시하며 근대를 넘어서려는 '탈근대론'이 지식인들 사이에 자리를 잡기 시작하면서, 역설적으로 '근대'라는 개념이 유행하기 시작한 것이다. 이는 미국과 일본이라는 제국으로 인하여 한국 사회가 종속적 저발전 상태를 면할 수 없다던 과거의 규정이 무색해지고, 소수의 독재자와 자본가라는 특정 인격이 지배와 권력을 체현하는 것으로 여길 수 없게 된 상황에서 등장한 개념이었다. 종속적 저발전으로는 규정할 수 없는 한국사회를, 특정 인격의 지배로 규정할 수 없는 한국 사회를 새로이 지칭하기 위해 '근대', '현대', '모더니티'라는 개념이 활용되었고, 이를 비판하고 넘어서기 위한 지향을 '탈근대', '탈현대', '포스트모더니티'로 지칭하게 된 것이다.[1] 문화와사회연구회의 『현대와 탈현대 – 전환기의 사회의식과 그 탐색(1994)』, 비판사회학회의 『탈현대사회사상의 궤적(1995)』, 서울사회과학연구소의 『근대성의 경계를 찾아서(1997)』 등은 그러한 고민의 결정체였다.

그 가운데 빼놓을 수 없는 것이 『근대주체와 식민지 규율권력(1997)』이었다. 이 책은 개화기에서 식민지기 사이 학교, 공장, 병원, 사회사업, 가정 등 다양한 영역에서 작동한 지식 권력과 규율 권력은 사회 구성원들의 집합적 습속, 즉 '사회적인 것(the social)'을 통치하고자 시도하며 새로운 근대적 주체를 형성하였음을 설득력 있게 제시하였다. 그람시와 알튀세르에 이어 1990년대 중반부터 널리 확산된

---

[1] 이러한 흐름 속에서 한국 지식장에 유입된 것이 루이 알튀세르, 자크 라캉, 미셸 푸코, 질 들뢰즈, 장 보드리야르 등의 프랑스 이론가들의 저작이었다. 자크 라캉의 경우 『자크 라캉의 욕망이론』과 『자크 라캉』이 1994년에 번역되었으며, 질 들뢰즈의 경우 『대담 : 1972 – 1990(1993)』, 『앙띠 오이디푸스 : 자본주의와 정신분열증(1994)』, 『감각의 논리(1995)』, 『들뢰즈의 푸코(1995)』, 『철학이란 무엇인가(1995)』, 『칸트의 비판철학(1995)』, 『영화 1(1996)』, 『베르그송주의(1996)』, 『프루스트와 기호들(1997)』, 『니체와 철학(1998)』, 『스피노자의 철학(1999)』, 『천의 고원(2000)』 등이 1990년대에 번역·발간되었다. 보드리야르의 경우 1991년 『소비의 사회』가 번역된 이후, 『기호의 정치경제학 비판(1992)』, 『시뮬라시옹 : 포스트모던 사회문화론(1992)』, 『섹스의 황도(1992)』, 『생산의 거울(1994)』, 『아메리카(1994)』, 『유혹에 대하여(1996)』, 『보드리야르의 문화읽기(1998)』, 『사물의 체계(1999)』 등의 번역이 이어졌다.
근대와 식민주의가 동전의 양면과도 같다는 사실을 지적하며 서구 중심의 근대를 비판한 에드워드 사이드의 주저 『오리엔탈리즘』이 1993년 번역되었고, 탈식민주의를 제목으로 한 논문은 1993년에, 포스트콜로니얼리즘을 제목으로 한 논문은 1997년에 처음 간행되었다는 사실 역시 주목할 만하다.
이와 더불어 탈근대주의적, 탈식민주의적 문제의식을 지닌 일본의 저작들이 1990년대 후반부터 소개된 것 역시 한국의 탈근대 논의를 활성화시키는 데 기여 했다. 우에노 치즈코의 『가부장제와 자본주의(1994)』와 『내셔널리즘과 젠더(1997)』, 가라타니 고진의 『일본 근대문학의 기원(1997)』, 윤건차의 『일본, 그 국가, 민족, 국민(1997)』, 강상중의 『오리엔탈리즘을 넘어서(1997)』, 이효덕의 『표상공간의 근대(2002)』, 후지타니 다카시의 『화려한 군주 : 근대일본의 권력과 국가의례(2003)』, 사카이 나오키의 『사산되는 일본어·일본인 : 일본의 역사 – 지정적 배치(2003)』, 『국민주의의 포이에시스(2004)』, 오치아이 에미코의 『21세기 가족에게 : 일본의 가족과 사회(2004)』, 요시미 순야의 『박람회: 근대의 시선(2004)』, 요시미 순야 외 『운동회 : 근대의 신체(2007)』, 타키 코지의 『천황의 초상(2007)』 등이 대표적이다.

미셸 푸코의 이론을 활용하면서도 식민지 조선이라는 맥락을 보다 전면화하여 텍스트와 컨텍스트 어느 것 하나 놓치지 않으려 하였다는 점에서 '근대'를 말하는 다른 저작들과는 사뭇 다른 저작이었다.² 이 저작이 지식인들에게 미친 영향은 결코 적지 않았다. 위르겐 하버마스를 포함하여 '탈근대'라는 이름과 함께 소개된 서구 지식인들의 텍스트를 파고 들고자 하는 움직임은 2000년을 지나면서 상당히 둔화되었다.³ 반면에, 탈근대를 말하는 텍스트들을 실마리로 삼되 식민지기라는 컨텍스트를 면밀히 분석함으로써 한국의 근대성을 비판적으로 해명하려는 '식민지 근대성' 연구는 늘어만 갔다.

1998년 대학에 진학하여 공부를 시작한 필자 역시 근대라는 유령의 목격자 중 하나였다. 그런 필자가 정근식 선생이 주도한 『근대주체와 식민지 규율권력』에

---

2   그람시의 경우 『그람시의 마르크스주의와 헤게모니론 : 역사·변증법·헤게모니(1984)』, 『그람시의 정치사상(1985)』, 『국가·계급·사회운동(1986)』, 『헤게모니와 혁명: 그람시의 정치이론과 문화 이론(1989)』, 『사회변혁과 헤게모니(1990)』, 『그람시 헤게모니의 사회이론(1991)』, 『그람시와 마르크스주의 이론(1992)』 등 1980년대 중반부터 1990년대 초반에 걸쳐 국내외 저자들에 의해 이론이 소개되었고, 주저 『옥중수고』는 1993년에 완역되었다. 알튀세르의 저작은 『마르크스를 위하여(1990)』, 『자본론을 읽는다(1991)』, 『아미엥에서의 주장(1991)』, 『마키아벨리의 고독(1992)』, 『철학과 과학자들의 자생적 철학(1992)』, 『당내에 더이상 지속되어선 안 될 것(1992)』, 『미래는 오래 지속된다(1992)』, 『역사적 맑스주의(1993)』 등, 1990년대 초반에 집중적으로 번역되었다. 미셸 푸코는 『미셸 푸코 : 狂氣의 역사에서 性의 역사까지(1989)』, 『미셸푸코 : 구조주의와 해석학을 넘어서(1989)』, 『시칠리아의 암소 : 미셸 푸코 연구(1990)』 등의 해설서가 먼저 등장한 후, 1990년에 『성의 역사』 1권부터 3권이 번역되었으며, 1991년 『광기의 역사』와 『감시와 처벌』이, 1993년에는 『임상의학의 탄생』과 『지식의 고고학』이 번역되었다. 1994년에는 『말과 사물』이 번역되고 『감시와 처벌』이 재번역 출간 되었다.

3   2022년 출간된 이시윤의 『하버마스 스캔들』은 1990년대 큰 주목을 받았던 하버마스의 이론이 2000년대 들어 영향력을 잃고 이론적 천착의 대상이 되지 못했음을 지적하며 그 원인을 한국 학술장의 딜레탕티즘과 도구주의에서 찾는다. 그러나 필자는 다른 의견을 지니고 있다. 하버마스의 텍스트는 1980년대 동구권의 민주화와 이를 추동한 시민사회의 역할이라는 컨텍스트와 연계되어 주목을 받았고, 1980년대 후반 중산층의 대두와 시민운동의 등장이라는 컨텍스트와 더불어 한국 사회에 자리를 잡고 영향력을 얻었다. 하지만 2000년대 이후 중산층의 쇠퇴와 양극화, 시민운동을 통한 한국 사회 변혁에 대한 긍정적 전망의 쇠퇴 등 컨텍스트의 변화가 하버마스의 텍스트를 천착할 동력을 쇠퇴시켰다 판단되기 때문이다.

서 시작된 식민지 근대성론의 문제 의식을 이어받고 또 변용하면서 공부 길을 걸어오고 있음을 보여주기 위하여 이 글은 작성되었다. 식민지 근대성 논의가 필자의 공부 길에 미친 영향에 대한 서술은 곧 필자가 정근식 선생으로부터 받은 영향에 대한 서술도 될 것이다. 이러한 서술을 위해 이 글은 크게 세 부분으로 나뉜다. 2장에서는 먼저 『근대주체와 식민지 규율권력』에서부터 시작된, 정근식 선생이 주도해 온 식민지 근대성 연구의 문제 의식이 무엇이었는지, 어떻게 발전하였는지를 보다 자세히 설명할 것이다. 3장과 4장에서는 그런 식민지 근대성 논의에 대한 학습에서 출발하여, 이를 응용하여 1988 서울올림픽을 계기로 한 권력의 도시 공간 재편이 산업화와 도시화 과정에서 도시로 쏟아져 나온 인구에 대하여 습속을 규율하는 장치이자 사회적인 것을 재구성하는 장치가 되었음을 밝힌 박사논문에 이르는 과정을 서술할 것이다. 마지막으로 5장에서는 그러한 필자의 공부 길에서 정근식 선생으로부터 얻게 된 다양한 영향과 도움에 대하여 소략하게나마 기술할 것이다.

2 근대주체와 식민지 규율권력

『근대주체와 식민지 규율권력』은 식민지 근대성의 문제의식이 국내외적인 한국 사회 인식의 전환으로부터 출발함을 알린다. 앞서도 말했던 것처럼 1970년대와 1980년대 한국 학계에서 영향력을 발휘했던 한 이론은, 한국 사회를 수탈, 억압, 종속, 저발전 상태에 있는 것으로 정의하고 식민 지배와 분단 체제로 이어지는 지배에서 그 원인을 찾는 '수탈론'이었다. 그런데 1988년 서울올림픽 이후 변화가 찾아왔다. 서구 세계에 한국은 성공한 자본주의 국가로 인식되기 시작하는 가운데 성공의 원인을 찾고자 한 중요 저서들이 등장한 것이었다. 그 원인을 개발독재 시기 발전국가에서 찾은 앨리스 암스덴의 1989년작 『아시아의 다음 거인(Asia's Next Giant)』과 식민지에서 찾고자 한 카터 에커트의 1991년작 『제국의 후예(Offspring of Empire)』가 대표적이다. 특히 후자는 식민지기를 한국 자본주의의 초기 성장기로 재해석하면서 '식민지 근대화론'이라 통칭되는 새로운 흐름을 만들어 냈다.

식민지 근대성론은 수탈론과도 식민지 근대화론과도 거리를 둔다. 1990년대 한국 지식인들이 탈근대의 문제의식을 경유하자 더 이상 근대는 발전, 자유, 해방과 등치되지 않게 되었다. 근대란 또다른 규율이자 속박이며, 누군가에게는 근대가 누군가에게는 식민이라는 사실에 새로이 눈을 뜨게 되었기 때문이다. 따라서 식민지가 근대라 하더라도, 식민지기에 자본주의적 발전이 있다 하더라도, 그 이면에는 규율과 속박과 식민화가 존재할 수 있는 이론적 가능성이 마련되었다.

『근대주체와 식민지 규율권력』의 서문은 이 책이 근대가 식민, 규율, 속박과 등치될 수 있다는 이론적 가능성에 기대어 식민 지배자를 쉽사리 규율권력 내지 지식권력이라 칭하지 않는다. 권력이 주체를 억압하는 것이 아닌 주체를 생산하며, 지식권력·규율권력·생명권력이 사회 구성원들이 공유하는 집합적 습속으로서의 '사회적인 것'을 형성한다는 것이 푸코의 테제였다. 권력의 비인격성과 권력 작용의 규칙성에 초점을 둔 푸코의 테제는 식민권력의 자의성과 조선인들의 종속성이 두드러지는 정치와 경제의 영역이 아니라, 사회 영역에 제한적으로 적용 가능하다는 것이 정근식을 포함한 저자들의 주장이었다. 즉, 지배자 개인의 성격과 관계 없이 지속되어 온 습속 통치의 공간으로서의 학교, 공장, 병원, 사회사업 시설, 보육 등 영역에서의 규율 권력과 지식 권력의 작용을 분석할 때 식민지 근대의 주체 생산이 드러난다는 것이었다. 이러한 방식으로 저자들은 식민지기에 형성되어 20세기 내내 주체들의 신체에 각인되어 있던 집합적 습속을 '근대'의 한 양상으로 규정하고 비판할 수 있는 장소를 마련하였다.

그로부터 8년 후 발간된 『식민지의 일상, 지배와 균열(2006)』은 사회 구성원들의 습속의 영역인 일상 생활을 권력에 의한 주체 형성의 장소가 아닌 동의와 저항이 공존하는 역동적 공간으로 포착하려는 시도였다. 이는 한편으로는 민주화 이후에도 지속되는 권위주의의 유산을 청산해야 한다는 컨텍스트와, 다른 한편으로는 탈근대적 문제의식을 지닌 역사학자들과 사회학자들이 1990년대 말부터 일상생활을 대상으로 하여 생산한 텍스트들을 공유한 결과였다. 지배와 저항이라는 이분화된 행위의 영역이 아니라 무관심, 회피, 유흥, 향락 등 식민지 일상 생활에서 주체들이 보여주는 다차원적이고 혼종적인 행위 전략을 포착하고자 한 것이었다. 저자들은 권력의 균열과 식민지 조선인들의 서로 다른 반응 등을 포착하면서도 이 시기에 형성된 근대적 감각과 집합적 습속이 개발 독재 시기까지 연장되어 가는 양상들을 포착하였다. 식민지기 화학 조미료의 등장과 이로 인한 조선인들의 미각 변화, 또한 제국의 조미료에 대한 욕망이 해방 이후 시기로 이어지는 과정을 조명한 정근식 선생의 글 "맛의 제국, 광고, 식민지적 유산"이 대표적이다.

책이 나오기 이전인 2005년 정근식 선생이 이끄는 연구팀은 "식민 지배와 헤게모니 경쟁: 일제하 교육, 의료, 사회사업의 정치사회학"이라는 이름으로 새로운 연구를 시작한다. 이는 『근대 주체와 식민지 규율 권력』에서 잠시 언급했던 문제의식을 보다 본격화하면서도 재구성한 것이었다. 이전 저작에서는 교육, 의료, 사회사업 등의 영역에서 드러나는 식민 권력과 서양 선교사들의 병존 속에서 식민지적 근대의 단초를 발견했다면, 이제는 해당 영역의 근대성을 둘러싸고 식민권력과 서양 선교사들 사이에 존재했던 경쟁 양상에 초점을 맞추었던 것이다. 그럼으로써 식민권력이 피식민 주체들을 주체화하는 데 성공했다거나 그러지 못하고 억압할 뿐이었다는 논의들을 넘어, 역동적 경쟁 관계 속에서 제한적으로 존재하는 헤게모니라고 하는 새로운 시각을 제시하였다.

완결된 저작이 발간된 것은 아니었지만, 이 연구가 갖는 의의는 적지 않았다. 이 무렵 한국 사회는 1990년대부터 경험했던 세계화(Globalization)란 정치경제적 차원에서의 워싱턴 컨센서스(Washington Consensus) 추구에 그치는 것이 아닌 사회·문화 영역 전반의 미국화(Americanization)였음을 경험하던 터였다.[4] 그런 가운데 이 저작은 식민지 근대성의 한 켠에 존재하던 미국화의 기원을 밝혔다는 점에서 의의가 적지 않다. 하지만 그보다 더 중요한 것은 한국 사회의 '사회적인 것(the social)'의 식민지적 기원을 다루었다는 점이었다. 교육, 의료, 사회사업 등의 영역에 대한 민간의 개입은 국가/개인, 공/사 사이에 존재하는 '시민사회' 영역을 창출한다. 더불어, 뒤르켐이 말하는 사회적인 것의 감각 즉, 집합적 습속과 연대의 감각

---

[4] 사회학자들과 언론학자들이 모여 쓴 『아메리카나이제이션』이 2008년이었다는 점 역시 2000년대 후반 들어 '미국화(Americanization)'에 대한 한국 지식인들의 문제의식이 고조되었다는 점을 방증한다.

이 형성되는 영역이기도 하다. 비록 명시적으로 설명한 것은 아니지만, 이 연구는 1920년대에 제한적으로 허용된 공간 속에서 진행된 헤게모니 경쟁을 바탕으로 형성된 사회 영역과 사회적인 것에 대한 감각이 식민지 근대성의 한 양상임을 드러내고 있다.

2000년대 후반에 이르러 정근식 선생의 연구팀은 "식민권력의 자기 재현: 조선총독부의 선전활동과 국가효과, 1919 – 1936"이라는 이름의 프로젝트를 수행한다. 조선총독부는 일본 제국의 식민 지배 실행 주체로, 자율적이라거나 자기 완결적인 국가와는 거리가 멀었다. 하지만 때로는 우발적으로, 때로는 의도적으로 식민 권력은 조선이라는 자기 완결적 영토의 자율적 통치자인 것처럼 스스로를 표상했다. 총 13편에 이르는 연구 결과물들은 총독부가 시각, 신체, 문자 등 다양한 매체를 통하여 자신을 마치 하나의 '국가기구'인 것처럼 재현하였고, 그로 인해 다양한 정치적 효과가 발생하였음을 밝히고 있다.

총독부가 자기 재현을 통해 창출한 국가효과는 조선이라는 영역을 하나의 사회공간으로 표상해 낸 것이라 할 수 있다. 총독부가 자율적 국가 기구인 것처럼 표상된다 함은 총독부의 행정 영역인 한반도 내의 조선인들을 자기완결적인 '조선'의 구성원으로 상상하게 만드는 결과로 이어지기 때문이다. 이는 가상의 국가 – 사회 관계를 형성하면서 조선인들을 '제국일본'의 구성원이라기보다는 '조선사회'의 구성원으로 표상하게 만든다. 그리고 '조선사회'의 요구에 응답해야 할 주체로 '총독부'를 재구성해냄으로써 총독부가 상정하지 않은 의무를 지도록 한다. 요컨대, 총독부가 창출한 국가효과는 조선인들 사이에 '사회효과'를 창출하였다고 볼 수 있다.

위와 같이 정근식 선생을 필두로 하여 수행된, 식민지 근대성을 주제로 한 공동 연구는 1997년 『근대 주체와 식민지 규율권력』에서 시작하여 2000년대 말까지 10여년 사이 지속된 후 일단락되었다. 네 차례에 걸쳐 진행된 이들 연구들이 지니는 의의는 적지 않다 할 수 있을 텐데, 이를 정리하자면 다음과 같다. 첫째, 억압하고 수탈하는 권력이 아니라 생산하고 주체화하는 권력이라는 전제에 기초하여 존재하는 질서의 식민지적 기원을 밝히고자 했던 문제의식은, 비록 일방향적인 영향 관계는 아니었지만 'OO의 탄생' 내지 'OO의 기원' 등으로 통칭되는 수많은 연구에 영향을 주었다고 볼 수 있다.[5] 둘째, 앞서도 말했던 바와 같이 식민지 근대성을 문제의 기원으로 상정함으로써 '수탈론'과 '식민지 근대화론' 사이에 새로운 시각을 마련하였다. 나아가, 지배 권력과 피지배 주체 사이의 일방향적인 힘관계를 상정하는 것이 아니라 보다 역동적인 관계를 상정함으로써 해당 시기 한참 뜨겁게 달아오르던 '동의'와 '저항'이라는 이분법을 넘어선 새로운 시각으로 식민지기 주체들의 행위를 파악하였다. 마지막으로, 집합적 습속과 연대의식 등 근대성의 중요한 한 양상인 '사회적인 것'의 형성 과정을 파악할 수 있는 단초를 마련함으로써 한국 사회학의 중요한 과제 영역 중 하나를 연구할 수 있는 기반을 마련하였다.

---

[5] 가장 두드러지는 저작들은 근대적 대중 사회의 형성과 문화적 감수성의 탄생에 대한 다양한 저작들이었다. 김진송의 『서울에 딴스홀을 허하라: 현대성의 형성(1999)』를 시작으로, 권보드래의 『한국 근대소설의 기원(2000)』, 천정환의 『근대의 책 읽기: 독자의 탄생과 한국 근대문학(2003)』, 이경훈의 『오빠의 탄생 : 한국 근대 문학의 풍속사(2003)』, 소래섭의 『에로 그로 넌센스 : 근대적 자극의 탄생(2005)』, 장유정, 『오빠는 풍각쟁이야 : 한국 대중가요의 탄생과 대중의 수용(2005)』, 강호, 『대중적 감수성의 탄생 : 도박, 백화점, 유행(2005)』, 이영아, 『육체의 탄생 : 몸, 그 안에 새겨진 근대의 자국(2008)』, 소영현, 『문학청년의 탄생 : 근대 청년의 문화정치학(2008)』, 이광호, 『도시인의 탄생 : 한국 문학과 도시의 모더니티(2010)』, 소래섭, 『불온한 경성은 명랑하라 : 식민지 조선을 파고든 근대적 감정의 탄생(2011)』, 이선이, 『근대 한국인의 탄생 : 근대 한·중·일 조선민족성 담론의 실제(2011)』, 박숙자, 『속물 교양의 탄생 : 명작이라는 식민의 유령(2012)』, 조성운 외, 『시선의 탄생 : 식민지 조선의 근대관광(2011)』 등 이들 대부분은 국문학계에서 제출된 것들이었다.
이와 달리 사회과학 영역에서 제출된 저작들은 대중적 주체성 보다는 시민적 혹은 개인적 주체성에 주목한다. 송호근의 『인민의 탄생 : 공론장의 구조 변동(2011)』과 『시민의 탄생 : 조선의 근대와 공론장의 지각 변동(2013)』, 최정운, 『한국인의 탄생 : 시대와 대결한 근대 한국인의 진화(2014)』 등이 대표적이다.
'탄생'을 논하는 또 다른 하나의 연구는 해방공간과 한국전쟁기 국가의 탄생에 관한 것이었고, '대한민국'이라는 체제가 국민과 국민 바깥이라는 경계를 만들어 나가는 과정을 탐색하는 것들이었다. 이영록, 『우리 헌법의 탄생 : 헌법으로 본 대한민국 건국사(2006)』, 서희경, 『대한민국 헌법의 탄생 : 한국 헌정사, 만민공동회에서 제헌까지(2012)』, 이국운, 『법률가의 탄생 : 사법 불신의 기원을 찾아서(2012)』, 김득중, 『'빨갱이'의 탄생 : 여순사건과 반공 국가의 형성(2009)』, 문준영, 『법원과 검찰의 탄생 : 사법의 역사로 읽는 대한민국(2010)』, 전우용, 『현대인의 탄생 : 해방~한국전쟁기 한국인의 질병과 위생, 의료(2011)』, 김육훈, 『민주공화국 대한민국의 탄생: 우리 민주주의는 언제, 어떻게 시작되었나?(2012)』

3 근대는 오래 지속된다

필자는 2005년 초 "식민 지배와 헤게모니 경쟁: 일제하 교육, 의료, 사회사업의 정치사회학" 연구에 합류하면서 식민지 근대성 연구를 배워 나가기 시작했다. 필자의 석사학위 논문『대한제국기 개신교 윤리의 형성과 성격에 관한 연구』는 정근식 선생이 이끄는 연구팀의 구성원들로부터 학습한 결과물이었다. 이 논문은 개화기 개신교의 정착 과정이 개신교 윤리라 불리는 집합적 습속의 형성 과정에 다름 없었음을 전제하는 가운데, 식민주의적 종교관을 지닌 개신교 선교사들과 민족주의적 종교관을 형성했던 초기 개신교인들 사이의 헤게모니 경쟁이 일단락 되고 선교사들의 종교관에 기초한 집합적 습속이 개신교 내부에 일반화 되는 과정에 대한 분석이었다. 헤게모니 경쟁 속에서 형성되는 주체화의 과정, 그리고 집합적 습속으로서의 '사회적인 것'의 형성이라는 연구팀의 문제 의식을 필자의 연구 영역에 적용한 결과물이었다. 차후에는 「Football and Hegemony Competition during the Colonial Period Korea(2020)」라는 논문을 통하여 근대적인 신체를 만들고 전시하고자 하는 식민권력과 조선 스포츠인들 사이의 헤게모니 경쟁이 스포츠 및 민족주의와 관련한 집합의식을 형성해 가는 과정을 분석하였다.

이후 "식민권력의 자기 재현: 조선총독부의 선전활동과 국가효과, 1919-1936"에 참여한 가운데 조선신궁체육대회라고 하는, 식민지 조선 최대의 스포츠 이벤트에서 드러난 총독부의 재현 전략을 분석하고, 같은 시기 도쿄에서 개최된 메이지신궁체육대회와의 연관성을 함께 분석하였다. 이를 통해, 이 스포츠 이벤트들이 "조선 대표"를 만들어 냄으로써 독자적 공간으로 상상하게 하는 힘을 지녔고, 이것이 식민지기 민족주의와 관련한 집합의식 형성의 한 경로였음을 밝혔다. 이는 「제국과 식민지 간 재현 경쟁의 장, 스포츠: 조선신궁체육대회와 메이지신궁체육대회를 중심으로(2015)」라는 이름의 논문으로 발간되었다.

식민지 근대성을 주제로 한 공동연구가 일단락된 후 필자는 일본 규슈대학 비교문화연구원의 대학원생들과 연구 교류를 조직하게 되었다. 정근식 선생은 이 교류를 학생간 교류가 아닌 학과 간 정식 교류가 될 수 있도록 도와주셨고, 그 결과 다섯 번에 걸쳐 한일 양국을 오가며 발표회를 갖고 결과물을 한일 양국 언어로 출판할 수 있었다.

이러한 교류 가운데서 필자는 2006년에 출간된 『식민지의 일상, 지배와 균열(2006)』의 문제의식을 활용해보고자 하였다. 이는 2000년대 이후 신자유주의적 정책이 대대적으로 확산된 이후, 2010년대를 넘어서면서는 N포세대론과 수저계급론, '헬조선' 같은 개념들이 등장하던 컨텍스트를 실마리로 삼은 것이었다. 폐색적 사회 상황에서 드러나는 주체들의 행동을 이해하고 또 전망하기 위해서는, 마찬가지로 폐색적인 사회 상황에서 주체들이 보여주었던 다양한 행동을 분석할 필요가 있다 판단했기 때문이었다. 그래서 1937년에서 1945년에 이르는 전시체제기 젊은 이들이 일상생활에서 권력에 대하여 보여주는 다양한 반응을 분석하고자 하였다. 그 결과 이들의 일상에 수용과 저항 외에도, 사보타주, 풍자, 조롱, 야유, 눈물, 침묵 등 다양한 방식의 행위가 공존했으며, 공적 영역과 사적 영역에서의 행동을 분리함으로써 냉소적 주체를 형성했음을 드러냈다. 이는 「학생들의 기억으로 보는 식민지 전시체제기의 중등학교 생활 - 수난, 저항, 주체성」이라는 제목의 원고였으며, 필자를 포함하여 교류에 참여한 이들의 원고는 서울대학교의 정근식 선생과 규슈대학의 나오노 아키코 선생 편저의 『기억과 표상으로 보는 동아시아의 20세기(2014)』라는 책으로 발간되었다.

이후 필자의 연구 대상 시기는 일변한다. 2016년부터 필자는 1980년대 이후 현재에 이르는 시기를 대상으로 연구를 수행하고 있다. 연구 대상 시기를 바꾼 이유는 이렇다. 사회학이 사회 현상을 분석하는 학문이자 사회문제의 원인을 진단하고 해결책을 모색하는 학문이라고도 정의한다면, 존재하는 현상과 문제의 기원에 대한 탐구가 무엇보다도 중요하다 판단되었다. 그런데, 신자유주의와 세계화가 진행되고 다층적인 격차가 사회 전반에 가시화되고 있는 상황에서는 식민지라는 변곡점보다는 이후에 존재하는 변곡점으로부터 기원을 찾아낼 필요가 있다 판단했다.

그러나 필자가 식민지 근대를 말하는 선학들로부터 학습한 문제 설정 방식은 지속되었다. 근대는 오래 지속된다. '근대'라는 개념이 기실 서구의 경험을 빼놓고서는 이야기할 수 없다고 할 때, 근대는 몇 개의 변곡점을 지닌 수백 년간의 경험이었다. 16세기 초 종교 개혁은 도시 부르주아들 사이에 '자본주의 정신'이라는 새로운 멘탈리티가 형성되는 계기를 마련하였다. 17세기 30년 전쟁은 베스트팔렌조약과 더불어 국가간체제를 탄생시켰다. 이로 인한 봉건제의 몰락은 사회계약론과 계몽사상을 탄생시켰다. 18세기에 시작된 산업혁명은 자본주의 시스템을 만들었으며, 전자본주의 사회 속에 살던 농민 다수를 노동자로 탈바꿈 시켰다. 19세기 프랑스 혁명은 근대 국민국가 시스템을 만들었다. 19세기의 빈곤 문제와 계급 갈등은 복지국가의 형태로 산업화되고 도시화된 공간에서 인구의 다수가 적응하며 살아가도록 만들었다. 근대적 사상과 사유가 등장하고, 근대 자본주의와 국민국가 시스템이 등장하며, 근대적인 삶에 인구의 다수가 적응하여 살게 되는 몇 차례의 변곡점이 존재하는 것이다.

 20세기 한국 사회가 경험한 근대에도 몇 번의 변곡점이 존재한다. 첫 번째 변곡점이었던 식민지기가 근대적인 사상과 사유는 등장했으되 근대적 삶의 질서와 경험에 참여하는 인구가 제한적이었던 시기였다면, 두 번째 변곡점은 해방공간에 부터 약 20여년간 지속된 국민국가의 형성기로, 반공주의와 발전주의에 기초하여 네이션을 형성하고 자본주의 시스템을 도입하는 시기였다. 마지막 세 번째 변곡점은 인구의 다수가 전통적 삶의 공간을 떠나 산업화되고 도시화된 공간에 정착하여 살아가는 1980년대와 1990년대가 될 것이다. 정근식 선생을 포함한 선학과 동학들은 식민지라는 근대의 변곡점을 대상으로 삼아 새로운 질서의 형성을 비판적으로 해부하였고, 해방공간부터 시작된 국민국가 만들기의 과정을 성공적으로 해명한 바가 있다. 그렇다면 필자는 연구되지 않은 세 번째 변곡점을 연구의 대상 시기로 삼는 것이 상당한 의미를 지니리라 판단하였다.

 대상 시기는 달라졌을 지언정 식민지 근대성의 문제의식은 지속되었다. 필자는 주체형성과 집합적 습속 형성의 메커니즘은 일방향적인 권력의 작용이 아니라 헤게모니 경쟁으로 대표되는 관계론적이고 역동적인 접근법을 경유할 때 효과적으로 분석될 수 있다는 시각을 유지하였다. 권력의 작용에 대한 주체들의 반응은 수용과 저항만 아니라 매우 다양할 수 있으며, 심지어는 권력이 주체에 대하여 가하는 힘의 작용 역시 일관되지 않고 파편적일 수 있다는 논의 역시 참고하였다. 무엇보다도 필자가 중시했던 것은, 집합적 습속으로서의 '사회적인 것(the social)'이라는 사회학의 대상을 식민지 근대의 산물로서 파악하고자 했던 시도였다. 이 시기에 형성된 '사회적인 것'은 이후 어떻게 변용되는가, 국민국가를 만들고 또 도시화되고 산업화된 공간에 인구를 정착시키고자 한 1980년대의 권력은 어떠한 방식으로 '사회적인 것'을 재구성하고자 하는가? 라는 질문이 뒤따랐다.

4 후기 식민지 주체와 올림픽의 사회정치

1988 서울올림픽은 2주 간의 스포츠 이벤트가 아니었다. 1981년 개최 결정 후부터 1988년 까지 새마을운동과 사회정화운동, 범국민올림픽운동이라는 거대 관변단체를 동원하여 사회 구성원들의 습속에 개입하고, 생활 양식에 개입하며, 최대 72만에 달하는 철거민을 발생시키면서 도시 경관을 대대적으로 개조한, 말 그대로 메가 이벤트였다. 그런 대대적인 개조와 동원의 끝에서 산업화되고 도시화된 공간에서 살아가기 시작한 이들 사이에 새로운 집합적 습속과 상호작용 양식을 창출하고 사회적인 것을 재구성하는 수단, 즉 사회정치(social politics)의 수단이었으리라 가정하는 것은 어렵지 않았다.

해방공간에서부터 전통적 삶을 뒤로하고 도시를 새로운 터전으로 삼는 인구는 늘어났지만, 1960년대 초까지 산업화는 본격화되지 않았다. 결과는 도시에 만연한 빈곤이었다. 무허가주택과 거리에서 일하고 또 잠을 청하는 이들의 풍경이 도시에 가득했다. 1961년 권력을 잡은 군인들은 이러한 풍경을 문제시하였다. 거리의 사람들을 수용시설에 가두고, 도시에서는 보이지 않는 간척지로 데려가 일을 시켰다. 그리고는 사회를 정화했다고 선전했다. 『감시와 처벌』에 등장하는 규율권력 같아 보이지만, 죄수와 달리 이들은 사회로 돌아올 수 없었다. 판옵티콘의 감시자들처럼 죄수에게 시선을 내면화시킬 필요도 없었다. 시선이 아닌 물리적 폭력이 유순한 신체를 만드는 도구였다. 거리의 사람들은 그렇게 사회로부터 배제되었다.

그나마 누울 방은 있어야 시선을 활용한 규율 권력을 경험할 수 있었다. 군인들은 '재건국민운동'이라는 관제캠페인을 만들어 수백만의 사람들을 교육한다. 그리고 (후기)식민지적 무의식을 활용하여 식민지적 의식을 정당화한다.[6] 1950년대엔 보기 드물게 미국 유학을 경험한 자신들은 남다른 눈을 지녔다고 선전했다. 그런 자신들이 보기에 당대의 한국 사회가 빈곤한 것은 구성원이 게으르고 무질서하기 때문이고, 습속개조가 빈곤을 해결하고 질서를 창출하여 새로운 사회를 만들 수 있다고 주장했다. 미국을 동경했던 그 눈은 한국을 향한 감시의 눈이 되었다. 60년대의 재건국민운동은 70년대의 새마을운동으로 이어졌고 80년대의 사회정화운동으로 이어졌다. 대다수의 사회 구성원들은 감시의 시선 속에서 일상을 영위했다.

일반적으로 사회권이란 존중받는 사회 구성원으로 살아가기에 필요한 물질적·문화적인 재료들을 국가로부터 조달받을 권리다. 국가는 탈시장적이고 집합적인 형태로 재료들을 조달하여 구성원들의 사회권을 보장한다. 하지만 발전국가 한국에서 사회권이란 일정 수준의 물질적·문화적인 재료들을 스스로 조달하고 나서야 획득할 수 있는 사회 구성원으로서 존중받을 권리다. 개인은 시장에서 스스로 재료들을 조달하여 사회권을 얻고 사회적 존중을 회득한다. 소수의 고숙련·고학력 노동력에게만 주어진 복지제도는 스스로의 존재 가치를 증명한 이들에게 주어지는 메리트(merit)로 여겨졌고, 감시자 국가는 성공적으로 습속을 개조한 이들만을 인정했다. 복지국가의 사회적인 것은 부의 재분배를 뒷받침하는 연대(solidarity)에 기초한 집합의식을 가리키지만 발전국가 한국의 사회적인 것은 단합(unity) 즉, 습속의 개조와 동질성에 기초한 집합의식을 가리켰다. 이런 동질성을 강조하면서도 발전국가 스스로는 사회구성원을 배제·규율·포섭의 대상으로 분절하였다.

이러한 분절적 감시체제는 1979년에 중단 위기를 맞는다. 감시자 중의 감시자였던 이는 죽음을 맞이하였다. 1980년 봄 시민들은 해빙과 해방이 함께 오기를

---

6   이는 고모리 요이치의 『포스트 콜로니얼: 식민지적 무의식과 식민주의적 의식』의 논의를 차용한 것이다. 고모리에 따르면 일본 사회는 서구의 식민지는 아니었지만 서구에 대한 열등성을 전제로 삼아 식민지적 무의식을 지닌 가운데, 주변 아시아 국가를 통치의 대상으로 삼아 그들을 대상으로 식민주의적 의식을 형성해 나간다. 군인들 역시 서구 사회에 대한 열등성을 전제로 하여 (후기)식민지적 무의식을 지녔지만, 한국 사회의 구성원 들에 대하여는 식민주의적 의식을 드러내었다.

염원했지만 온 것은 새로운 감시자 군인들이었다. 이제 이들은 자신들만이 미국을 보았다고, 그런 남다른 안목으로 한국 사회를 주시하겠노라고 말할 수 없었다. 자신들보다 오랜 기간 미국을 본 관료들과 손을 잡았다. 이들에게 올림픽은 새로운 기회였다. 1979년부터 추진되었다 중단되었던 올림픽을 되살려 유치에 성공한 후 그들은 말했다. '세계가 우리를 보고 있다.' 이들은 세계, 실제로는 선진국이라 불리는 서구 사회의 시선을 한국 사회에 대한 감시와 주시의 시선으로 만들었다.

식민 권력의 눈 아래 있던 피식민 주체들에게 탈식민 상황 또는 후기 식민지 상황이란 무엇을 보여줄 지를 결정하고 연출할 기회를 부여받는 것이었다. 전세계의 이목이 집중되는 서울올림픽 같은 메가이벤트는 경기장만 아니라 세계의 사람들이 발을 딛을 도시 공간 전체를 무대로 만든다. 군인과 관료들은 연출자를 자임하였고, 사회구성원들에게 연기를 가르치겠다 하였다. 새마을운동은 사라지지 않았으나 사회정화운동은 새마을운동보다 더 컸다. 여기에 범국민올림픽 운동이 추가되었다. 끊임 없는 캠페인이 개인의 습속을 감시하고 단속했다. 거리에서 흐트러진 모습을 보이는 이들과 정해진 대본에 따른 행동을 하지 않는 이들은 '올림픽 저해사범'이 되어 처벌을 받았다.

올림픽을 위해서는 배우 보다도 무대 자체가 제대로 갖추어져야 했다. 사회구성원들의 습속도 중요하지만 일단은 물리적 경관을 만들어야 했던 것이다. 복지국가는 사회구성원들이 서로 간에 존중받을만한 생활이 가능하도록 사회적 주택을 제공하고, 대중 교통을 제공하며, 레저에 필요한 시설을 집합적으로 구매할 수 있도록 한다. 반면에 올림픽을 위해 발전국가는 세계의 시선으로부터의 존중을 목표로 도시를 꾸몄다. 공항은 커져야 했고, 공항과 경기장 사이에는 널따란 고속도로가 놓여야 했으며, 그 옆을 흐르는 한강의 경관 역시 달라져야 했다. 중심가에는 고층빌딩이 가득해야 했고, 경기장 주변의 가로수, 가로등, 간판은 미화되어야 했으며, 공연장과 도서관, 호텔 등 문화와 레저시설이 자리해야 했다. 반면에, 무허가 주택들, 특히 서구에서 온 이들의 발길과 눈길이 닿는 곳의 이른바 판자촌은 사라져야 했다. 그로 인해 최대 72만 명이 집을 비웠다. 거리에서 일하고 거리에서 잠을 청하는 이들 역시 사라져야 했다. 수용시설에 감금되는 이들의 수는 늘어만 갔다.

올림픽은 사회권의 획득 방식을 바꾸었다. 후기식민주의적 무의식과 도시 경관을 결합한 시선의 정치는 세계의 시선 앞에 내 놓을 만한 경관 속 주체들을 존중받을 만한 사회구성원으로 상정하는 방식으로 사회권을 제공했다. 자의적이었던 감시자의 시선에 비해 추상화된 '서구'의 시선은 예측 가능했다. 습속만으로 주체의 권리를 인정하려 하였던 이전 시기의 감시체제와 달리 이제는 경관이 중요해졌다. 서구라는 가상적 타자와의 상호작용을 가정하는 가운데, 타자들로부터 존중받을만한 경관을 소유한다면 그들로부터 인정을 받게 되고 사회적 존중을 얻을 수 있다는 것이 1980년대 권력의 설명이었다. 그러기에 서구적 생활 양식을 가장 잘 경관화 한 '강남'은 발전국가 특유의 사회권 저장소가 되었다. 올림픽 이후 '사회적인 것'은 경관으로 재현되는 생활양식의 집단화에 기초한 집합적 습속을 가리키게 되었다.

올림픽을 경유하며 생활양식과 경관을 중심으로 사회권이 부여되기 시작하자 이러한 도시 경관에 대한 수요는 폭발하기 시작하였다. 1989년부터 시작된 수도권의 1기 신도시만 아니라, 대전의 둔산, 대구의 수성, 부산 해운대 같은 광역시는 물론, 익산, 군산, 춘천, 순천 등 중소도시에 이르기까지 1990년대 내내 강남을 복제한 도시경관이 전국적으로 확산된다.

물론 모두가 이 새로운 사회권 부여 시스템에 편승하여 사회적 존중을 구매할 수 있었던 것은 아니다. 대표적으로, 민주화와 더불어 정치권을 지녔음에도 올림픽이라는 무대에 어울리지 않는다는 이유로 배제의 대상이 되었던 철거민들이 있다. 이들은 존중받을만한 사회의 구성원으로 살 수 있는 재료를 공급하는 것이 국가의 의무라며 대체 주거시설을 요구했지만, 국가는 거절했다. 뒤늦게 주어진 임대주택은 존중받을만한 것으로 상정되지 않았을 뿐 아니라 스스로 조달하지도 않은 것으로 여겨졌다. 임대아파트 주민의 사회적 존엄은 부정당하였고, 이웃으로부터 차별과 낙인의 대상이 되었다.

『근대 주체와 식민지 규율 권력』이 식민지기의 지식권력과 규율 권력에 의한 식민지적 근대 주체의 탄생을 다루고 있다면, 필자의 박사학위 논문은 올림픽을 매개로 한 사회정치에 의한 후기 식민지 주체의 탄생을 다루고 있다. 올림픽의 사회정치가 만들어 낸 주체란 단순히 서구라는 타자와의 상징적 상호작용에 기초하여 타자의 시선을 내면화한 주체가 아니다. 올림픽은 (후기)식민지적 무의식을 의식화함으로써 타자로부터 인정받는다 여겨지는 생활양식을 드러내고 자신의 사회적 존재를 인정받는 경험을 확산시켰기에, 이 속의 주체들은 과시와 전시를 통해 사회적 존재를 인정받고자 하며, 이는 전새로운 역동성을 창출한다.

5 나가며

이 외에도 정근식 선생으로부터 받은 영향은 결코 적지 않다. 그 중 하나가 에스노그라피를 통한 지역연구였다. 필자는 2007년 1학기 정근식 선생께서 개설하신 『사회학 연습』 수업을 수강하면서 한 학기 동안 마석 가구단지를 조사하였다. 성공회의 주선으로 조성된 한센인 정착촌이었던 이 마을은, 마을 내 권력 구조의 변화에 따라 장로교회 중심의 공동체가 되었다. 후일에는 한센인들이 임대를 한 공장에서 한국인 사장들이 이주노동자들과 함께 가구를 만드는 공장이 되었다. 성공회 성당은 이주자의 중심이 되었다. 이러한 마을의 변화를 추적하는 일련의 과정을 통하여 필자는 에스노그래피 방법론을 체득할 수 있었다. 비록 박사학위 논문에서는 심층면접을 포함한 다양한 방법론을 활용하지 않았지만, 이 후에는 에스노그래피를 활용한 연구를 적지 않게 수행하고 있다.

2019년 논문 「도시의 기억과 초국경적 교류협력: 독일 북동부 도시들의 사례를 중심으로」는 한자동맹의 중심도시였던 독일의 뤼벡과 동유럽 이산 독일인들이 2차대전 이후 대거 정착한 뤼네부르크에서 이에 관한 기억이 변용되는 과정, 그리고 지식인들이 도시의 역사를 매개로 초국경적 교류와 협력을 수행하는 과정에 대한 현지 조사의 결과였다. 2020년 논문 「일본의 대학 정책과 비상근강사 문제」는 일본의 비상근강사 제도의 변용 과정과 정책의 변화를 추적한 데 더하여 강사단체와 일선 강사들이 현실을 어떻게 받아들이고 또 강사 정책에 대하여 어떻게 대응하고자 하는지 등을 심층면접에 기초하여 밝힌 글이었다. 같은 해 출간된 「신국의 이민자들, 신천지의 현상학」역시 COVID19 초기국면에서 큰 주목을 받았던 신종교집단인 신천지를 경험한 이들을 대상으로 한 심층면접을 바탕으로 한 것이었다. 2021년도에 출간된『장위동: 도시주거변천의 파노라마』에는 장위동의 11개 종교 시설을 방문하여 내부 자료를 수집하고 심층면접을 수행한 결과를 바탕으로 장위동의 성장과 쇠퇴과정 중 종교성의 변화를 분석한 글을 실었으며, 같은 해 출간된 논문「다중격차 시대 지역 청년의 자본과 아비투스」는 중부권 지역 청년 30명을 대상으로 한 심층인터뷰의 결과를 부르디외의 자본과 아비투스 개념을 활용하여 분석한 글이었다.

정근식 선생은 제자들의 동아시아연구를 장려하셨다. 그리고, 앞서 언급한 것처럼 제자들의 교류 모임을 학과간 정식 교류로 바꿀 수 있었던 것도, 한국과 일본 양국에서 출판물을 간행하는 결과를 낼 수 있었던 것도 정근식 선생의 역할이 결정적이었다. 이 때 일본의 연구자들과 교류를 수행한 영향으로 필자는 Japan Foundation으로부터 자금을 지원받아 도쿄대 사회과학연구소에서 1년간 연구를 수행하였고, 이로 인하여 박사학위 취득 이후 현재까지 동아시아연구자로「현대 일본 사회와 꿈의 사회사:이상의 시대부터 불가능성의 시대까지(2018)」,「동북아시아의 사회적 연대와 인식공동체(2020)」,「동북아시아 메가이벤트와 지역 (불)균형 발전 – '70 일본만국박람회와 '93 대전세계박람회를 중심으로(2022)」등의 글을 발표하였다.

동료 연구자들과 함께 펴낸『절멸과 갱생사이: 형제복지원의 사회학』에 미친 정근식 선생의 영향 역시 간과할 수 없다. 한센인을 포함하여 사회적으로 배제된 이들의 인권에 대한 정근식 선생의 관심, 그리고 2000년대 후반 진실화해를위한과거사진상규명위원회 1기가 종료될 무렵 함께 프로젝트를 수행했던 기억은 필자가 형제복지원 문제를 다각도로 검토하는 저작에 참여하게 된 동기를 마련했다. 또한 정근식 선생께서 진실화해위원회 2기 위원장이 되시고 형제복지원을 중요 사건으로 다룸으로써 필자들은 도서가 발간되기까지 작업을 지속할 수 있는 동력은 물론 후속 작업을 이어나갈 동력까지 확보할 수 있었다.

항상 부족함이 많은 필자의 미래를 염려해주시면서 적극적으로 추천해주신

일 또한 필자에게는 늘 감사한 마음으로 남아있다. 이런 선생님의 퇴임이 한편으로는 아쉽지만, 누구보다도 연구에 대한 열정이 큰 선생님이시기에 퇴임 이후 더욱 연구에 매진하실 것을 안다. 끝이 아닌 또 다른 시작이 될 것임을 확신하기에 퇴임을 진심으로 축하드린다는 말씀 전하고자 한다.

참고문헌

공제욱·정근식 편. 2006. 『식민지의 일상, 지배와 균열』. 문화과학.

김진균·정근식 편. 1997. 『근대주체와 식민지 규율권력』. 문화과학.

문화와사회연구회. 1993. 『현대와 탈현대 : 전환기의 사회의식과 그 탐색』. 사회문화연구소.

박해남. 2006. 『대한제국기 개신교 윤리의 형성과 성격에 관한 연구』. 서울대학교 사회학과 석사학위 논문.

박해남. 2014. "학생들의 기억으로 보는 식민지 전시체제기의 중등학교 생활 – 수난, 저항, 주체성." 정근식·나오노 아키코 편. 『기억과 표상으로 보는 동아시아의 20세기』. 경인문화사.

박해남. 2015. "제국과 식민지 간 재현 경쟁의 장, 스포츠: 조선신궁체육대회와 메이지신궁체육대회를 중심으로" 『한림일본학연구』. 26호. pp. 111 – 140.

박해남. 2016. "1988 서울올림픽과 시선의 사회정치." 『사회와역사』. 110호. pp. 353 – 389.

박해남. 2018. 『서울올림픽과 1980년대 한국의 사회정치』. 서울대학교 사회학과 박사학위 논문.

박해남. 2018. "현대 일본 사회와 꿈의 사회사:이상의 시대부터 불가능성의 시대까지." 『문화와사회』. 26권 3호. pp. 319 – 354.

박해남. 2019. "서울올림픽과 도시개조의 유산:인정경관과 낙인경관의 탄생." 『문화와사회』. 27권 2호. pp. 445 – 499.

박해남. 2019. "한국 발전국가의 습속개조와 사회정치 1961~1988." 『경제와사회』. 123호. pp. 344 – 380.

박해남. 2019. "도시의 기억과 초국경적 교류협력: 독일 북동부 도시들의 사례를 중심으로." 『문화와정치』. 6권 4호. pp. 5 – 49.

박해남. 2020. "동북아시아의 사회적 연대와 인식공동체." 『경제와사회』. 125호. pp. 85 – 122.

박해남. 2020. "일본의 대학 정책과 비상근강사 문제." 『현상과인식』. 44권 2호. pp. 148 – 186.

박해남. 2020. "마스크가 말해주는 것들 – 코로나19와 일상의 사회학." 추지현 외. 『마스크가 말해주는 것들 : 코로나19와 일상의 사회학』. 돌베개.

박해남. 2020. "Football and Hegemony Competition during the Colonial Period Korea."『한국학연구』. 74권. pp. 183–213.

박해남. 2021. "사회적 배제의 지속과 변형: 발전국가 시기의 사회정치"『절멸과 갱생 사이: 형제복지원의 사회학』. 서울대학교출판부.

박해남. 2022. "동북아시아 메가이벤트와 지역 (불)균형 발전 – '70 일본만국박람회와 '93 대전세계박람회를 중심으로."『지역사회연구』. 30권 1호. pp. 111–147.

박해남 외. 2021.『장위동: 도시 주거 변천의 파노라마』. 서울역사박물관.

박해남·박미희. 2021. "다중격차 시대 지역 청년의 자본과 아비투스."『경제와사회』. 131호. pp. 55–87.

서울사회과학연구소. 1997.『근대성의 경계를 찾아서』. 새길.

앨리스 암스덴. 이근달 역. 1990.『아시아의 다음 거인:한국의 후발공업화』. 시사영어사.

카터 에커트. 주익종 역. 2008.『제국의 후예: 고창 김씨가와 한국 자본주의 식민지 기원 1876–1945』. 푸른역사.

한국산업사회연구회. 1995.『탈현대사회사상의 궤적』. 새길.

5부

연구현장으로서 지구화와 디아스포라

해외현지조사/디아스포라연구

5-1

현장과 이론, 혹은 현장으로부터 이론을

오하나 (창원대학교 사회과학연구소 전임연구원)

1 시작하며

직업적인 연구자가 되는 과정에서 필자는 크게 두 가지 화두를 가지고 있었다. 개인적으로는 지식과 지식인이 사회적으로 어떠한 역할을 할 수 있는가를 화두로 가지고 있었고, 이론적으로는 소위 '발전'이란 것이 행위자와 사회구조에 일으킬 수 있는 사회경제적·정치적 모순과 왜곡을 파헤치는 작업에 몰두했다. 두 가지 화두는 필자의 학문적 여정 속에서 계속 던져지는 질문이었으나 시기적으로는 개인적 화두에 좀더 천착하던 시기를 거쳐 이론적 화두로 이동했던 것 같다.

지식인의 정체성이 강했던 1980년대 대학생들의 노동현장 투신에 관한 석사논문은 사회 변혁에 직접 뛰어들었던 지식인이 사회 발전에 대해 가지고 있던 전망이 형성, 변화되는 과정을 다루었다.[1] 한센인권변호단에서 7년 여를 보내는 동

---

[1] 오하나. 2006. 「1980년대 한국의 노동운동과 학생출신노동자」. 서울대학교 사회학과 석사학위논문. 오하나. 2010. 『학출, 80년대 공장으로 간 대학생들』, 서울: 이매진.

안은 사회의 가장자리 중에서도 더 가장자리에 존재하는 사회를 들여다보는 시간을 가졌고 그 관찰의 결과를 두 편의 공저 논문으로 출간했다. 한센인 인권 문제에 관한 사법적 해결을 다룬 논문과 한센인 문제를 과거사 청산의 시각으로 접근했던 논문이 그것이다.[2] 사법과 인권의 시각이 각각 소수자와 과거사를 어떻게 다루었으며 다루어야 하는가와 함께, 사회 발전의 과정에서 소외되었던 이들에 대한 고민을 담았다. 특히 이 두 논문을 쓰는 과정에서는 역사사회학적 관점이 현재의 사태를 이해하는 데 중요한 역할을 했다.

뒤늦게 학업을 다시 시작하면서 베트남을 주요 연구 현장으로 삼은 이유는 크게 두 가지 이유였다. 첫째는 연구자로서 필자가 가진 능력을 최대한 연구에 활용해야 한다는 점이었다. 이는 연구자 개인이 가진 기술과 역량이 쓸모 있게 활용되어야 하며, 연구자 개인의 삶이 연구와 결합될 방향을 고민해야 한다는 정근식 선생의 강한 의지가 필자에게 미친 영향이기도 했다. 두 번째는 한국 사회에서 점증하는 베트남에 관한 관심이 경제 발전이나 경제적 활용도에 치우쳐 있다는 문제의식 때문이었다. 발전에 대한 욕망이 양쪽 사회에서 살아나가는 이들에게 미칠 영향과 그로 인해 변동하는 사회경제적 환경에 대한 비판적 탐구가 필요하다는 생각이었다.

2 이론과 현장: 연구자의 지식과 실천

이른바 실천적 지식인이란 무엇인가에 관해서는 사람마다 떠올리는 모습은

오하나. 2016. "80년대 노동운동 내 학생출신노동자를 둘러싼 비판 담론의 분석." 『역사문제연구』 35권, 서울: 역사문제연구소.

2 김재형·오하나. 2016. "한센인 수용시설에서의 강제적 단종·낙태에 대한 사법적 해결과 역사적 연원." 『민주주의와 인권』 제16권 4호, 광주: 전남대학교 5·18연구소.
김재형·오하나. 2019. "이행기 정의를 통해 본 일본 한센인 운동, 1946~2009." 『사회와 역사』 제121호, 서울: 한국사회사학회.

저마다 다를 것이다. 지식인이라는 위치가 가진 발언력과 전문성을 활용해 사회적 실천을 촉구하거나 직접 행하는 경우도 있으며 사회적 실천을 위한 지식을 탐구하는 경우도 있다.

> 지금 와서 생각하면 1980년대를 '사회과학의 시대'라고 부르는 것은 그럴 듯합니다. 그것은 수많은 지식인들과 젊은 학생들이 한국사회의 기본 성격이 무엇인가, 우리는 우리가 살고 있는 이 사회를 어떻게 변혁시켜야 하는 것인가라는 물음에 '사회과학적 대답'을 하려고 노력했거나 그에 관심을 가지고 있었기 때문입니다.
> (『인터뷰』: 48~49쪽)[3]

지식의 사회적 역할을 고민하던 시기에 필자는 바로 '사회과학의 시기'를 살아내며 한국 사회의 기본 성격과 변혁의 방안을 논의하던 "젊은 학생들"에게 관심을 가졌다. 그 관심의 결과가 지식인의 신분으로 직접 노동현장에 뛰어들었던 학생출신노동자에 관한 석사논문이었다. 애초에 정근식 선생은 논문 지도를 하면서 연구 계획서 단계에서 필자가 연구 대상을 학생출신노동자로 잡는 데에 반대를 했다.[4] 그 이유는 크게 두 가지였다고 생각하는데 하나는 필자의 삶의 이력이 다른 연구 주제와 더 잘 맞는다는 판단, 또 하나는 실제 조사에 있어서 어려움이 예상되었기 때문이었다. 필자는 우선 이력서나 서류로 드러나지 않는 대학 시절의 삶과 고민이 있었음을 역설하였고 정근식 선생은 그렇다면 일단 해보고 싶은 연구를 해보라고 하였다.

---

[3] 김항·이혜령. 2001. 『인터뷰: 한국 인문학 지각 변동』. 그린비. 본문에서는 『인터뷰』로 표시.

[4] 정근식 선생이 이 주제에 대해 관심이 없거나 잘 몰랐기 때문은 아니었을 것이다. 정근식 선생은 일본 카나가 대학 윤건차 선생에게 학생 출신 지식인들의 노동운동 참여에 관한 조언을 해주기도 했다. "한국에서는 1960년대, 70년대에도 일부 그러한(지식인의 현장 투신) 움직임이 있었다고 한다. 서울대학교 사회학과 정근식 교수에 의하면 60년대는 '향토개척단'이라 하고, 70년대에는 '현장 투신'이라는 용어를 사용했다고 한다." 윤건차, 2009, 『고착된 사상의 현대사: 1945년 이후의 한국, 일본, 재일조선인』, 박진우 외 역, 서울: 창비, 360쪽.

> 정교수는 또 영광핵발전소, 제철소가 들어선 광양 태인도, 광주하남신시가지 등
> 의 주민운동을 연구해 지역현장통, 발로 뛰는 연구자로 알려졌다. (『경남도민일보』,
> 2003/08/09)

무엇보다 논문 주제에 관련해 생각보다 어렵지 않게 허락을 받을 수 있었던 이유는 직접 조사를 하겠다는 필자의 의지의 강했기 때문이었다고 생각한다. 정근식 선생이 "발로 뛰는 연구자"로 알려질 수 있었던 것은 지역 사회의 현안에 대해 정치적 발언이나 개입을 하고자 했던 것이 아닌 지역 현안에 대한 진지한 연구, 그리고 연구를 수행하기 위한 현장 조사를 중시했기 때문이다.

필자의 학생출신노동자 연구는 현장 조사에 대한 중요성뿐 아니라 특히 그 중에서도 구술의 역할에 관한 정근식 선생의 생각이 반영된 결과이기도 하다.

> 증언이나 사진전이나 다큐멘터리를 통해 광주의 진실을 알게 되었다 하더라도
> 사람들이 모두 사회정의를 추구하게 되지는 않더군요. (…) 나는 구술이 갖는 현
> 장성과 시의성에 주목했어요. (…) 사람마다 실제 경험한 여러 기억을 저장하는
> 방식이 다르므로, 사람들이 자기 생각을 좀더 적나라하게 드러내는 방식으로 면
> 접과 기록이 이루어져야 하는 게 아닌가 했죠. (『인터뷰』: 69쪽)

현장 조사와 구술 채록, 그리고 그것을 해석하는 정근식 선생의 연구 경험은 현장과 구술에 관한 선생만의 방식과 이론화를 거치면서 기억에 관한 해석으로 이어졌다. 선생의 연구가 가진 이러한 특성 때문에, 당사자들을 직접 만나 그들의 오래 전 경험을 듣고 그 경험이 현재의 삶을 어떻게 해석하는지를 탐구해 보겠다는 필자의 연구계획을 선생도 결국 지지해 주었다고 생각한다.

정근식 선생의 지도를 받으며 석사논문을 작성하는 과정에서 필자는 지식인의 실천에 관해 나름대로의 생각을 정립하기 시작했다. 지식인이 사회에 개입하는 것은 여러 가지 방식이 있을 수 있고 어떤 것이 절대적으로 옳다거나 그르다고는 할 수 없다. 어떤 방식으로 가든 잘못된 길로 빠질 수 있는 가능성은 늘 있다. 다만

필자는 직업적 지식인으로서의 삶을 선택하면서, 다시 말해 연구를 계획하고, 연구대상을 조사하고, 학계에서 그 지식을 글로 생산해내는 길을 선택하면서 연구자의 실천의 장소는 연구 현장에 있어야 한다는 생각을 가지게 되었다. 그 현장이 결국 동시대를 살아나는 나 자신과 내가 속한 사회에 대한 이해를 높이고 그로 인해 현실적인 의미를 가지게 될 것이었다.

3 역사와 사회

구술과 연구 현장을 대하는 방식은 정근식 선생의 식민지 근대 주체에 관한 연구, 5·18 관련 연구에서도 드러난다고 생각한다. 역사적 사실에 대한 다양한 방식의 조사가 연구의 기본이 되지만 단순한 사료 발굴이 아니라 그 사료가 생산된 맥락과 그로 인해 사료 자체로부터 해석할 수 있는 다양한 가능성을 발견하는 것이다. 사료 해석에 있어 정근식 선생에게 중요한 것은 그것이 단지 과거의 문제로 끝나는 것이 아니라 그 영향이 현재 우리 사회에 녹아들어 있으며 그것을 인지하는 것이 연구자가 사회에 가진 일종의 사명이라고 보았던 것 같다. "사회현실에서 역사는 집단적 기억으로 존재한다"는 선생의 생각이 반영된 것일테다.

> 역사라는 것이 죽어있는 게 아니라 살아 있구나, 하는 생각했다. 또 당시 한창 달아올랐던 농민, 노동운동에서 또 배웠다. (『경남도민일보』, 2003/08/09)

> 한국에서 식민지시대 연구는 단순히 식민지 연구로 끝난 게 아니고 엄밀하게 말하면 오늘날의 문제를 해명하기 위한 것이죠. (『인터뷰』: 79쪽)

정근식 선생이 접근한 현장은 사회의 일반적인 현상보다는 구석지고 소외된 장소였다는 점에서 또 하나의 특징을 가진다.

광주와 소록도와 오키나와에서 역사의 그늘을 살았던 이들이 사회를 이해하는 데 있어 어떤 실마리를 쥐고 있는지를 보여주고자 한 그의 연구(『인터뷰』: 47쪽)

한국 민주화의 분수령이자 유례없는 민중 운동이 일어난 곳이지만 1980년대 내내 일종의 고립된 섬으로 존재했던 광주, 한센병이라는 질병을 그 자체로 구현하고 대변하는 장소가 된 섬 소록도 등, 정근식 선생의 연구는 지형적이거나 물리적인 섬, 때로는 정치적이고 상징적인 섬에 관심을 두는 경우가 많았다. 가장자리 공간을 구성하는 여러 구술자의 '기억'과 역사를 '기념'하는 방식에 관한 연구는 두 가지 점에서 의미를 지닌다.

첫 번째는 연구 방법에 관한 것으로, 기억과 기념을 통해 사회를 보는 것이다. 앞서 언급했듯이 사회 현실에서 역사는 집단적 기억으로 존재한다. 석사 시절 필자가 연구했던 학생출신노동자의 상당수는 1980년 광주를 직접 경험하지 않았던 이들이었고 일부는 심지어 90년대 학번이기도 했다. 그럼에도 한국에서 '80년대'가 가진 상징적인 의미는 이들 지식인이 지신인의 소명을 인식하고 직접 현장에 뛰어들게 만드는 강력한 힘이었다. '80년대'라는 시기를 거치며 형성된 특별한 집단 기억은 훨씬 더 뒷세대인 필자에게도 지식인의 역할을 고민하고 진로를 결정짓게 했던, 지속되는 시간이자 실제로 존재하는 현실이었다. 집단적 기억은 특정한 역사이자 사회 현실로 지속되고 있었다.

두 번째는 방법'론'으로 사회를 어떻게 파악할 수 있는가라는 질문에 관한 것이다. 사회학의 연구 대상인 사회란, 그 특성상 연구대상이 되는 현상, 집단, 사람 뿐 아니라 연구주체까지도 포괄하는 범주이다. 그렇기 때문에 사회는 대체로 인지하기 힘든 영역이다. 따라서 보통의 경우에는 공기처럼 사회를 느끼지 못하고 살지만 사회가 위기에 처하는 순간에서야 '사회 문제'라거나 '사회적 관심'과 같은 방식으로 사회가 드러난다. 위기를 맞기 전에 사회를 고민하기 위해서 필요한 것 중 하나가 사회학이 아닐까 생각한다. 사회학자가 사회의 가장자리에 관심을 둔다는 것은 단지 사회적 약자를 보살핀다는 도의적 의미 뿐 아니라 위기보다 앞서 사회를 본다는 방법론적 유용함도 있다. 사회의 가장자리, 주변부, 따라서 경계는 우리가 사회로 인지하는 범위가 어디까지이며 사회적 존재로서 살아갈 수 있는 조건이 무엇인가를 파악할 수 있는 장소이기 때문이다. 정근식 선생의 연구 대상이었던 사회는 바로 이 지점에 존재함으로써 우리 사회에 대한 성찰을 촉구하는 장소라고 할 수 있다.

필자가 김재형 선생과 함께 발표한 한센인에 관한 두 편의 논문은 정근식 선생의 역사 사회학 연구 방식과 맥이 닿아 있다. 즉, 한 편에서는 현재의 상황을 이해하기 위해 그 상황을 특정 맥락으로 형성해 온 역사적 과정을 탐구하는 것이며, 다른 한 편에서는 그 중에서도 사회의 경계 지점에 주목함으로써 우리 사회의 현 모습을 성찰하는 것이다. 예컨대 '현시점'에서 한센인 수용시설에서의 강제 낙태·단종이 사법적 해결을 성취할 수 있었던 이유와 그 한계에 대해 질문하면서, 우리는 한 편으로는 사법제도 내 인식의 변화를, 또 다른 한 편에서는 그럼에도 국가가 질병과 육체를 다루는 방식이 유지되었음을 보이고자 했다. 이 연구를 위해 한센인 문제를 둘러싼 인권 운동, 사법적 해결 시도, 입법 운동과 그 결과 뿐 아니라 19세기부터 시작된 국외·국내 질병 관리 체계에 대한 의료사적 분석을 시도했다. 이로써 식민지 시기 약자를 사회적으로 억압하던 방식의 전염병 관리 체계가 해방 이후에도 성찰 없이 수용되었던 몰역사성이 육체에 대한 반인도적 관리와 국가의 "선한 의도"를 정당화했음을 주장했다.

4 현지조사에서 이론을

필자가 베트남을 연구 대상으로 잡은 초창기에 연구 주제를 놓고 고민이 많았다. 한국에서 베트남에 대한 대중적인 관심은 당장의 투자와 경제적 손익, 혹은 관광에 관한 것이었지만 학술적 연구는 이를 넘어서야 한다고 생각했다. 베트남에 관한 한국에서의 기존 연구들은 그 수가 많지는 않았지만 선구적인 선배 학자들이 의미 있는 연구 결과물을 이미 내놓았기 때문에 필자가 새로 개입할 여지가 잘 보이지 않았다. 이때 도움을 받았던 것은, 석사과정 시절 정근식 선생과 함께 소록도에 현지 조사를 갔던 경험이었다.

> ('사회조사연습') 강의를 어떻게 했냐 하면, 수강생들을 몇 개의 소집단으로 나누고, 각 조가 연구할 주제를 학생들 스스로 지역사회에서 구하게 하고, 공동으로 조사해서 레포트를 쓰게 하는 겁니다. 현지조사를 하는 과정에서 내가 직접 학생들과 조사를 하기도 했지요. (『인터뷰』: 61쪽)

정근식 선생에게 "연구할 주제를 지역사회에서 구하게" 한다는 의미는 발 딛고 선 지점에서부터 주제를 구하라는 것만이 아니었다. 그것은 이론을 설정해 놓고 사례를 통해 그 이론을 검증하거나 반증하는 것이 아니라 현장에서부터 연구주제를 끌어올리는 것을 의미했다.

> 많은 사람들이 이 책(『근대주체와 식민지 규율권력』, 1997, 문화과학사)을 보고 푸코의 이론을 한국에 적용한 것이라고 하는데, 후배들은 푸코 연구를 하면서 식민지 경험을 연구했으나, 저는 꼭 그런 것은 아닙니다. 역사적 연구에 더 충실하게 접근했지요. (『인터뷰』: 75쪽)

2004년 대학원 과정에 개설된 '몸의 사회학' 수업에서 정근식 선생은 수강생을 모두 데리고 소록도에 현지 조사를 갔다. 소록도 안에는 한센병을 앓았던 주민이 거주하는 몇 개의 마을이 있는데 선생은 수강생을 둘, 혹은 셋으로 조를 짠 뒤 몇몇 집으로 각 조를 보내 구술 면접을 진행하게 했다. 정확하게 기억나진 않지만 대략 한센병을 앓았던 경험, 어르신의 생애, 한센병 이후 삶 등을 포함해 많은 이야기를 듣고 오라고 했던 것 같다. 특별히 주어진 주제가 없었다는 점만은 확실히 기억한다. 각자 채록한 구술 기록을 가지고 무엇이든 사회학적 보고서를 제출하는 것이 강의의 최종 과제였다. 같은 조원들과 무엇을 쓸 것인가를 놓고 오랜 시간 토론했고, 종강 시점에 다양한 결과물이 나왔던 기억이 난다. 예컨대 기독교적 죄의식 개념에 따라 사회적 의미망에서 자기인식이 구성되는 역사적 양태, 낙인 경험을 통한 비정상화와 정상화 개념 규명, 내러티브에 대한 종횡적 접근법, 수행적 활동으로서의 구술이 드러내는 기억의 지층과 젠더 등, 그 활용하는 이론과 방법론이 저마다 다양했다.

이 때의 기억을 떠올려 필자는 베트남의 개혁 시점을 기준으로 우선 무작정 조사를 시작했다. "무작정"이라고는 했지만 아무런 근거 없이 조사에 뛰어든 것은 아니었다. 연구자로서 가지고 있었던 화두 중의 하나, '발전'이 가져오는 사회 변화라는 큰 맥락에서 이루어진 조사였다. 그러기 위해서 베트남이 발전했다고 말하는 근거가 무엇인가부터 규명할 필요가 있었다. 베트남에 관한 한국 내의 다양한 대중적·학술적 논의들, 베트남에 관한 사회과학적 분석과 이들이 활용한 베트남 관련 자료들, 베트남 보도 자료, 인구 총조사와 무역 통계 등 구할 수 있는 것은 가리지 않고 구해 보았다. 그 결과 베트남의 발전, 이른바 개혁과 경제 성장을 포함하는 발전이란 것이 전개된 과정을 보기 위해서는, 또한 베트남의 현 상황을 제대로 파악하기 위해서는 '농촌'을 무시하고 넘어갈 수 없다는 데 이르렀다.

필자는 본래 농촌 사회학을 하는 연구자도 아니고, 개인적으로도 완전히 도시 출신인데다 이전에 농촌이나 농민 문제에 깊이 관심을 가진 적도 없었다. 그럼에도 불구하고 학위논문에서 베트남의 농촌개혁을 주요 연구대상으로 삼은 것은 현지조사가 불러온 결과였다.[5] 베트남에서 농촌은 사회주의 개혁 이전에도, 사회주의 시기에도, 도이머이로 불리는 개혁 개방 시기에도, 그리고 그 이후 지금까지도 중요한 장소였다. 완전히 도시화가 된 나라의 도시에서 자란 필자에게 농촌이 중요한 관심거리가 아니었다고 해서 연구 주제로도 중요하지 않은 것은 아니었다. 만약 정근식 선생으로부터 배운 '현지로부터' 시작하는 방법이 없었다면 막연히 베트남이라는 단어 하나만 붙든 채 훨씬 더 많은 시간을 헤맸을 지도 모를 일이다.

---

5   오하나. 2022. 「베트남의 농촌개혁과 공업화 전개 과정: 농민의 가구경제 다변화 전략을 중심으로」. 서울대학교 사회학과 박사학위논문.
오하나. 2022. "개혁개방 시기 베트남의 농촌개혁이 산업화의 초기 조건에 미친 영향: 농업생산성, 토지분배, 가격정책의 영향." 『동아연구』 제41권 2호, 서울: 서강대학교 동아연구소.

저의 1980년대 후반기를 정리해 보면, 사구체논쟁에 참여하지 못하는 것에 대한 이론적 콤플렉스를 지역사 연구와 현장 연구를 통해 메워 가는, 그리고 학생들로부터 배우는 기간이었지요. (『인터뷰』: 62쪽)

정근식 선생의 연구 방법이 이론적 콤플렉스에 기인한 것이라 하더라도, 필자가 연구를 진행하며 겪은 것은 "지역사 연구와 현장 연구를 통해 메워 가는" 방법이란 현지조사로부터 이론을 이끌어내는 방법이라는 점이다. 이는 대규모 조사를 위해 예비적인 단계에서 시행하는 소규모 조사(파일럿 조사)와도 다르며 반드시 현지에 밀착해 현지와 동질감을 느껴야하는 조사와도 다른 것 같다. 어떠한 방법을 사용하든 연구의 전 과정을 현지에 뿌리 박고 시작하는 것이라 생각한다. 그 과정에서 필요하다면 본격적인 서베이를 할 수도 있고 한두 개 사례에 대한 역사적 조사를 할 수도 있을 것이다. 물론 여기에는 연구자의 지식과 그에 기반한 해석이 영향을 미칠 수밖에 없으며 반드시 그래야 한다. 그것이 바로 연구 대상에 대한 이론화와 개념화이며, 이로써 연구가 완성되기 때문이다.

5 또 하나의 현장, 텍스트

베트남에 관한 연구를 진행하며 2017년 1월 이후 매년 1회에서 2회, 한 번에 짧게는 2주에서 길게는 8주까지 사정이 허락할 때마다 베트남 현지를 방문했다. 그렇게 2019년 11월까지 다섯 차례 베트남을 방문한 결과 베트남 하노이 근교 농촌 지역에 접근할 수 있는 길이 열렸다. 그리고 2019년 12월 코로나19가 발생했다. 논문을 완성하지 못한 단계에서 현지에 가는 길이 막혔고 이 상황에서 연구를 계속할 수 있는 방법을 찾아야 했다. 다행히 그간 베트남을 오가며 그러모은 자료들이 있었고, 필요한 경우 베트남에 있는 이들과 온라인으로 대화를 나눌 수 있었다. 물론 그럼에도 이것들이 현지 조사를 대체할 수는 없었다.

검열 연구를 문학자들과 같이하면서 얻은 중요한 성과가 '텍스트의 재발견'입니다. 역사학자들이나 사회사학자들은 텍스트라는 개념이 약하고, '자료원'으로 바라보지요. 사료 비판이 있지만, 사회학자들에게는 텍스트보다는 개념과 이론이 중요하지요. 문학자들에게는 텍스트가 중요하지요. 텍스트가 갖고 있는, 그 자체의 고유한 생명력의 문제를 인정하고, 사료로 읽거나 자료원으로 읽거나 그냥 정보를 담은 하나의 그릇으로만 보면 안 되는 측면이 있구나 하는 걸 문학자들과의 검열연구를 통해서 내가 깨닫게 되었어요. (『인터뷰』: 82쪽)

그때까지 필자가 가진 자료는 거의 문헌 자료였고, 필자는 정근식 선생이 그러했듯, 문헌 자체를 현장으로 보려고 시도했다. 텍스트는 사료이자 자료원이며 정보이지만, 그것이 담고 있는 정보의 성격을 현지 조사하듯 파고드는 것이다. 문헌이 가진 "생명력"을 인정하고, 문헌의 생산과 소비, 그리고 그것이 다른 후속 담론들에 잔존하거나 후속 담론의 생산에 개입하는 데 초점을 맞춰보려고 했다. 여기에는 문헌이 가진 의미와 형식, 실천을 모두 고려하려는 노력이 필요했다. 물론 고백하건대, 필자는 그 작업마저 뜻대로 충분히 진행하지는 못했다. 다만 그것은 필자의 연구 능력과 경험이 부족한 것이지 문헌 자료 자체가 가진 성격의 문제라고 생각지는 않는다. 연구자가 진지하고 끈기있게 분석한다면, 문헌 자료가 현지 체험이나 구술자료보다 반드시 열등하거나 진정성이 부족한 것은 아닐 것이다. 무엇보다, 때로는 문헌이 아니고서는 접근이 불가능한 현장도 있다. 그때 연구자가 질문해야 하는 것은 이 연구를 포기할 것인가가 아닌, 어떻게 연구를 가능하게 만들까이다.

6 마치며

직업적인 연구자의 길을 택해 마침내 사회학 박사가 되기까지, 필자가 다양한 연구를 진행하는 동안 경험적으로 배운 연구 방법은 크게 두 가지였다. 하나는 사회학자에게 역사에 관한 성찰은 중요하다는 점이다. 통계와 빅데이터 등, 기술적 자료 수집과 분석이 보여주는 통찰도 있겠지만 그것이 현상에 대한 '서술'로만 끝나지 않고 '분석'이 되려면 반드시 역사적 성찰이 동반되어야 한다. 이때 역사는 부수적이거나 배경으로 존재하는 것이 아니며, 그 자체로 매우 충분히, 깊이 있게 연구되어야 할 대상이다. 학생출신노동자든, 한센인이든, 베트남이든, 필자가 진행한 모든 연구에는 해당 주제에 관한 역사가 반드시 포함되었을 뿐 아니라 그것이 텍스트를 구성하는 가장 큰 줄기였다.

또 하나는 현장 연구가 단순한 연구 '방법'이 아닌 방법'론'의 영역에서 이해되어야 한다는 점이다. 사회학적 인식과 실천의 방법으로서, 현장 연구는 연구 대상뿐 아니라 연구 주체에 대한 성찰을 동반하며, 그 자체로 이론을 도출하는 방법이 될 수 있다. 현장에서부터 연구를 시작하는 것은 연구자의 인식을 재구성하며 제대로 된 연구 문제를 도출하는 역할을 한다. 이 방법론을 적용한다면 반드시 참여관찰이나 구술 면접과 같이 연구대상을 직접 대면하는 방식이 아니어도 현장 연구는 얼마든지 가능하다. 베트남을 연구하는 사회학자로서, 처음 베트남에 관한 질문을 구체화하고, 베트남에서 현지 조사를 수행하고, 또, 불가피한 상황으로 현지 조사를 수행하지 못하면서 필자가 터득한 것이었다.

하나의 연구자가 만들어지는 과정에는 여러 선생이 영향을 미친다. 이 중에는 적극적으로 길을 보여주는 선생이 있는가 하면 반면교사(反面教師)가 있을 수도 있으며, 정근식 선생과 같이 제자를 독립적으로 대하는 선생도 있다. 말 그대로, 정근식 선생은 제자를 학생이 아닌 하나의 독립적 연구자로 대했으며, 무엇인가를 직접적으로 가르치는 위치에 서 있으려 하지 않았다. 정근식 선생이 가르치는 방식은 바로 본인의 연구 그 자체였다. 필자가 어떤 연구자가 될 것인가를 결정하고 고민하는 과정에는 정근식 선생의 훈계나 조언이 아닌, 선생 스스로가 수행했던 연구들, 그리고 그로부터 드러나는 사회학적 방법론에 관한 선생의 관점이 있었다. 그런 점에서 필자는 정근식 선생을 스승으로 규정하는 데 가장 걸맞는 말은 정면교사(正面教師)라고 생각한다.

참고문헌

김재형·오하나. 2016. "한센인 수용시설에서의 강제적 단종·낙태에 대한 사법적 해결과 역사적 연원." 『민주주의와 인권』 제16권 4호, 광주: 전남대학교 5·18연구소.

김재형·오하나. 2019. "이행기 정의를 통해 본 일본 한센인 운동, 1946~2009." 『사회와 역사』 제121호, 서울: 한국사회사학회.

김항·이혜령. 2001. 『인터뷰: 한국 인문학 지각 변동』. 서울: 그린비.

오하나. 2006. "1980년대 한국의 노동운동과 학생출신노동자." 서울대학교 사회학과 석사학위논문.

오하나. 2010. 『학출, 80년대 공장으로 간 대학생들』, 서울: 이매진.

오하나. 2016. "80년대 노동운동 내 학생출신노동자를 둘러싼 비판 담론의 분석." 『역사문제연구』 35권, 서울: 역사문제연구소.

오하나. 2022. "베트남의 농촌개혁과 공업화 전개 과정: 농민의 가구경제 다변화 전략을 중심으로." 서울대학교 사회학과 박사학위논문.

오하나. 2022. "개혁개방 시기 베트남의 농촌개혁이 산업화의 초기 조건에 미친 영향: 농업 생산성, 토지분배, 가격정책의 영향." 『동아연구』 제41권 2호, 서울: 서강대학교 동아연구소.

윤건차, 2009, 『고착된 사상의 현대사: 1945년 이후의 한국, 일본, 재일조선인』, 박진우 외 역, 서울: 창비.

5-2

동(북)아시아 지역과 디아스포라 연구

박우(한성대학교 기초교양학부 조교수)

정근식 선생의 정년퇴임기념논집에 참여하게 되어 큰 영광이다. 박사학위논문 심사위원장이었던 선생님은 내가 동(북)아시아 지역과 디아스포라 연구를 할 수 있도록 이끌어 준 선생님 중 한 분이다.

이주와 디아스포라 현상에 관심이 있었던 나는 석사 과정 재학 중이었던 2006년에 '세계지역사회연구(동아시아)' 세미나(수업)에서 선생님을 처음 뵈었다. 학교에서 마주치고 인사를 드린 것은 그 이전부터였지만 수업을 통해 만난 것은 처음이었다. 수업의 주 목적 중 하나는 당시 사회(과)학 연구자들 사이에서 많이 논의 되었던 동아시아론, 탈식민주의론, 식민지 근대화론 비판, 냉전/탈냉전 등의 이론과 거시 담론을 배우는 것이었다. 나는 탈식민주의 연구와 디아스포라 현상의 관계에 관심을 가지고 있었고 2000년대 중반 이후의 인구 이동과 그 역사 및 구조적 기원을 탐구하는 도전을 시작하게 되었다.

대학원에는 중국과 일본에서 온 학생들이 여러 명이 있었다. 축구팀을 구성하여 열심히 축구하는 한편 (구단주인 정근식 선생이 물심양면으로 지지해 준 덕분에 학장배 3위, 총장배 16강 진출…의 문턱까지 갔다.) 한반도, 중국, 일본, 그리고 사할린 지역까지 연결된 코리안 디아스포라 현상을 공유했다. 수업에서 사용했던, 그리고 수업에서 읽어야 했지만 읽지 못했던 텍스트를 가지고 이야기하면서 동(북)아시아의 인구 이산의 현상을 알아갔다.

1 서울대학교 – 교토대학교 사회학과 대학원생 교류

조잡한 날것의 관심사들이 머릿속을 헤집고 다닐 때, 나는 대학원생 신분으로 소중한 발표의 기회를 가질 수 있었다. 서울대학교 사회학과와 교토대학교 사회학과의 국제 교류가 막 시작되었던 2000년대 후반이었다. 당시 선생님은 한국 측 책임자였다. 나는 교류프로그램의 일환으로 서울과 교토에서 연구 내용을 발표했고 또한 참여 대학원생들로부터 많은 것을 배울 수 있었다. 특히 개인 관심사에 대한 이론적 정교화와 시각의 확장에 매우 중요한 경험을 쌓을 수 있었다. 서울대학교에서 함께 참여했던 원우들의 글은 물론이고 교토대학교 대학원생들의 재일 조선인 관련 글들은 나에게 신선한 지적 충격을 안겨 주었다. 당시 나는 '경제적 장려책(인센티브)과 도구적 민족주의'라는 글을 발표했다. 나는 이 글에서 국내에 유입된 동포(주로 조선족) 노동력의 법적 시민권(비자)을 근거로 소위 민족적 고국과 디아스포라 관계는 경제적 효용성에 기반 한, 민족주의를 도구(또는 자원)화 한 관계라고 주장했다. 이 글을 발표했던 2000년대 후반은 중국 및 CIS 지역 동포 노동력이 한국 사회에 유입되기 시작한 시기였다. 2007년의 방문취업제도(H‒2 비자)가 이 현상을 가능하게 했다. 또한 같은 해 이 인구 집단 중 고학력자, 전문직 종사자, 사업가, 공무원, 사회단체장 등은 기존 재미 교포들에게 적용되었던 재외동포비자(F‒4 비자)가 적용되었다. 중국 동포 가족 중 중국에서 학부를 졸업한 자녀는 한국에서 동포이고 국유기업 노동자 출신이거나 농민 출신인 부모는 한국에서 (동포)노동자 시민권이 주어지는 현상이 출현했다. 또한 고등학교 동창이지만 대학교를 나온 친구는 동포이고 그렇지 않은 친구는 외국인 노동자 시민권으로 서울에서 만나 즐겁지 않은 동창회를 여는 일이 생겼다. 이렇게 우리가 하나의 그룹 또는 "동질적" 집단이라고 생각했던 특정 국가의 디아스포라는 그 경제적 효용성에 따라 법적 신분이 규정되었던 것이다. 나는 이런 현상을 현장 연구를 통해 목격했고 어떻게 설명 및 해석해야 할지 고민하고 있었다. 한국과 일본의 디아스포라 연구에 관심 있는 원생들과의 교류 속에서 나의 고민에 대한 해답은 보다 정교해 질 수 있었다. 또한 나의 글에 대한 정근식 선생의 코멘트들도 추후 연구에 큰 힘이 되었다. 탈식민주의 연구에서 디아스포라 연구는 주로 이산의 주체들이 거주국에서 출신국성을 얼마나, 어떻게 간직하는지, 그리고 이들의 정서적 소속감은 출신국에 가까운지 거주국에 가까운지 등에 관심을 두고 있었다. 나의 주장은 민족적 고국과 디아스포라의 관계는 경제주의적으로 도구화 된다는 것이었다. 모든 참가자의 글은 국제 교류 사업의 담당 책임자였던 정근식 선생과 교토대학교의 마츠다 모토지 선생님이 책임 공동편집자의 형태로 출판되었다. 책 제목은『코리안 디아스포라와 동아시아 사회』(2013, 교토대학학술출판회)였다.

2 대림동 – 가리봉동 지역 연구

교토대학교에서의 발표를 가능하게 한 자료는 2008년에 연구보조원으로 참여한 "방문취업제도 실태조사 및 정책제안" 연구를 통해 수집할 수 있었다. 방문취업제도는 2007년 중국 및 CIS 지역 외국적 동포들이 국내 2차 노동 시장에 진출할 수 있도록 하는 정책이었다. 방문취업제도는 1990년대에 별도로 추진되었던 외국인 노동자 정책과 재외동포 정책이 부분적으로 결합되어 출현한 동포 노동자에 대한 정책이었다. 주지하다시피 1980년대 말 – 1990년대 초 한국의 부분적 산업 영역에서 인력난이 발생하면서 외국인 노동자 도입 요구가 출현했다. 해외투자기업 산업연수생제도를 시작으로 산업연수생이라는 학생이면서 노동자인 외국인 노동력이 한국 사회에 등장했다. 1990년대 중반 이후 산업연수생제도의 한계가 부각되면서 외국인 노동력 관련 정책은 연수취업제도와 취업관리제도로 변경되었다.

외국인 노동력이 한국 사회에 등장하기 시작했던 그 시기, 1988년 서울올림픽을 계기로 노태우 대통령의 "특별선언"에 의해 구공산권에 거주하던 재외 동포 또는 북한 방문이 가능했던 재외 동포의 한국 방문도 가능해 지기 시작했다. 이 사람들은 친척방문으로 한국에 오기 시작했고 이후 다양한 방식으로 한국 내 노동 시장에 편입되었다. 1990년대 중반, 세계화추진위원회가 설립되면서 세계화가 한국의 국가적 아젠다가 되었다. 한국 정부와 재일 교포, 재미 교포의 관계는 1997년의 재외동포재단 설립, 1999년의 "재외동포의 출입국과 법적 지위에 관한 법률(재외동포법)"의 제정 등을 통해 대폭 재설정 되었다. 재외동포법은 2004년에 개정되어 2007년부터 중국 및 CIS지역 동포들에게도 적용되었다. 개정된 재외동포법과 2003년에 제정된 "외국인 노동자의 고용 등에 관한 법률(고용허가제도)"의 특례 부분이 2007년의 방문취업제도로 확대 시행되었던 것이다.

    2008년의 조사 연구 참여 경험은 국내 2차 노동 시장에 유입된 동포 노동력의 실태를 파악할 수 있게 했고 동시에 1980년대 말부터 제정 및 변화한 외국인 노동자 정책과 재외동포 정책을 공부하는 계기가 되었다. 나는 이 정책을 박사학위논문의 제2장에 넣었고 이후 「Hierarchical Citizenship in Perspective: South Korea's Korean Chinese」(2017, *Development and Society*) 제목의 별도의 논문으로 발전시켰다. 나는 이 논문에서 '위계적 시민권'이라는 개념을 제안했다. 기존 '위계적 시민권' 개념은 세계자본주의체계론에 입각하여 중심부의 시각에서 주변부와 반주변주 출신 사람들이 처한 시민권의 위계적 구조를 설명하는데 사용 되거나, 제3세계 이민자들의 시민권적 하위 범주를 설명하는데 사용한다. 나는 동일 (출신) 인구 집단 내에서의 경제적 자율성과 효용성에 기반의 재외동포, 동포 노동자, 외국인 노동자로의 위계화 현상을 설명하는데 사용했다. '위계적 시민권'은 국내에서 특정 지역에 밀집하여 커뮤니티를 형성한 중국 동포 이주민의 경제적 분화에도 결정요인으로 작용했다. 한국 사회에서의 경제적 분화의 조건은 꼭 시장의 원리에만 기대어 설명할 수 있는 것은 아니었다. 이후 나는 이런 문제의식을 발전시켜 2020년 3월에 Routledge 출판사에서 *Chaoxianzu Entrepreneurs in Korea: Searching for Citizenshp in the Ethnic Homeland*(2020, Routledge)를 출판했다. '위계적 시민권' 논문은 2020년 10월에 *Newcomers and Global Migration in Con-*

temporary South Korea: Across National Boundaries(2020, Lexington Books)에 수록되어 재출판 되었다.

　　이주와 디아스포라 현상에 대한 관심은 국내에 유입된 인구에만 국한되지 않았다. 앞에서도 언급했듯이 정근식 선생의 대학원 수업이 동아시아 지역연구였기 때문에 동아시아의 거시적 정치경제 변동 속에서 이주 현상과 디아스포라를 이해하는 시각을 배울 수 있었다. 나는 서울 남서부 중국 동포 밀집 지역에 거주하는 한국인 선주민에 천착했다. 영미권에서 나온 이주, 디아스포라, 사회통합 관련 이론은 한국에 그대로 적용하기 어려웠다. 왜냐하면 서울의 남서부 지역은 드넓은 무주공산의 영토에 이민자들이 거의 동시에 등장하여 자신들만의 경제문화 영역을 만든 공간이 아니라 한국인 선주민이 살았고 이들이 다른 곳으로 이동하면서 남겨진 곳에 이주민들이 유입되어 출현한 공간이기 때문이다. 나는 여기에서 시작해서 이곳의 선주민은 누구인지 관찰하기 시작했다. 1960년대 수출산업화와 도시화의 시작점으로 거슬러 올라갔다. 냉전 시기의 자유주의 진영 내부의 분업구조 속에서 한국은 도시 근교에 수출산업공단을 건설했다. 대표적인 공단이 서울 남서부의 구로공단이었다. 이 공단은 모두 3개 단지로 구성되었다. 1단지를 건설할 때 한국 정부는 재일 교포의 모국 투자를 통해 운영하고자 계획했지만 기대만큼 재일 교포의 투자는 크지 않았다. 공단의 건설과 함께 농촌 노동력의 '이촌향도'와 '상경' 현상이 출현했고, 서울에 포함되지도 않았던 영등포역 이남 지역이 국내 이주 노동자로 구성된 '노동자의 도시'로서 서울에 포함되었다. 1980년대, 도시형 공단의 성격이 변화하고 구로공단의 기업들이 경기도의 다른 공단으로 이주하면서 지역 노동자는 감소하기 시작했다. 공단 노동자의 감소는 지역 주민의 감소로 이어졌다. 방대한 규모의 노동자가 모여 살던 지역에 건물은 그대로 남아 있고 인구가 감소하기 시작한 것이다. 이 공간에 1980년대 말의 초국적 노동 이주를 한 중국 동포들이 들어가게 된 것이다. 다시 말하면 서울 남서부 지역의 중국 동포 커뮤니티는 아무도 살지 않던 곳에 이들이 이주하여 형성한 것이 아니라 자본주의 세계경제체계의 국제 분업 속에서 출현한 국내 이주 노동자와 초국적 이주 노동자가 하나의 지리적 공간에서 조우한 현상이었다. 이런 시각과 주장을 다양한 국내 및 국제 학술대회에서 발표했고 모 학술지에서 『From Domestic Migrants' Region to Ethno-Transnational City: Explaining the Changes of Daerim-dong in Metropolitan Seoul』이라는 제목으로 출판을 앞두고 있다.

3 만주-중국 동북 및 두만강-압록강 접경 지역 연구

2000년대 후반, 서울대학교 사회학과와 연변대학교 사회학과의 교류도 활발했다. 나는 정근식 선생님을 책임자로 한 중국답사팀에 합류하여 연변(북-중-러 접경의 중국 지역) 사회 탐방의 소중한 경험을 쌓을 수 있었다. 당시 두만강 중류에서 하류로 이동하면서 이 지역이 동아시아 사회 변동에서 어떤 함의가 있는지 배울 수 있었다. 내가 가지고 있었던 기존의 지식에 더해 당시의 경험은 이후 나의 북-중-러 접경 지역 연구에도 매우 중요한 영향을 미쳤다. 2016년에는 다시 한 번 정근식 선생 및 여러 선생님과 함께 압록강 유역 답사팀에 합류할 수 있었다. 이 답사는 압록강 하류에서 중류 지역, 고구려 옛 수도 집안까지 거슬러 올라갔고 선양-단둥을 이어 한반도와의 물리적 연결고리들을 눈으로 확인했다. 이 경험 역시 나의 이 지역에 대한 기존 지식에 더해 이후 북-중 접경 지역 연구에도 큰 영향을 미쳤다.

이 지역은 19세기 이후 격동의 동북아시아 사회 변동의 중요한 지역 중 하나였다. 제정러시아-청-조선의 관계는 시간이 흐르면서 소련, 중화민국(군벌), (위)만주국, 식민지 조선, 일본 등의 다양한 정치 레짐의 관계들로 재편되었다. 이후 이 관계는 중국(대륙), 소련, 북한, 남한, 일본, 그리고 미국으로 이어졌다. 1980년대 이후에는 중국이 극좌 레짐을 포기하고 동북 지역을 적극적으로 개방하는가 하면 소련은 자신의 사회주의 체제를 붕괴시켰다. 또한 소련(러시아)과 중국은 선후로 한국과 수교했다. 한 사람의 기대 여명을 80세라고 할 때 이 지역에 산 사람은 자신의 일평생에 이처럼 복잡한 정치경제의 변동을 경험했던 것이다. 나는 이러한 사회 변동이 이 지역을 물리적으로 매개하여 이동한 사람 또는 디아스포라의 정체성에 매우 중요한 결정요인들을 제공한다고 생각했다.

나는 체계적으로 20세기 초중반의 만주 지역을 공부해야 할 필요성을 느꼈다. 이런 문제의식을 가지고 있을 때 나는 서울대학교 아시아연구소의 아시아 근현대사 총서 사업에 선정되어 중국 동북사범대 취샤오판 교수의 『중국 동북 지역 도시사 연구: 근대화와 식민지 경험』(2015, 진인진)이라는 책을 번역출판 할 수 있었다. 이 연구가 토대가 되어 2020년 나는 『만주연구』 학술지에 "개발과 거버넌스로 본 체제전환기의 중국 동북"(2020, 『만주연구』)이라는 특집을 구성할 수 있었고, 이 특집에 "북-중-러 접경지역 개발사업과 지역정체성의 변화: 연변 지역을 중심으로"(2020, 『만주연구』)라는 논문을 발표했다.

나는 이러한 공부의 연장선에서 중국의 한인 디아스포라 관련 연구를 인접한 체제로 확장시켜 추진해 보고자 시도를 했다. 기존 코리안 디아스포라(재외동포 또는 재외한인) 연구는 주로 1945년 이전의 이주사에 초점이 맞춰져 있다. 하지만 현대와 당대의 현상을 주로 연구하는 나는 기존의 이러한 연구 성과를 당대의 이주 현상에 대한 논리적 설명 및 이론적 해석과 연결시키는 것에 어려움을 느꼈다. 왜냐하면 1950-1980년대 중국 사회를 연구한 사람이 많지 않고, 더욱이 중국 사회의 정치, 경제 체제의 변동 속에서 중국 동포를 연구한 문헌은 더욱 희소했기 때문이다. 그렇다고 중국 내에서 이 시기를 다룬 연구가 풍부하다고 말할 수도 없었다. 따라서 나는 지역 신문, 구술 녹취록, 문학 작품, 칼럼 등 텍스트를 통해 중국의 사회주의 건설기와 개혁개방 초기를 공부 및 연구하기 시작했다. 특히, 1970년대 중후반, 즉 중국의 문화대혁명이 종식되고 개혁개방이 선포된 직후, 중국의 한인 사회는 어떻게 변화했는지 밝히고 싶었다.

만주국의 간도성은 중국의 연변조선족자치주가 되었다. 당시 이 자치지역의 지리적 범위와 거버넌스의 주체를 둘러싼 다양한 논쟁이 있었는데, 결국 한국전쟁의 발발하면서 이 논쟁들 중 베이징에 유리한 주장들에 힘을 실어주는 결과를 가져왔다. 한국전쟁기인 1952년에 연변은 중국의 한인자치지역이 되었다. 이후 이 지역은 경제적으로는 급진적 공업화의 영향, 정치적으로는 반우파투쟁 등을 거치면서 지역 사회 엘리트들은 서서히 힘을 잃어갔다. 결정적으로 1966-1976년의 무산계급문화대혁명 시기, 중국의 다른 지역과 마찬가지로 연변 지역의 계급 구조는 '혁명적'으로 재편되었다. 사회엘리트, 지역 한인 간부 등은 자리를 잃었고, 심각한 경우 목숨까지 잃었다. 소수민족 자치지역으로서 연변의 사회는 이데올로기의 경합에 민족(주의)적 경합이 더해지면서 매우 복잡하게 변화했다. 이 시기 지역의 (한)민족 문화는 심각한 수준으로 파괴되었다. 더욱이 모스크바에 대한 베이징과 평양의 입장이 상이해 지면서 과거 혁명의 동지였던 베이징과 평양 사이에는 험한 설전이 오갔고 이 두 정치체제의 갈등의 비용은 연변의 한인들이 지불해야 했다. 비록 악화된 관계는 1960년대 초중반에 집중적으로 표출되었지만 지역 사회의 입장에서는 매우 불안정한 국제 정치(정세)로 인식되었다. 사람들은 부득이 자신의 민족성을 감추어야 하는 상황이었다. 연변의 초대 주장 주덕해의 처지가 이 지역 사회의 극좌 편향의 정치 및 이데올로기 현실을 잘 보여준다. 이 정치적 극좌 체제는 문화대혁명의 종식과 함께 역사가 되어갔다. 덩샤오핑의 실용주의 노선은 과거에 비해 상대적으로 경제적 자유화와 지방 권력의 자율성 확대를 특징으로 했다. "경제발전이 제1의 생산력이다"라는 슬로건에서 볼 수 있듯이 과거의 계급투쟁을 비판 및 부정하고 경제 발전을 위해 모든 에너지를 쏟아야 한다는 게 1980년대 중국의 국가적 아젠다였다. 경제적 자유화와 지방 권력의 자율성 확대는 자연스럽게 연변 지역의 민족성(민족문화, 민족정체성 등)의 복원으로 이어졌다. 더욱이 베이징과 평양 사이의 해빙 모드는 이 지역 사회에도 큰 영향을 미쳤다. 양국 정상 사이에 활발한 상호 방문이 시작되었고 지방 정부 차원에서도 적극적인 상호 교류를 추진했다. 체육, 무용, 음악, 미술 등 분야의 교류도 활발해 졌고 고등교육기관 연구자 사이의 교류도 활발해 졌다. 개혁개방과 북-중 관계의 호전과 함께 부정되었거나 부득이 감추어야 했던 민족 문화가 회복되기 시작했다. 민족성의 회복과 함께 이 지역 정부는 집단농업의 가족농 전환의 목표를 달성했고 농촌과 도시 부문의 상업을 발전시켰다. 북한과의 무역이 재개되었고 친척 연결망을 통한 북-중 국경(개인) 무역도 활발해졌다. 1992년, 한-중 수교 이후 중국과 북한의 관계에 중국과 남한의 관계가 더해지면서 중국의 한인 사회 구조는 매우 복잡한 양상으로 재편되었다. 나는 이 내용을 「Asianization of Northeast China: Fragmented

Integration of Local Authority and Yanbian Korean Autonomous Prefecture」(2019, *Journal of Asian Sociology*), 「China's Ethnic Minority and Neoliberal Developmental Citizenship: Yanbian Koreans in Perspective」(2020, *Citizenship Studies*), 「Restored Korean Ethnicity and China's Post-Socialist Local Development in the Mid-1970s and 1980s: Yanbian Koreans in Perspective」(2022, *Korea Journal*) 등 논문을 통해 발표했다.

이 외 나는 정근식 선생의 제안으로 2020년에 "북-중 관광" 관련 연구 사업에 참여할 수 있었다. 내가 맡은 분야가 바로 북한과 중국 사이의 관광과 관련된 부분이었다. 이 부분은 북한과 중국의 정치외교 관계뿐만 아니라 사회, 경제, 문화 등 측면의 교류 양상에 대한 이해를 선행적으로 요구하고 있었다. 나는 관광 분야 연구자들과의 협업을 통해 많은 것을 배울 수 있었다.

4 비교 연구

2000년대 후반, 서울대학교 사회학과와 베이징대학교 사회학과 교류 사업도 활발했다. 두 학과의 선생님들은 비슷한 주제에 대한 한국과 중국의 상황/사례를 발표, 한국과 중국에서 자국 언어로 동시 출판했다. 한국에서는 『한국과 중국의 사회변동 비교연구』(2013, 나남)라는 제목으로 출판되었다. 대학원생이었던 나는 선생님들의 연구를 통해 많은 공부를 할 수 있었다. 나에게 더욱 소중했던 일은 이 책이 한국에서 출판될 때 한국 측 책임을 맡았던 정근식 선생이 베이징대학교 교수들의 글을 번역하여 책 출판에 역자로 참여하라고 제안한 일이었다. 나는 당시 대학원에 함께 재학했던, 현재 서울시립대학교에 근무 중인 윤종석 선생님과 공역의 방식으로 출판에 참여했다. 나는 중국어를 한국어로 옮기는 단순 작업이 아니라 한국과 중국의 사회 변동의 비교 가능성들을 공부할 수 있었다.

이 경험은 최근의 연구까지 이어졌다. 나는 한국과 중국을 비교하는 것을 통해 아시아 국가들이 경제발전을 추진하는 과정에 어떻게 민족적 고국과 디아스포라의 관계를 재설정 했는지 규명하는 작업을 시도했다. 개혁개방을 선포한 중국은 적극적으로 외국인 자본을 유치하여 경제 발전에 활용했다. 동남연해지역, 특히 광둥성과 푸젠성을 중심으로 외국인 직접 투자가 몰려들기 시작했다. 중국 정부는 경제 특구를 지정하여 외국인 자본을 지리적으로 집중시켰다. 외국인 직접 투자의 상당수는 홍콩, 대만, 동남아시아의 해외 동포인 화인(화교 포함) 자본이었다. 1990년대부터 2000년대 중반까지, 많은 해는 전체 직접투자 자본의 약 70-80%, 적은 해는 전체의 약 40-50%가 해외 동포 자본이었다. 다시 말하면 중국은 재외동포 자본의 모국 투자를 통해 탈사회주의 체제전환과 경제발전을 이룬 측면이 있었다. 같은 시기, 이미 위에서도 언급했듯이 한국은 지리적으로 가까운 중국에서 신규 인구를 도입하여 경제 생산과 사회 재생산 영역에 편입시켰다. 이런 측면에서 한국의 신자유주의 경제 전환의 한 측면 역시 해외 동포와의 관계 재설정을 통해 추진했던 것이다. 중국이나 한국은 모두 경제 영토의 해외 확장 과정에 해당 지역의 동포를 해외 시장(소비자) 또는 중간자로 활용하는 비슷한 경향을 보이고 있었다. 중국 기업이나 상품이 동남아시아에 수출 되거나 한국 기업이나 상품이 중국에 수출 될 때 이 지역의 동포들이 중요한 역할을 하고 있었다. 나는 한국과 중국의 경제발전 과정의 디아스포라 활용의 유사성 및 차이성과 함께 이 경제적 관계로 인해 아시아 국가들이 경제적으로 통합되었다는 것에 주목하게 되었다. 이 내용은 「Compatriotic Economic Integration in Asia: Explaining the Role of Overseas Diaspora for Developmental China and South Korea」(2022, *Journal of Asian Sociology*)라는 제목으로 발표했다.

  이주, 디아스포라의 현상은 구체적 물질성과 물리적인 공간/장소성에 기초해서 출현했다. 따라서 이 현상에 대한 연구도 구체적인 물질성과 물리적인 공간/장소성에 기초해서 이루어져야 했다. 다시 말하면 현장 연구가 연구 방법(론)에서 가장 우선시 되어야 한다는 점이다. 대학원 시절 일본과 중국을 오가면서 이주와 디아스포라의 동(북)아시아 현장을 눈으로 직접 확인한 경험이 나의 연구에는 더없이 소중한 자산이 되었다. 두 번째는 비교의 시각이었다. 동(북)아시아는 하나의 지역적 범주이지만 동시에 그 내부는 체제적으로 다양하다. 한 사회의 특징에 대한 규명과 귀납은 비교를 통해 가능하다. 다양한 사회에 대한 현장 연구는 자연스럽게 비교의 시각을 가져다주었고 이는 나의 연구에 또 하나의 소중한 자산이 되었다.

정근식 선생께 배운 지식에 감사하고 정년퇴임을 축하드린다.

참고문헌

박우. 2020. "북-중-러 접경지역 개발사업과 지역정체성의 변화: 연변을 중심으로." 『만주연구』 29: 19-62.

박우. 2020. "개발과 거버넌스로 본 체제전환기의 중국 동북." 『만주연구』 29: 9-18.

정근식·시에리중 편. 2013. 『한국과 중국의 사회변동 비교연구』. 나남.

취샤오판 지음. 박우 옮김. 2015. 『중국 동북 지역 도시사 연구: 근대화와 식민지 경험』. 진인진.

Park, Sung-Choon and Oh, Jung-Hwan. eds. 2020. *Newcomers and Global Migration in Contemporary South Korea*. Lexington Books.

Park, Woo, Robert Easthope, and Chang Kyung-Sup. 2020. "China's Ethnic Minority and Neoliberal Developmental Citizenship: Yanbian Koreans in Perspective., *Citizenship Studies*. 24(7): 918-933.

Park, Woo. 2017. "Hierarchical Citizenship in Perspective: South Korea's Korean Chinese." *Development and Society*. 46(3): 557-589.

Park, Woo. 2019. "The Asianization of Northeast China: Fragmented Integration of Local Authority and Yanbian Korean Autonomous Prefecture." *Journal of Asian Sociology*. 48(3): 377-413.

Park, Woo. 2020. *Chaoxianzu Entrepreneurs in Korea: Searching for Citizenship in the Ethnic Homeland*. Routledge.

Park, Woo. 2022. "Compatriotic Economic Integration in Asia: Explaining the Role of Overseas Diaspora for Developmental China and South Korea", *Journal of Asian Sociology*, 51(2): 191-224.

Park, Woo. 2022. "From Domestic Migrants' Region to Ethno-Transnational City: Explaining the Changes of Daerim-dong in Metropolitan Seoul." forthcoming.

Park, Woo. 2022. "Restored Korean Ethnicity and China's Post-Socialist Local Development: Yanbian Koreans in Perspective." *Korea Journal*, 62(3): 204-233.

松田素二·鄭跟埴. 2013. 『コリアン·ディアスポラと東アジア社會』, 京都大學術出版會.

맺는 글

38년간 대학에 머물면서 연구와 후학양성에 힘썼던 정근식 선생이 정년퇴임을 앞두고 있다. 정근식 선생은 1985년부터 2003년까지 전남대에서 가르쳤고 2003년부터 2022년까지는 서울대에서 가르쳤다. 전남대뿐만 아니라 서울대에도 여러 박사 제자들이 포진해 있다. 2023년 3월 3일 서울대에서 퇴임식이 치러지지만 우리 제자들은 선생의 정년을 좀 더 특별하게 기념할 방법을 찾았다. 이 책은 그 방법의 하나로 발간되었다.

애초에 우리가 생각한 기념의 방법은 선생의 연구를 정리하는 것이었다. 정근식 선생은 그동안 정치사회학, 역사사회학, 몸의사회학, 지역사회학, 문화사회학 등 여러 분야에서 선 굵은 연구들을 진행해 왔다. 따라서 그의 연구를 충실히 정리하는 것만으로도 학문적으로나 사회적으로 큰 보탬이 되리라 생각했다.

이렇게 의견을 모은 다음 선생의 의사를 타진했을 때 선생은 조금 다른 제안을 하셨다. 본인의 연구는 퇴임 이후에도 지속될 것이기에 아직 '정리'할 단계는 아니다, 대신 우리들이 각자 자신의 연구를 정리했으면 한다는 것이었다. 특히 각자 한국 사회를 이해하기 위해 도입된 이론과 방법들, 연구과정에서 맞닥뜨렸던 과제들과 그것을 해결해 나가는 과정과 노력들, 그 과정에서 선생과의 해후가 있으면 그 내용들도 포함하여 글로 만들어 묶는다면 그것보다 더 좋은 한국적 사회학 방법론이 없을 것이라는 말씀도 덧붙였다. 사실 이러한 제안은 정근식 선생의 철학 및 실천과 궤를 같이하는 것이다. 선생은 외국에서 수입한 사회학 이론이나 방법론을 답습하는 것을 비판하면서, 한국 사회를 이해하기 위한 한국적 이론과 방법론을 모색해 왔기 때문이다.

선생의 제안은 감동적이었지만 우리들에게는 결코 쉽지 않은 과제로 다가왔다. 선생의 연구주제가 다양했듯이 제자들의 연구주제도 다양했고 각자가 중요하게 생각하는, 선생으로부터의 영향이나 접점 역시 달랐기 때문이다. 더구나 선생은 논문지도 이외에 강의나 연구 프로젝트 등을 통해서도 많은 학생들과 깊이 있는 관계를 맺어왔다. 선생과의 관계의 깊이, 성격, 지속성 등에 따라 어떤 사람은 논문 수준의 중량감을 갖는 글을 생각할 수 있지만 다른 사람은 중수필 정도의 글을 염두에 둘 수 있다. 그러다 보니 시간적 여유가 많지 않다는 점과 함께 글들이 하나의 결을 갖는 책으로 묶일 수 있을 것인가가 가장 큰 고민거리였다.

그럼에도 두 차례에 걸친 격렬한 집필자 회의를 통해 우리는 주제는 공유하되 각자 자유로운 형식으로 글을 작성해 보기로 최종 결정했다. 그 후 집필과 원고 수집의 과정에서 애초 집필의사를 밝혔던 23명의 제자 가운데 15명의 글만이 묶여서 세상에 나오게 되었다. 이 책에 포함된 15편의 글은 형식적으로나 내용의 깊이로나 상당한 격차가 있다. 다만, 각자가 오랫동안 고민해 왔던 사회학적 연구주제, 그것을 연구하기 위해 치열하게 발전시켰던 연구방법, 개념들, 그리고 그 과정에서 정근식 선생으로부터의 영향 등이 잘 담겨 있다고 자부한다.

이 책의 편집위원회에는 김재형(한국방송통신대), 김한상(아주대), 최종숙(민주화운동기념사업회) 박사가 참여했다. 편집위원회는 책을 기획하고 주제를 조율하며 원고를 독촉하고 수거하여 편집하는 일까지 여러 잡다한 일들을 맡아서 진행했음을 밝힌다. 다소 독특한 성격의 책이 될 것임이 뻔함에도 선뜻 출판을 허락해 준 진인진 출판사에도 감사의 말씀 드린다.

이 책은 사회학에 관심 있는 일반인이나, 사회학 공부를 시작하고자 하는 학부생 또는 대학원생을 염두에 두고 쓰였다. 한국의 사회학 연구자들은 한국의 사회문제를 설명하고 해결하기 위해 어떠한 노력을 해왔는지, 또 그들은 사회문제를 이해하는 데 어떠한 이론과 틀을 만들기 위해 탐구해왔는지 이 책을 통해 독자들에게 전달될 수 있기를 바란다.

마지막으로 스승 정근식 선생의 연구 여정이 계속해서 지금처럼 순조롭게 진행되길 바라면서 맺는 글을 마친다.

편집위원회 씀

저자 약력

강인화

현재 서울대학교 국사학과 BK조교수로 재직 중이다. 연세대학교 교육학과를 졸업했다. 이화여자대학교 여성학과에서 석사학위논문『한국사회의 병역거부 운동을 통해 본 남성성 연구』를 썼고, 서울대학교 사회학과에서『한국 징병제와 병역의무의 보편화: 1960-1999』로 박사학위를 받았다. 역사·사회적 변동 속에서 형성된 젠더질서 및 시민자격과 남성성, 기억의 정치, 공간/경관의 구성에 관심을 두고 연구를 진행하고 있다.

"병역 대체복무제도의 역사적 구성: '잉여자원' 관리와 발전에의 동원."『사회와 역사』133, 2022.

"가족드라마는 어떻게 재구성되는가?: 〈콩쥐팥쥐〉 이야기에 나타난 재혼가족 재현의 변화."『문화와융합』44(3), 2022.

"병역을 통한 시민자격의 형성: 1960년대 병역미필자 축출과 구제."『사회와 역사』131, 2021.

"홈리스의 가족(해체)경험으로 본 '홈home'의 의미."『아시아여성연구』60(1), 2021.

"1960-70년대 접경지역 전략촌의 형성과 냉전경관: 강원도 철원지역 '재건촌'을 중심으로."『사회와 역사』125, 2020.

(공저) (융합의 시대) 문학 정신과 공감, 공존, 상생의 미학 (한국문화사, 2022)

(공저) 다시 쓰는 여성학 (한국문화사, 2021)

김재형

현재 한국방송통신대학교 문화교양학과에서 조교수로 재직 중이다. 전남대 사회학과를 졸업하고 서울대 대학원에서 『한센인의 격리와 낙인·차별에 관한 연구』로 박사학위를 받았다. 건강, 질병, 몸과 관련한 의료사회학적 연구뿐만 아니라 낙인과 차별, 시설에 관한 연구를 하고 있다.

"보건당국의 신체 및 사회에 대한 무균화 기획과 질병 낙인의 지속: 한센병 사례를 중심으로", 사회와역사 134 (2022)
절멸과 갱생 사이: 형제복지원의 사회학 (공저, 서울대학교출판부, 2021)
질병, 낙인: 무균사회와 한센인의 강제격리(돌베개, 2021)
"의료사회학의 연구동향과 전망: 개념의 전개와 의료사와의 접점을 중심으로", 의사학 29(3) (공저, 2020)
The Application of Philip Morris' Litigation Prevention Program in South Korea, Asia Pacific Journal of Public Health, 33(2-3) (공저, 2020)
"식민지기 한센병 환자를 둘러싼 죽음과 생존", 의사학 28(2) (2019)
"한센병 치료법의 발전과 관리정책의 변화", 의료사회사연구 3 (2019)

김준

전남대 사회학과에서 『어촌사회의 구조와 변동』으로 박사학위를 받은 후, 목포대학교 도서문화연구원 연구교수를 거쳐, 광주전남연구원 지역공동체연구실에서 일하고 있다. 지난 30여 년을 섬과 바다를 배회하며, 어촌공동체, 섬문화, 갯벌문화, 바다음식, 소금문화 등을 연구하며 오래된 미래를 기록하고 있다.

〈바닷인문학〉, 〈바닷마을 인문학〉, 〈한국어촌사회학〉, 〈바다맛기행(전3권)〉, 〈섬: 살이〉, 〈섬문화답사기(전5권)〉, 〈물고기가 왜?〉, 〈어떤 소금을 먹을까〉, 〈대한민국 갯벌문화사전〉, 〈김준의 갯벌이야기〉 등을 출간했다. 최근 '갯벌어로의 특징과 지식체계의 범주', '서남해안 갯벌의 이용 형태와 지속가능한 어촌' 등 논문을 발표했다.

김한상

아주대학교 사회학과 부교수. 냉전기 한국에서 미국이 행한 영화선전에 관한 연구로 박사학위(서울대학교 사회학과, 2013)를 받았다. 시각문화와 시청각 아카이브에 대해 사회학적인 이론화 및 방법론 구축을 모색해왔다. 최근에는 인종 관념 및 인종화의 역사에 대한 역사사회학적인 접근에 대해서도 탐구하고 있다.

Cine-Mobility: Twentieth-Century Transformations in Korea's Film and Transportation (Harvard University Asia Center, 2022)

"Can the 'Comfort Women' Footage Speak? The Afterlives of Camera Images as Document and the Flow of Life." positions: asia critique 31(4) (forthcoming, 2023)

「아카이브 영화, 비/인종적 몽타주, 역사 쓰기—일본군 점령하 인도네시아 수용소 포로를 둘러싼 영화를 읽는 방법」, 『역사비평』 134 (2021)

「다큐멘터리의 몸짓과 영상사회학적 실험/실천: 〈숨결〉과 〈보드랍게〉의 피해생존자들의 경우」, 『현대영화연구』 3(44) (2021)

「발견된 푸티지 속의 박영심은 무엇을 말하는가(혹은 말하지 못하는가)?: 사진적 생존자의 영화적 현전과 포스트/식민 아카이브의 냉전 지식체제」, 『문학과영상』 21(3) (2020)

박우

현재 한성대학교 기초교양학부에서 강의와 연구에 종사하고 있다. 이주, 시민권, 디아스포라 등 주제와 동북아시아 지역에 관심이 있다.

『플랫폼 임팩트 2023』 (공저, 21세기 북스, 2022)

Developmental Citizenship in China: Economic Reform, Social Governance, and Chinese Post-Socialism (공저, Routledge, 2021)

『팬데믹 이후 중국의 길을 묻다: 대안적 문명과 거버넌스』 (공저, 책과함께, 2021)

Newcomers and Global Migration in Contemporary South Korea: Across National boundaries (공저, Lexington Books, 2020)

Chaoxianzu Entrepreneurs in Korea: Searching for Citizenship in the Ethnic Homeland (단독, Routledge, 2020)

『민간중국: 21세기 중국인의 조각보』 (공저, 책과함께, 2020)

박정미

서울대학교 사회학과에서 학사, 석사, 박사를 받고, 한양대학교 비교역사문화연구소의 HK연구교수와 미국 의회도서관 John W. Kluge Center의 Kluge Fellow를 거쳐, 현재 충북대학교 사회학과에 재직 중이다. 국가, 국민, 시민권을 젠더 관점에서 분석하는 역사사회학적 연구를 수행해왔다.

The State's Sexuality: Prostitution and Postcolonial Nation Building in South Korea (University of California Press, forthcoming)

"같은 전략, 다른 결과? 스웨덴의 성구매처벌법과 한국 여성운동." 『한국여성학』 38(3). 2022.

『불처벌: 성매매 여성을 처벌하는 사회에 던지는 페미니즘 선언』 (공저, 휴머니스트, 2022)

"혈통에서 문화로? 가족, 국적, 그리고 성원권의 젠더 정치." 『한국사회학』 54(4). 2020.

"Liberation or Purification? Prostitution, Women's Movement and Nation Building in South Korea under US Military Occupation, 1945-1948."

Sexualities 22(7-8). 2019.

『'성'스러운 국민: 젠더와 섹슈얼리티를 둘러싼 근대 국가의 법과 과학』(공저, 서해문집, 2017)

박해남

서울대학교 아시아연구소 HK연구교수로 재직 중이다. 서울대학교 사회학과 대학원에서 『서울올림픽과 1980년대의 사회정치』로 박사학위를 받았다. 1980년대부터 현재에 이르는 시기의 사회변동 속에서 지역의 변화, 대중문화의 변화, 불평등 양상의 변화 등을 연구하고 있으며, 일본을 중심으로 비교 지역연구를 수행하고 있다.

"동북아시아 메가이벤트와 지역 (불)균형 발전: '70 일본만국박람회와 '93 대전세계박람회를 중심으로" 지역사회연구 30(1) 2022

"Nationalism and the Representation of National Sport Heroes in 1990s South Korea" Journal of Asian Sociology 50(3) 2021

"다중격차 시대 지역 청년의 자본과 아비투스" 경제와사회 131 2021

『절멸과 갱생 사이: 형제복지원의 사회학』(공저, 서울대학교출판부, 2021)

『마스크가 말해주는 것들: 코로나19와 일상의 사회학』(공저, 돌베개, 2020)

"서울올림픽과 도시개조의 유산: 인정경관과 낙인경관의 탄생" 문화와사회27(2) 2019

『꿈의 사회학』(공저, 다산출판사, 2018)

서호철

한국학중앙연구원 한국학대학원의 교수로 재직중이다. 서울대 사회학과와 같은 대학원을 졸업하고 「1890–1930년대 주민등록제도와 근대적 통치성의 형성」으로 박사학위를 받았다. 식민지기 조선총독부의 통치, 특히 총독관방과 내무국, 경찰제도, 도량형 등을 연구해왔고, 최근에는 고종시대 근대문물, 근대적 매체의 도입과 '공론'의 문제에 관심을 가지고 있다.

「고종시대 조보의 간행과 그 의미」, 『역사비평』 141, 2022.
「조보에서 관보로: 갑오개혁기 인쇄 관보의 등장」, 『한국사회』 23(2), 2022.
「묵은 술을 새 부대에: 고종의 '전제왕권'과 관보」, 『사회와 역사』 136, 2022.
「식민지기 인권의 제도화와 담론」, 『사회와 역사』 124, 2019.

염미경
전남대 사회학과에서 『일본 기업도시의 재구조화에 관한 연구: 키타큐슈(北九州)의 도시정치를 중심으로』로 박사학위를 받은 후, 피츠버그대 Center for Social and Urban Research의 박사후연구원과 전남대학교 호남문화연구소 학술연구교수를 거쳐, 현재 제주대학교 사회교육과에 재직 중이다. 지역사회와 이주 및 다문화 교육, 사회 및 문화 교육과 관련한 연구를 수행하고 있다.

『지속가능한 사회적경제 생태계』(2021)
『문화사회학의 관점으로 본 질적연구방법론』(2018)
『구술사로 이해하는 제주사회 _ 방법과 실제』(2018)
『코리안 디아스포라와 일본 소수자 문제』(2018)

오하나
창원대학교 사회과학연구소 전임연구원. 한국외국어대학교 베트남어과를 졸업하고 서울대 사회학과에서 석사와 박사학위를 받았다. 노동과 인권에 관한 관심을 거쳐 현재 베트남을 주요 현장으로 삼아, 자본주의적 산업화와 그에 따른 노동과 사회의 변화를 추적하는 연구를 수행하고 있다.

"개혁개방 시기 베트남의 농촌개혁이 산업화의 초기 조건에 미친 영향: 농업생산성, 토지분배, 가격정책의 영향."(『동아연구』 제41권 2호, 2022)
『베트남의 농촌개혁과 공업화 전개 과정: 농민의 가구경제 다변화 전략을 중심으로』, (서울대 박사학위논문, 2022)
『마스크가 말해주는 것들: 코로나19와 일상의 사회학』(공저, 돌베개, 2020)

정영신
평화와 커먼즈 연구자로 활동하고 있으며, 가톨릭대 사회학과에 재직 중이다. 포럼 생명자유공동체, 커먼즈네트워크, 연구자의 집 등에 참여하여 활동하고 있다. 동아시아의 군사기지와 평화운동, 기후위기와 체제전환, 커먼즈의 정치 등을 연구하고 있다.

공저로 『오키나와로 가는 길』(소화, 2014), 『공동자원의 섬 제주』(진인진, 2016), 『동아시아의 공동자원론』(진인진, 2017), 『공동자원의 영역들』(진인진, 2019), 『생명 자유 공동체, 새로운 시대의 질문』(풀씨, 2020), 『전환의 질문, 질문의 전환』(풀씨, 2021), 『전환의 정치, 열 개의 시선』(풀씨, 2022) 등이 있다.
대표 논문으로 "엘리너 오스트롬의 자원관리론을 넘어서"(2016), "제주 해군기지를 둘러싼 투쟁과 강정마을 공동체의 변동"(2018), "한국 커먼즈론의 쟁점과 커먼즈의 정치"(2020), "이탈리아 민법개정운동과 커먼즈 규약 그리고 커먼즈의 정치"(2022) 등이 있다.

최민석
현재 경상국립대학교 일반사회교육과에서 조교수로 재직 중이다. 서울대학교 사회학과를 졸업하고 동 대학원에서 『한국 자유주의 담론에 대한 비판적 연구, 1945~1970: 『사상계』를 중심으로』로 박사학위를 받았다. 한국 현대사를 배경으로 한 지성사, 개념사적 연구를 주로 수행하고 있으며, 경남 지역사회에 대한 연구를 병행하고 있다.

중간지원조직의 동형화 요인에 대한 연구: 경남 공익활동지원센터를 중심으로, 공공사회연구 12(3), 2022
사회적경제 네트워크와 사회적경제 조직의 성과: 경남을 중심으로, 시민사회와 NGO 19(2), 2021.
『사상계』 지식인들의 경제 담론 연구: 국가 개입론을 중심으로, 사회와 역사 130, 2021.
1950~60년대 자유민주주의 개념의 궤적: 『사상계』를 중심으로, 개념과 소통 27, 2021.
해방기 한치진의 자유주의적 사회 구상, 사회와 이론 38, 2021.

최정기

현재 전남대 사회학과 교수로 재직 중이다. 전남대 사회학과를 졸업하고 동 대학원에서 『일제하 조선의 나환자 통제에 관한 일 연구 -나환자 관리조직을 중심으로-』로 석사를, 『감옥체제와 사상범의 수형생활 연구: 1960년대~1980년대의 한국사례를 중심으로』로 박사학위를 받았다. 그 과정에서 하버드 엔칭연구소 방문연구원과 국가인권위원회 조사기획담당관을 역임하였고, 한국사회에서의 지배와 통제 및 그에 대한 저항을 중심으로 연구를 하고 있다.

『감금의 정치』(책세상, 2005)
『전쟁과 국가폭력』(선인, 2012)
『분단에 부딪쳐 쓰러진 민족주의자 -선태섭의 삶과 죽음을 중심으로』(선인, 2013)

『1980년 전남대총학생회와 박관현』(선인, 2020)
『5·18과 이후: 발생, 감응, 확장』(전남대 출판문화원, 2020)
『5·18민주화운동의 기억과 재현: 이미지, 텍스트, 장소』(전남대 출판문화원, 2022)

"민주화프레임과 학생운동 네트웍, 그리고 5·18민중항쟁: 1980년 전남대 학생운동 사례를 중심으로", 『사회와 역사』 127, 2020.
"5·18국가폭력으로 인한 죽음과 민중항쟁: 5·18당시 장례준비 의식의 의미를 중심으로", 『사회와 역사』 131, 2021.
"5·18민주화운동 이후 1980년의 『민족시보』 기사 분석: 5·18민주화운동과 '김대중 구출운동' 관련 기사를 중심으로", 『민주주의와 인권』 제21권 제4호, 2021.
"5·18민중항쟁에서 시민군의 조직과 활동: 시민군의 무장이 가능한 이유 및 역사적 의미를 중심으로", 『사회와 역사』 135, 2022.

최종숙

민주화운동기념사업회 선임연구원으로 재직 중이다. 서울대 사회학과를 졸업하고 서울대 대학원에서 『한국 민주주의의 점진적 공고화 과정에 관한 연구: 정당과 사회운동의 관계를 중심으로(1987-2007)』로 박사학위를 받았다. 정당, 시민운동, 촛불항쟁, 태극기집회, 젠더, 세대, 소수자, 구술사 등 저항과 관련 있는 여러 분야에 관심을 두어왔다. 최근에는 한국 민주화운동의 일상, 문화에 관심을 두고 연구를 진행 중이다.

"청년활동가에게 활동하기 좋은 일터는 가능한가: 참여연대 청년활동가 분석", 시민과세계 여름호, 2021.
"'20대 남성 현상' 다시보기: 20대와 3040세대의 이념성향과 젠더의식 비교를 중심으로", 경제와사회 봄호, 2020.

절멸과 갱생 사이: 형제복지원의 사회학 (서울대학교출판부, 2021)(공저)

현혜경

현재 제주연구원 책임연구원으로 재직 중이다. 전남대학교에서 『제주4·3사건 기념의례의 형성과 구조』로 박사학위를 받았다. 전남대학교 계약교수를 거쳐 영국 셰필드대학교에서 객원연구원으로 활동하였다. 사회사와 문화정책, 지역사회에 대하여 관심을 가지고 연구하고 있다.

을묘왜변과 제주대첩(사가각하우스, 2022)
제주지역 인권보장 제도화와 인권의 지역화 방향 모색(제주도연구 제57집, 2022)
제주4·3사건 가족관계등록부 불일치 희생자 및 유족의 명예회복에 관한 연구(민주주의와 인권 제22권 2호, 2022)
주민생애사 및 구술기록과 문화자원(제주연구원, 2022)
제주시 원도심 문화사 21가지 이야기 : 기억에 말을 걸다(디자인파크, 2020)
제주지역 마을공동체 조사지표를 활용한 마을공동체 회복력 평가지표 탐색(제주도연구 53집, 2020)
제주4·3사건 후체험세대의 기억 계승에 관한 연구(민주주의와 인권 제20권3호, 2020)